自己愛の心理学

概念・測定・パーソナリティ・対人関係

小塩真司・川崎直樹【編著】
Oshio Atsushi　Kawasaki Naoki

金子書房

時はやはり，心理学者の認識も一般的な認識も，「自己愛」といえば精神分析学的概念であり，通常範囲のパーソナリティ特性としての自己愛というイメージは抱かれていなかった。ちょうどそのころ，自己心理学を提唱していた精神分析家コフート（Kohut, H.）の 3 部作の日本語訳が出版されており（Kohut, 1971, 1977, 1984; 日本語訳の出版は 1994, 1995a, b），ますます自己愛の精神分析学的なイメージは強まっていたかもしれない。

海外では 1990 年代半ば，社会心理学やパーソナリティ心理学の領域で一般的なパーソナリティ特性としての自己愛が研究されていた。この分野で盛んに実証的な研究が行われるようになり，一気に自己愛に関連する論文数が増加してきたのである（小塩，2010）。わが国においても，1990 年代の終わりから 2000 年代にかけて，一般のパーソナリティ傾向としての自己愛を取り上げた研究が増えてきた。他の研究領域でもよくあることだが，自己愛の研究領域においても同様に，海外の研究が盛り上がりを見せてから数年のタイムラグを経て盛んになってくるということが見られたのである。

海外では 2000 年代に入って以降も，自己愛に関連する研究の勢いが衰えるようなきざしは見られず，さらに他の領域へと波及する様子さえうかがえるほどである。それはわが国においても同じであり，若く優秀な研究者たちが自己愛を研究テーマとしたり，自己愛概念を応用した研究を行ったりしている。

本書は，日本心理学会で継続的に行ってきた，自己愛をテーマとしたワークショップから生まれたものである。2008 年 9 月に開かれた日本心理学会第 72 回大会では「自己愛研究の最前線――誇大性と脆弱性へのアプローチ――」，第 73 回大会では「自己愛研究の最前線 (2)――自己愛と自尊感情の関連を中心に――」，そして第 74 回大会では「自己愛研究の最前線 (3)――対人関係における自己愛の諸相――」と，ワークショップの回を重ねてきた。そしてその中で，あらためて一般的なパーソナリティとしての自己愛を扱う研究がどこまで到達しており，またどのような新たな課題が存在しているのかについて議論を重ねてきた。そのような状況の中，現段階におけるわが国の自己愛研究をまとめる書籍の必要性から，本書の企画が持ち上がってきたというわけである。

本書は，大きく 5 つの部分からなっている。第 1 部（第 1 章から第 3 章）は序論であり，自己愛の実証的な研究と尺度の変遷を，歴史的に概観する。おお

まえがき

　大学3年次から4年次へと進学するころ，筆者は，卒業研究でどのようなテーマに取り組むかについて悩んでいた。図書館に行っては手当たり次第に国内外の研究雑誌のページをめくり，面白そうな論文だと思えばコピーして眺めていた(当時はまだ，pdfファイルで論文が読める時代ではなかった)。おそらく現在も，多くの大学で心理学を専攻する学生は，同じようなことをしているのではないだろうか。
　当時，いくつか卒業研究の候補となった研究テーマがあった。とはいえ，基本的に自我や自己，パーソナリティのような概念に興味があったので，その周辺の論文を中心に読んでいた。そしてある時，ふとしたきっかけで，自己愛の論文を読んだのである。今はもう，その最初の論文がどれだったのかは覚えていない。しかしきっとその論文は，本書の中のどこかに登場してくるはずである。
　筆者が自己愛という研究テーマに出会った1993〜1994年ごろというのは，アメリカ精神医学会の診断・統計マニュアル（DSM-Ⅳ；American Psychiatric Association, 1994）が出版されて，DSM-Ⅲ（American Psychiatric Association, 1980）に引き続き自己愛性パーソナリティ障害の診断基準が記載されたころである。なお，自己愛の本格的な実証的研究が始まったのは，DSM-Ⅲに自己愛性パーソナリティ障害の診断基準が記載され，ラスキン（Raskin, R.）とホール（Hall, C. S.）が自己愛人格目録（Narcissistic Personality Invenory; NPI; Raskin & Hall, 1979）を開発してからであるといってよいだろう（ちなみに発表年から推測すると，彼らはDSM-Ⅲのドラフト版の段階で尺度構成を行ったようである）。また1990年代半ばというのは，ラスキンらの初期の研究から一般的なパーソナリティ特性として自己愛を研究し，さらに自己愛を応用した心理学的モデルの実証的研究へと発展していくような段階（たとえば，John & Robins, 1994; Watson & Biderman, 1993）にあったといえるだろう。
　同じころ，わが国においても複数の研究者が一般的なパーソナリティ傾向として自己愛を研究し，学会発表をしたり論文を発表したりしていた。しかし当

i

目 次

まえがき　小塩真司　i

第1部　序　論　1

第1章　自己愛の心理学的研究の歴史　　川崎直樹　2
1. 現代社会と自己愛　2
2. 自己愛理論の興り　5
3. 自己愛の実証的研究の始まり　10
4. 自己愛の概念的構造　12
5. 日本語で読めるレビュー文献　15

第2章　自己愛の測定：尺度開発と下位次元　　小塩真司　22
1. 海外における自己愛測定の変遷　22
2. 日本における自己愛測定の変遷　27
3. 自己愛の構造　30

第3章　自己愛の臨床と実証研究の間　　上地雄一郎　37
1. 筆者自身の研究の航跡　37
2. 臨床研究から実証研究への示唆　43

第2部　自己愛の誇大性と過敏性　53

第4章　自己愛の誇大性と過敏性：構造と意味　　中山留美子　54
1. 自己愛の臨床像に関する理解の拡大　54
2. 2つのタイプの自己愛　55
3. 自己愛の誇大性と過敏性：特徴と機能に関する実証知見からの示唆　61
4. 自己愛的な心理のプロセスを捉えるモデル　65

第5章　自己愛と対人恐怖　　清水健司　70
1. 青年期における自己愛と対人恐怖　70
2. 自己愛と対人恐怖における臨床タイプ　73
3. 対人恐怖心性-自己愛傾向2次元モデル　76
4. 2次元モデルにおける各類型の特徴　79

  5. 対人恐怖と社交恐怖の相違 82

第6章 誇大性と過敏性：理論と測定   小塩真司 88
  1. 類型と特性 88
  2. 自己愛傾向の2成分モデル 90
  3. モデル統合の試み 93

第3部 自己愛と自己過程   99

第7章 自己愛パーソナリティと自己概念の構築プロセス 川崎直樹 100
  1. 自己構築プロセスとしての自己愛パーソナリティ 100
  2. 自己愛パーソナリティと自己概念の諸特徴 102
  3. 自己愛パーソナリティと内的な認知過程 106
  4. 自己愛と対人恐怖に共通の自己構築プロセス 109
  5. まとめ 112

第8章 自己愛と脆弱な自尊感情   市村美帆 116
  1. 潜在的-顕在的自尊感情 117
  2. 随伴的自尊感情 120
  3. 自尊感情の変動性 125
  4. 自己愛と脆弱な自尊感情との関連 129

第9章 自己愛と自尊感情：メタ分析と3つの理論からの解釈 岡田　涼 134
  1. 自己愛と自尊感情 135
  2. ソシオメーター理論と自己愛 137
  3. 自己決定理論と自己愛 140
  4. 存在脅威管理理論と自己愛 143
  5. おわりに 146

第4部 自己愛と対人関係   151

第10章 自己愛と恋愛関係   寺島　瞳 152
  1. 恋愛関係への認知様式 153
  2. パートナーの特徴 155
  3. パートナーとの関わり方の特徴 156
  4. 拡張エージェンシーモデル 161
  5. おわりに 163

目 次

第11章　自己愛と攻撃・対人葛藤　　　　　　阿部晋吾　167
1. ナルシストは凶暴か　167
2. 攻撃行動の分類　168
3. 自己本位性脅威モデル　169
4. 自己愛と攻撃性　171
5. 攻撃性と人間関係　173
6. 自己愛と対人葛藤　175
7. 自己愛と返報性　177
8. 高自己愛傾向者がよりよい人付き合いをするために　179
9. まとめ　181

第12章　自己愛と現代青年の友人関係　　　　岡田　努　184
1. 現代青年の友人関係の特質　184
2. 現代青年の友人関係と自己愛：実証的研究から　187
3. まとめ　196

第5部　自己愛研究のこれから　　　　　　　　　　　　201

第13章　自己愛研究の近年の動向　　　　　　川崎直樹　202
1. 現代社会の問題を反映した研究　202
2. 自己愛の発達について　204
3. 臨床と実証との交流　207
4. 新しい研究アプローチ　212
5. 研究者の視点と自己愛研究の展開　216

第14章　わが国における今後の自己愛研究　　小塩真司　222
1. 自己愛概念をどう捉えるか　222
2. 自己愛概念と現実との接続　227
3. 最後に　229

人名索引　231
事項索引　239
執筆者一覧　245
編者紹介　247

まかにではあるが，自己愛がどのように実証的に研究されてきたのかについて，そして臨床的な概念としての自己愛と実証的な研究における自己愛との相互関係についても理解できるであろう。第2部（第4章から第6章）では，自己愛の誇大性と過敏性に焦点を当てる。この研究トピックは，近年わが国の自己愛研究において，中心的な位置を占めてきたものである。実際に研究を行っている研究者が何を考えてこのトピックを扱ってきたかが垣間見えるだろう。第3部（第7章から第9章）では，自己愛と関係の深い自己概念や自尊感情などの概念に焦点を当てる。これらの章は，関連概念の整理にも役立つであろう。第4部（第10章から第12章）は，自己愛と対人関係に関連する内容で構成されている。自己愛は特殊な対人関係のパターンとかかわっており，この分野の研究は自己愛という概念を理解する上でも重要である。そして第5部（第13章および第14章）では今後，自己愛の研究がどのような方向に進んでいくのか，あるいは進んでいくべきかを論じて本書を閉じたい。

　なお，本書では各執筆者がそれぞれの立場で自己愛を論じることができるように配慮している。この研究領域は，研究者間で完全に議論が収束しているわけではなく，互いに矛盾していたり対立していたりする部分も残されている。そこで本書では，意見の一致や用語の完全な統一をあえて避けた部分もある。あくまでもそれは，研究の現状を隠すことなく記録に残しておくことが，今後の研究の発展には有用であるという編者の考えによるものであることを付記しておく。

　臨床的概念ではない，一般的な人々がもつ自己愛を実証的に研究した内容の書籍には，拙著『自己愛の青年心理学』（小塩，2004）がある。しかしながら，多くの論文が出版されている自己愛の研究領域においては，やや情報が古くなった部分もある。本書は，『自己愛の青年心理学』以降に行われた国内外の最新の研究成果もふまえながら，現在意欲的に研究を行っている若手研究者が中心となって執筆したものである。本書が，自己愛という魅力的でありながらも難しい概念に興味をもつ多くの方々の目に留まるようであれば幸いである。

　ただし，本書は自己愛を研究するすべての研究者に執筆を依頼しているわけではない。その点で，内容に偏りのある部分があることは否定できない。この点に関しては，われわれ編者の力不足もある。不十分な点はお詫び申し上げ，

改善を次の機会へとつなげることにしたい。

　なお本書の出版にあたり，金子書房編集部の岩城亮太郎氏には並々ならぬご尽力をいただきました。心より感謝申し上げます。

　　　2011年4月

　　　　　　　　　　　　　　　　　　　　　　編者を代表して
　　　　　　　　　　　　　　　　　　　　　　　　小塩真司

[引用文献]

American Psychiatric Association (1980). *Diagnostic and statistical manual of mental disorders*. 3rd ed. Washington DC: Author.

American Psychiatric Association (1994). *Diagnostic and statistical manual of mental disorders*. 4th ed. Washington DC: Author.

John, O. P., & Robins, R. W. (1994). Accuracy and bias in self-perception: individual differences in self-enhancement and the role of narcissism. *Journal of Personality and Social Psychology*, **66**, 206-219.

Kohut, H. (1971). *The analysis of the self*. New York: International Universities Press.
　（コフート，H.　水野信義・笠原嘉（監訳）(1994).　自己の分析　みすず書房）

Kohut, H. (1977). *The restoration of the self*. New York: International Universities Press.
　（コフート，H.　本城秀次・笠原嘉（監訳）(1995a).　自己の修復　みすず書房）

Kohut, H. (1984). *How does analysis cure ?* Chicago: The University of Chicago Press.
　（コフート，H.　本城秀次・笠原嘉（監訳）(1995b).　自己の治癒　みすず書房）

小塩真司 (2004).　自己愛の青年心理学　ナカニシヤ出版

小塩真司 (2010).　膨れ上がった自己──自己愛的パーソナリティ──　心理学ワールド，**50**, 9-12.

Raskin, R., & Hall, C. S. (1979). A narcissistic personality inventory. *Psychological Reports*, **45**, 590.

Watson, P. J., & Biderman, M. D. (1993). Narcissistic personality inventory factors, splitting, and self-consciousness. *Journal of Personality Assessment*, **61**, 41-57.

第1部

序論

第1章 自己愛の心理学的研究の歴史

川崎直樹

1. 現代社会と自己愛

(1)「自己愛の時代」としての現代

　現代人の心が，自己愛化していると言われる。小此木啓吾（1981）は著書『自己愛人間』において，"自分・他人の心の中に，何とかして自分の気に入るような鏡像を作り上げ，それを見て安心したり，満足したりしたい気持ち"（p. 14）という自己愛的な心理が，現代を生きる我々に共有されうるものと指摘している。現代社会は，物質面で豊かになる一方で，社会の不確実性が増し，価値観の多様化が進んでいると言われる。その中で，"お互いの自己愛を尊重する"ということだけが，我々の対人関係の営み方や自分の心の持ち様を決める唯一と言ってもよい共通の価値観となりつつあることを指摘している（小此木，1981）。

　自己愛は，現代の様々な社会問題を読み解く言葉としても用いられている。暴力や犯罪（大渕，2003），社会的ひきこもり（蔵本，2002; 斎藤，2007），就労の拒否（矢幡，2005），学校不適応や不登校（上地・宮下，2004; 中野，2011），非定型うつ病（福西・福西，2011），バーチャル世界への没入（細井，2000），自分探し（香山，1999）など，幅広い問題が「自己愛」の問題として議論されている。大渕憲一（2003）は，"現代社会に生きる我々が経験する悩みや惑い

のほとんど，失望も，嫉妬も，恨みも，そして恐れも，そのほとんどが自己愛に由来している"（p. 8）と指摘している。「自己愛」を尊重する社会で生きる中で，我々が抱える心の問題もまた，「自己愛」の歪みや傷つきの中で起きていると考えられるのである。

　こうした時代的変化は，日本のみで指摘される現象ではない。米国においては，1979 年にラッシュ（Lasch, 1979　石川訳　1981）が，「自己愛の文化」の存在を指摘している。そこでは，米国で自由主義・個人主義が増長したことの産物として，他者からの賛美と個人的楽しみを重んじた刹那的な生き方を志向する自己愛的な個人傾向が強まったことが指摘されている。より近年では，トゥエンギ（Twenge, 2006）が，そうした 1970 年から 80 年代頃に親となった者たちの子ども世代が，自分を尊重することを当然の原理とした社会的風潮の中で，自信や特権意識が非常に強い一方でどこか悲しさを抱えた 2000 年代の若者層を形成していることを指摘し，それを「ジェネレーション・ミー（Generation Me）」と呼んでいる。

(2) データから見た「自己愛の時代」

　こうした「自己愛の時代」の存在を，実証的に裏付けるデータも報告されている。トゥエンギらは時期縦断的メタ分析（cross-temporal meta-analysis）によって，自己愛パーソナリティの尺度（自己愛人格目録；Narcissistic Personality Inventory；以下，NPI とする；Raskin & Hall, 1979）に 1979 年から 2006 年まで回答した 85 サンプル 16,725 人のデータを，年代ごとに集約・比較した。その結果，1990 年代に入ってから自己愛得点の平均値は上昇を続け，約 20 年間で当初の約 30% 増に相当する値に至っていることを示している（Twenge, Konrath, Foster, Campbell, & Bushman, 2008）。こうした現象は「自己愛の大発生（narcissism epidemic）」（Twenge & Campbell, 2009）と呼ばれ注目を集めている。当然，こうした現象の存在を否定するデータも報告されて議論がなされているが（例えば，Donnellan, Trzensniewski, & Robins, 2009），回答した大学生のキャンパスやコホート等の要因を統制した分析でも同様の上昇傾向が確認されている（Twenge & Foster, 2010）ことなどから，一定の信頼性があることが主張されている。

日本においても，同様の分析が三船直子（2010）によって報告されている。同種の自己愛パーソナリティ尺度を青年に実施したデータを，実施年ごとに集計・比較したところ，1991年と1999年のデータではそれほど差はないものの，2007年・2009年のデータは，過去の2時点よりも著しく点数が上がっていることが示されている。こうした結果の一般化には今後も慎重な検討が必要であるものの，多くの人が感じる「自己愛人間の増加」が，単なる主観的感想ではなく，データとしても観察しうる現象であることは注目に値するであろう。

(3) 自己愛への研究ニーズ

 こうした時代的な背景の中で，自己愛に対する心理学的な研究ニーズの高まりも見られる。小塩真司（2010）の集計によれば，アメリカ心理学会のデータベースPsycINFOで自己愛をキーワードに含む論文は，1970年代では年間200件に満たなかったが，80年代，90年代に400～500件程度に増え，2000年代は900を超える論文が出版されている。国内においても，「自己愛」や「ナルシ（チ）シズム」をタイトルに含む論文や雑誌記事をデータベース（国立情報学研究所論文情報ナビゲータ；CiNii；2011年4月時点）で検索すると，1969年までには9件，1970年代に25件，1980年代に55件，1990年代に142件，2000年以降で441件と加速的に増加していることが見て取れる。こうした数値からも，自己愛という問題についての理解が急務として求められている現状が明らかである。

 本書の目的は，この「自己愛」という言葉で表される人間の心理的現象に，様々な理論や仮説をあてがいながら，その客観的・科学的な証拠について議論することである。各章では，自己愛の諸相について，研究知見をもとに議論が展開されている。そうした検討により，自己愛という問題の実態・現象そのものが，より深く正確に理解されることを期待するものである。本章では，こうした客観的・中立的な議論の礎として，自己愛に関する理論的考察の展開と，実証研究に至るまでの経緯を短くレビューし，後の各章への橋渡しを行うことを目的とする。

2. 自己愛理論の興り

　まず，自己愛という概念とその理論が，どのように生まれ，心理学的な研究テーマとして発展してきたのか，そのおおよその流れを概観する。

(1) ナルキッソス神話から

　自己愛（ナルシシズム；narcissism）という語は，ギリシャ神話の"ナルキッソス神話"に由来するものと言われる。

　美しいが冷淡な青年ナルキッソスは，自分に思いを寄せる多くの者たちを冷たくあしらい，深く傷つけることを繰り返していた。それがやがて人々と神の怒りを買い，神の力で報いを受ける。彼は，水面に映った自らの姿に恋をしてしまい，そこにとらわれてしまう。水面の美しい青年に恋をしたナルキッソスは，その恋に焦がれながらも，ままならない思いに耐えかねて死を選ぶ。そしてその亡骸は水辺でやがて水仙の花（英名：ナルキッソス）へと姿を変えていった，という悲話である。

　このナルキッソスのように，外界の現実や他者との関係が遮断され，自己にのみ関心や情熱が向けられている状態が，自己愛（ナルシシズム）の原型であると言える。

(2) 精神分析論の端緒：フロイトの自己愛概念

　ナルキッソス神話をモチーフに，エリス（Ellis, 1898）は，自己の身体を性の対象とする「自体愛」の状態を表現する際に"ナルキッソス様の〜（Narcissus-like）"という表現を用いた。その後ネッケ（Näcke, 1899）は，性的倒錯の状態を表す語として「ナルシシズム（narcissism）」という語を提起した。その後，フロイト（Freud, S.）が，"性に関する3つの論文"（Freud, 1905）において男性同性愛の説明に「ナルシシズム」の語を用いたり，ランク（Rank, 1911）が初めて「自己愛」をタイトルとした精神分析学的な論文を発表したりするなどの発展が見られた。そして，フロイトにより論文「ナルシシズム入門」（Freud, 1914）が出版され，自己愛は本格的に精神分析学的な概

念・用語として用いられるに至った（Pulver, 1970; Ronningstam, 2005）。

　フロイトによれば，生まれたばかりの乳児は誰でも，自己と対象（母親や外界）との区別ができていない状態にあるため，対象のない（objectless）「1次的ナルシシズム」の状態にあるとされる。そこでの乳児は，養育者とも一体となった状態として感じているため，主観的にはある種「卵」のような状態であり，必要な物を全て自己充足できるかのように感じているとされる。その後，発達の経過とともに，母親などの外界の対象との関係が認識され，その外界の対象にエネルギーを向け，そこで満足を得るようになるのが一般的な発達の流れである。しかし，外界の対象との関係で満足が得られない場合，外界にエネルギーを向けず，それを自己の中に引き上げてしまう「自己へのリビドー備給」の状態が生じる。これをフロイトは「2次的ナルシシズム」と呼んだ。この外界へ向けていた対象リビドーの撤回の状態として，いわゆる統合失調症の状態にあるクライエントの理解などが試みられている（Freud, 1914）。

(3) 自己愛理論の支流：カーンバーグとコフートの理論

　フロイト以降，精神分析学における自己愛の概念は，多くの研究者により拡張，再解釈されてきた。そして現在大きな支流となっているのはカーンバーグ（Kernberg, O. F.）とコフート（Kohut, H.）の理論であり，それぞれ「自己愛性パーソナリティ障害（Narcissistic Personality Disorder）」について，理論的説明や治療的アプローチを提起している。詳細について全て説明することは難しいが，その概要は以下のようなものである。

　自我心理学と対象関係論を統合した理論を展開したカーンバーグ（Kernberg, 1975, 1984, 1998）によれば，自己愛性パーソナリティ障害は，境界例の亜型として位置付けられる。つまり，精神病圏と神経症圏の中間に位置する一群として位置付けられ，そして中でも，境界例よりは比較的適応のよい状態として自己愛性パーソナリティ障害は位置付けられている。

　カーンバーグの理論では，病的誇大自己と呼ばれる心的構造物が自己愛性パーソナリティを形作る背景とされている。病的誇大自己とは，現実自己，理想自己，理想対象の表象が癒合して作られた自己構造である。それは現実における自己のイメージと，幼く幻想的・理想的で万能な自己イメージと，非現実的

に受容的で愛情豊かな親のイメージとが区別されず一体となった，現実と理想の境界や自己と他者の境界があいまいな，病的な自己構造を意味する。病的誇大自己においては，その誇大性を維持するために，自分や対象（他者）の好ましくない側面は全て解離され，抑圧され，他者に投影されてしまう。現実の他者は病的誇大自己のシナリオに見合う限りにおいて認識され，見合わない場合しばしば脱価値化されたり，自らを迫害する存在と見なされたりする。こうした構造は，彼ら／彼女らの尊大さ，自己中心性，冷淡さとして表れるようになる。

一方，コフート（Kohut, 1971, 1977）の理論においては，自己愛性パーソナリティ障害は「自己の発達の停滞」の状態として理解される。カーンバーグの理論では，病的で防衛的な心的構造が作り上げられてしまった状態として理解されていることに対し，コフートの理論では正常な発達がいったん中止している状態であり，適切な外界との関わりの中でその発達はまた再開される，という含意がある。コフートの理論でも，「誇大自己」の存在は仮定されているが，それは病的なものを一義的には意味しない。むしろ，幼児が母親に向けて「すごいでしょう」と自己を肯定的に見つめ返すことを求めるような，素朴な誇大性のことを指している。その誇大自己に対して，親からの共感的な関わりが適度に得られることによって，子どもの「誇大自己」は、成熟した野心や自尊感情へと変化していく。反対に，この時期に，共感的な対応に恵まれないと，その幼いままの誇大自己に応えてくれる対象や，自らの緊張の緩和や自尊感情の制御を助けてくれる対象を求め続けることとなる。それが自己愛性パーソナリティ障害の特徴として表れるのである。

（4）DSMにおける自己愛性パーソナリティ障害

上記の他にも，自己愛的な人物のパーソナリティ像は多くの研究者により提起されたが，そうした議論を経て，特にカーンバーグが描いたような一群の人物像がその後，アメリカ精神医学会（American Psychiatric Association；以下，APAとする）の診断・統計マニュアルDSM-Ⅲ（Diagnostic and Statistical Manual of Mental Disorders（3rd ed.）；APA, 1980）において，「自己愛性パーソナリティ障害」の診断基準として集約された。自己愛性パーソナリティ障

| 第1部　序　論 |

表1-1　DSM-Ⅳ-TR（APA, 2000　高橋他訳　2003）による自己愛性パーソナリティ障害の診断基準

誇大性（空想または行動における），賞賛されたいという欲求，共感の欠如の広範な様式で，成人期早期までに始まり，種々の状況で明らかになる。以下のうち，5つ（またはそれ以上）によって示される。
1　自己の重要性に関する誇大な感覚（例：業績や才能を誇張する。十分な業績がないにもかかわらず優れていると認められることを期待する）。
2　限りない成功，権力，才気，美しさ，あるいは理想的な愛の空想にとらわれている。
3　自分が"特別"であり，独特であり，他の特別なまたは地位の高い人達に（または団体で）しか理解されない，または関係があるべきだ，と信じている。
4　過剰な賞賛を求める。
5　特権意識，つまり，特別有利な取り計らい，または自分の期待に自動的に従うことを理由なく期待する。
6　対人関係で相手を不当に利用する，つまり，自分自身の目的を達成するために他人を利用する。
7　共感の欠如：他人の気持ちおよび欲求を認識しようとしない，またはそれに気づこうとしない。
8　しばしば他人に嫉妬する，または他人が自分に嫉妬していると思い込む。
9　尊大で傲慢な行動，または態度。

害の概念は，その後も若干の改訂により変遷を経ているが（詳細については，Millon, 1998参照），DSM-Ⅳまでおおむね同様な人物像が描かれている。現行版であるDSM-Ⅳ-TRの診断基準を表1-1に示した。ここにあるように，誇大な自己認識を持ち，自己中心的で，自己顕示性が強く，共感性が欠如しているなど，一般的に言われる"ナルシスト"像ともよく合致した人物像が描かれている。

ただし，2010年2月に発表されたDSM-Ⅴ草稿では，自己愛性パーソナリティ障害は，パーソナリティ障害の5主要カテゴリーからは外され，"敵対性"特性の1下位側面となっている（APA, 2011年5月現在）。DSM-Ⅴは試験運用を経て2013年までに刊行予定であるが，正式決定に向けて現在も提案や議論が続けられており，今後の推移には注目が必要である（第13章参照）。

(5) 自己愛性パーソナリティ障害のサブタイプ

自己愛性パーソナリティ障害の人物像は，現在ではDSMの記述にそった，誇大で自己中心的な特徴を中心に描かれることが多い。しかし，自己愛ないし自己愛性パーソナリティ障害という概念を臨床的に使用する上では，DSMの

記述だけでは必ずしも十分でないことが頻繁に指摘されており，様々なサブタイプや表現型が提案されている。ケインら（Cain, Pincus, & Ansell, 2008）によればそのサブタイプの呼称は，主要なもので 16 の研究により 50 以上提起されているとされる。

ただし，それらにはおおむね類似性や重複があり，大きくは「誇大性テーマ」-「脆弱性テーマ」の 2 カテゴリ（もしくは連続線上の両端）に集約可能であることが指摘されている（表 1-2 ; Cain et al., 2008）。このカテゴリの一方は，

表 1-2　病理的自己愛の表現型の呼称とその特徴的なテーマ（Cain et al., 2008）

出典	誇大性テーマ	脆弱性テーマ
Kohut (1971)	水平スプリット	垂直スプリット
Bursten (1973)	操作的／男根的／妄想的	渇望的
Kohut & Wolf (1978)	鏡映渇望型／分身渇望型	理想渇望型／接触回避型
APA (1980)	DSM-Ⅲ NPD	
Cooper (1981), Akhtar & Thomson (1982)	顕在性	潜在性
Broucek (1982)	自己中心的	解離的
Kernberg (1984)	病理的／有害の	
Rosenfeld (1987)	厚顔の	薄皮の
APA (1987)	DSM-Ⅲ-R NPD	
Cooper (1988)		自己愛的-マゾヒスティック
Gabbard (1989)	鈍感な	過敏な
Gersten (1991)	明らかに誇大	明らかに脆弱
Masterson (1993)	自己顕示的	隠れ自己愛
Fiscalini (1993)	野蛮に甘やかされた子ども　特別な子ども	子ども扱いされた子ども　恥ずかしめられた子ども
APA (1994)	DSM-Ⅳ NPD	
Cooper & Maxwell (1995)	強力化された／操作的	無力化された
Hunt (1995)	古典的	内気な
Millon (1996)	無節操な／多情な／エリート主義／狂信的な	代償的な
Simon (2002)	トラウマ関連自己愛的症候群	
Akhtar (2003)		シャイ
Ronningstam (2005)	傲慢／サイコパシー的	シャイ

注）NPD; 自己愛性パーソナリティ障害

DSMの示す自己愛性パーソナリティ障害の人物像にかなり類似しており、誇大性、自己中心性、自己顕示性、鈍感さが前面に出た特徴を示す。また一方は、他者からの評価に過敏で、誇大性を内に隠し、自己消去的な振る舞いをしたりする一群が存在することが指摘されている。特に、DSMでは無視されてきた「脆弱性（または過敏性）」の自己愛パーソナリティは、恥や自己抑制への許容度が高い日本やスカンジナビア等の文化の中においては、「誇大型」よりも現れやすい問題であるとも言われ（Ronningstam, 2005）、研究の発展が求められている（本書第2部参照）。

3. 自己愛の実証的研究の始まり

（1）NPIの開発とその研究知見

こうした理論的展開の中で、DSM-Ⅲで定義された自己愛性パーソナリティ障害を、一般的な性格傾向として測定しようとしたのが、ラスキンとホール（Raskin & Hall, 1979）によるNPIである。この尺度は、DSM-Ⅲ（APA, 1980）の自己愛性パーソナリティ障害の診断基準を項目化したもので（本書第2章参照）、"自分は特別な人間だと思う""私は皆の注目を集めるのが好きだ"等の項目からなる。NPIは、開発以来様々な研究者によって改訂や翻訳がなされ、現在の自己愛に関する質問紙研究の約70％を占める代表的な尺度となっている（Cain et al., 2008）。また、NPIを用いた研究の数は「自己愛性パーソナリティ障害」の研究数よりも多く存在しており（Miller, Widiger, & Campbell, 2010）、注目を集めている。

NPIの登場により、1980年代から社会心理学やパーソナリティ心理学の領域で、自己愛に関する実証的研究が多数なされるようになった。その研究数の増加は先述のとおりである。そして、1990年代後半から2000年代には、そうした研究知見を統合した様々な理論モデルも提起されるようになった。代表的なものを表1-3に挙げる。これらモデルは、攻撃性、自己認識、対人関係など、個別の心理的な過程に比較的狭く焦点をあてたものから、個人の内的-対人的過程を含めた全人的・包括的なモデル化をしているものまで様々である。このうち、個人の内的過程については本書第3部で、対人的な過程については第4

表 1-3 自己愛の実証的研究における理論・モデル・概念

モデル・概念	主な出典	テーマ	自己愛パーソナリティについての基本的仮説
部分的モデル			
自尊感情管理モデル（self-esteem management model）	Raskin, Novacek, & Hogan（1991）	自己高揚	「(親の一方的期待)－敵意－誇大性－支配性―自己愛－自尊感情」の発達的シナリオで自尊感情が維持される
自己本位性脅威モデル（threaten egotism model）	Bushman & Baumeister（1998）	攻撃性	自己否定的な状況に脅かされた自己愛（自己本位性）が攻撃行動につながる
自己志向性モデル（self-orientation model）	Campbell（1999）	恋愛関係	自己を「賞賛」してくれるか、「同一化」できる（自慢できる）自己高揚的な恋愛対象に魅力を感じる
接近・達成動機づけ（approach and achievement motivation）†	Elliot & Thrash（2001）	動機づけ	動機づけの2つの軸「接近－回避」「達成－親和」でそれぞれ前者を好む
自己愛的リアクタンス理論（narcissistic reactance model）	Baumeister, Catanese, & Wallace（2002）	攻撃性（性的な強要や暴行）	特権意識や自己中心性ゆえに、性的関係の拒否にあった際、それを侮辱等と捉え、強要や暴行を行いやすい
投資モデル（investment model）	Campbell & Foster（2002）	恋愛関係	現在の恋愛に「満足」が低く、その関係への「投資」も少なく、「代替」対象を求めているため、コミットメントが低い
"他者は自分のためにいる"幻想（"the other exist for me" illusion）	Sedikides, Campbell, Reeder, Elliot, & Gregg（2002）	自己高揚・対人認知	自己高揚を重んじるため対人関係を軽視・破壊するような対人認知・対人行動をとる
自己意識感情モデル（self-conscious emotion model）	Tracy & Robins（2004）	自己意識感情	恥を最小化する一方、達成志向の誇りではなく、高慢な誇り（hubristic pride）を高める認知処理を行う
マスク・モデル（mask model）	Bosson, Lakey, Campbell, Zeigler-Hill, Jordan, & Kernis（2008）	自己認知	潜在的・無意識的な自尊感情の低さを、顕在的な自尊感情の高さで隠して（マスクして）いる
文脈的強化モデル（contextual reinforcement model）	Campbell & Campbell（2009）	対人関係	初期・短期の対人関係（「新生ゾーン」）で利益が多いが、継続的・長期的関係（「持続ゾーン」）でコストが大きい
全体的モデル			
力動的自己制御処理モデル（dynamic self-regulatory proccesing model）	Morf & Rhodewalt（2001）	自己制御	誇大な自己を維持することに動機づけられるあまり、その礎である対人関係を破壊するような、逆説的な内的・対人的な自己制御プロセスをとる
評価アディクション（esteem addiction）†	Baumeister & Vohs（2001）	自己制御	アディクションのように、自尊感情に対する渇望・耐性・離脱を示す
最小主義モデル（minimalist model）†	Paulhus（2001）	(1)特性論／(2)自他認知	(1)ビッグ・ファイブ特性の外向性の高さと協調性の低さ／(2)自己を好み他者を好まない非対称性な自他観で説明できる
（拡張）エージェンシーモデル（agency model）	Campbell, Brunell, & Finkel（2006）；Campbell & Foster（2007）	自己制御	温かさや協調性などの「コミュニオン」側面より、有能さや独立性の「エージェンシー」側面を強調した自尊感情を持つための内的・対人的自己制御を行う

† Morf & Rhodewalt（2001）に対するコメント論文であることを示す。

第1部　序　論

部でより詳細な議論がなされるであろう。

　なおNPIは，自己愛性パーソナリティ障害の特徴をもとにしているが，あくまでも一般的なパーソナリティ傾向を測定する尺度であり，障害の程度を測定するものとは断言できない。しかしながら，両者には多くの類似性も見出されており，近年ようやく理論的な統合が進められつつある（本書第13章参照）。

（2）その他のタイプの自己愛研究

　なお，自己愛パーソナリティの研究は，NPIのみで行われてきたわけではない。上述のように，自己愛パーソナリティには様々な表現型が仮定されている。そのため，第2章で紹介されるように，自己愛パーソナリティの測定のために，多様な尺度が開発されている。しかし，NPI以外の自己愛パーソナリティの尺度については，代替的なスタンダードとなるようなものが確立されていないのが実情である。それは，自己愛の理論が主に精神分析論を中心に展開しており，独自の用語・理論体系で語られているため，一般心理学との疎通がよい定義が難しいことなどが原因として考えられる。この自己愛パーソナリティのサブタイプや下位側面をどのように捉えるか，という問題は，わが国において多くの研究が蓄積されているテーマでもある。これについては，本書第2部で詳しく議論されているので，そちらを参照されたい。

4.　自己愛の概念的構造

（1）自己愛という語の二層的な意味

　ここまで，自己愛研究の大まかな展開を紹介してきたが，「自己愛」という概念の定義・理論ともに非常に多義的で混乱した状態となっていることも見て取れるであろう。しかしその中でも，ある程度共有可能な概念構造を見出すことはできる。以下では，自己愛という用語を，① 誰しもが持つ一般的な心理的機能を表す用語としての自己愛と，② 特定のパーソナリティやその障害を表す言葉としての自己愛とに区別し，概念的な整理の一助としたい。

(2) 一般的な心理的機能としての自己愛

フロイトは，自己愛を，対象愛（他者・外界への愛）へと向かわない，退行的・防衛的な状態として理解していた。つまり自己愛は，一部の防衛的・病的な人間が持つ特徴として一義的に捉えられていた。しかし，コフートの理論では，自己愛は対象愛とは別のラインで，生涯を通して存在し，発達していくものであると述べられている（Kohut, 1971）。またカーンバーグも，自己愛は「正常な自己愛」から「重度の自己愛の障害」までの幅があるものとして捉えており（Kernberg, 1998），その意味で，人間誰しもが何らかの形で自己愛を持っている，ということが仮定されている。

こうした見解を端的に表しているのが，ストロロウ（Stolorow, 1975）による自己愛の機能的定義であろう。ストロロウは，自己愛を"自己像を一貫性，安定性，肯定的情緒の彩りがあるものとして維持しようとする機能"（Stolorow, 1975）として定義している。より平易な表現として，"自己を価値あるものとして体験しようとする心の働き"（上地・宮下，2004）とも定義される。

これを一般心理学の用語で言いかえれば，自己愛は，自尊心（自尊感情；self-esteem）を維持・高揚しようとする心理的な制御機能であるとも言える。この自尊感情と自己愛の関係についてストロロウは，"室温"と"サーモスタット"の比喩を用いて説明している。自尊感情は室温のように，外的・内的様々な要因の影響を受けて変動するものである。そしてサーモスタットは，室温を監視し，それが適度に保たれるように種々の調整・制御を行おうとするものである。つまり，自己愛はサーモスタットのように，変動する自尊感情をその個人にとって適度なレベルに調整しようとする心理的機能であると理解できるのである。

(3) パーソナリティやその障害としての自己愛

上述のように，自己愛を，自尊感情の制御を司る心理的機能として捉えた場合，「自己愛（性）パーソナリティ（障害）」「病的自己愛」といった用語の意味も整理しやすくなる。コフート，カーンバーグの両理論において，自己愛性パーソナリティ障害は，"自尊感情を制御したり正常な水準に維持したりできないこと"（Kohut, 1971），"自尊感情の異常な制御"（Kernberg, 1998）など，

第1部　序論

自尊感情制御（self-esteem regulation）の病理や未成熟を中核とする障害として理解されている。他にライヒ（Reich, 1960）も，自己愛の障害を"自尊感情制御の異常な様式"として記述している等，多くの理論家が自尊感情の維持や制御の視点から自己愛性パーソナリティ障害を説明している（Gabbard, 1989; Ronningstam, 2005）。

　このことから，自尊感情を高揚・維持しようとする機能それ自体は誰しもに備わっているが，その高揚・維持のための方法に問題がある場合，つまり自尊感情制御のプロセスに異常・偏り・未成熟がある場合，それは「自己愛性パーソナリティ障害」や「病的自己愛」と呼ばれるものとなると考えられる。反対に，自尊感情制御のプロセスが健常ないし年齢相応に成熟している場合，それは「健康な自己愛」と呼ばれたり，「非・自己愛者」と呼ばれたりすると考えられる。先述の室温とサーモスタットの例で言えば，室温（自尊感情）を保つ方法は数多くあるが，その方法の中には，効率的で安全な方法と，非効率的で危険な方法もある。つまり，効率的に自尊感情を保つ方法を得ている個人もいれば，非効率的な方法しか選べない個人もいるということであり，そこに自己愛の障害・病理の程度の個人差があらわれると考えられる。

　またギャバード（Gabbard, G.）は，自己愛者は一様に"自尊感情を維持しようと苦闘している"が，いわゆる鈍感性と過敏性の自己愛者とでは，"それに対する対処の仕方が著しく違う"（Gabbard, 1989, p.529）と述べている。これもサーモスタットの例にあてはめることができる。室温（自尊感情）を保つ方法が非効率的な者たちの中には，周囲に害を及ぼすような"環境に悪い"方法を選ぶ者もいれば，個人の努力の割に室温を十分に保てない"燃費の悪い"方法を選ぶ者もいる。その方法のバリエーションは，パーソナリティ像としてのバリエーション（例えば，鈍感・誇大で自己中心的な群と，過敏・脆弱で自己抑制的な群）を生む可能性がある。

　こうした概念化は，NPI等で測定されるような，一般的な自己愛パーソナリティの傾向（自己愛傾向）についても同様のことが言えるであろう。その自尊感情制御プロセスを「異常」や「病理」と呼ぶことは難しいが，自己愛傾向の高い者において，一定の特徴や偏りが見られることは多くの研究者が実証・指摘しているとおりである（表1-3も参照）。

自尊感情制御に注目した理解は，自己愛パーソナリティに関する臨床的モデル・実証的モデルの双方で近年展開されつつある。しかしながら，こうした自己愛の定義・概念化の仕方は，自己愛という言葉で表される現象やその理論について，一側面しか反映できないものであろう。精神分析的理論の持つ豊かな含意や，臨床レベルの「自己愛」的な現象にはこうした理論で反映しきれない部分も大きいと考えられる。今後の研究では，その未検討の側面についても，より多面的・包括的に理論化と検証を行うことが求められるであろう。

5. 日本語で読めるレビュー文献

　以上，自己愛の研究の歴史的経緯を短く紹介したが，その内容の広さ・深さともに，十分とは言い難いと思われる。より詳細かつ広範な議論についてフォローできるよう，以下，日本語で読めるレビュー文献をいくつか紹介する。
　精神力動論・精神医学を中心とした理論的・臨床的な研究については，多く文献が出版されている。その中でレビューとして有用なものとしては，ロニングスタム（Ronningstam, E. F.）編著の書籍の日本語訳『自己愛の障害——診断的，臨床的，経験的意義』（Ronningstam, 1998　佐野監訳　2003）が挙げられる。カーンバーグ，ミロン（Millon, T.），ギャバードなど，自己愛研究の重要人物の論文が集められ，それぞれの理論的見解が概観できる文献である。また，雑誌『精神分析研究』には，「自己愛の病理とその治療」と題されたシンポジウム特集が掲載されている（特集序文：小此木・成田，1995）。雑誌『精神科治療学』では，「自己愛型人格障害Ⅰ・Ⅱ」と，2号にわたっての精神医学的観点からの特集が組まれている（特集序文：市橋，1995）。またより近年では，雑誌『精神療法』に「自己愛性障害の精神療法」（第一論文；牛島，2007）という特集，雑誌『精神科』には「現代社会と自己愛性パーソナリティ」と題された特集が組まれている（第一論文；小川，2008）。それぞれ，自己愛の基本的理論とその課題，日本における実践的・理論的な応用など，示唆に富んだ議論がなされている。
　実証的研究についてのレビューは少ないが，その中では小塩（2004）の著書が詳しいほか，大渕（2003），三船（2010）等による著作がある。論文として

第 1 部　序　論

は，上地雄一郎・宮下一博（1992a, b），相澤直樹（2006），中山留美子（2008），原田新（2008, 2009）によるもの等が詳しい。最も近年では雑誌『現代のエスプリ』で山崎久美子・妙木浩之（2011）による「自己愛の時代――現代社会の病理の解明に向けて――」の特集が組まれている。ここでは精神分析学，精神医学，心理学，哲学など多分野の研究者・実践家による考察が，実証データや事例も交えて論じられている。

[引用文献]
相澤直樹（2006）．自己愛に関する最近の研究動向（調査実証研究を中心に）神戸大学発達科学部研究紀要，**14**, 109-123.
Akhtar, S. (2003). *New clinical realms*. London: Jason Aronson Inc.
Akhtar, S., & Thomson, J. A. (1982). Overview: Narcissistic personality disorder. *American Journal of Psychiatry*, **139**, 12-20.
American Psychiatric Association (1980). *Diagnostic and statistical manual of mental disorders*. 3rd ed. Washington DC: Author.
American Psychiatric Association (1987). *Diagnostic and statistical manual of mental disorders. Rev.* 3rd ed. Washington DC: Author.
American Psychiatric Association (1994). *Diagnostic and statistical manual of mental disorders*. 4th ed. Washington DC: Author.
American Psychiatric Association (2000). *Diagnostic and statistical manual of mental disorders. Text Rev.* 4th ed. Washington DC: Author.
（American Psychiatric Association　高橋三郎・大野　裕・染谷俊幸（訳）（2003）．DSM-Ⅳ-TR　精神疾患の分類と診断の手引き（新訂版）　医学書院）
American Psychiatric Association (2011). *Diagnostic and statistical manual of mental disorder*. draft of 5th ed. Author, <http://www.dsm5.org/>. (May 8, 2011)
Baumeister, R. F., Catanese, K. R., & Wallace, H. M. (2002). Conquest by force: A narcissistic reactance theory of rape and sexual coercion. *Review of General Psychology*, **6**, 92-135.
Baumeister, R. F., & Vohs, K. D. (2001). Narcissism as addiction to esteem. *Psychological Inquiry*, **12**, 206-209.
Bosson, J. K., Lakey, C. E., Campbell, W. K., Zeigler-Hill, V., Jordan, C. H., & Kernis, M. H. (2008). Untangling the links between narcissism and self-esteem: A theoretical and empirical review. *Social and Personality Psychology Compass*, **2**, 1415-1439.
Broucek, F. (1982). Shame and its relationship to early narcissistic developments.

International Journal of Psychoanalysis, **63**, 369-378.
Bursten, B. (1973). Some narcissistic personality types. In A. Morrison (Ed.), *Essential papers on narcissism*. New York: New York University Press. pp. 377-402.
Bushman, B. J., & Baumeister, R. F. (1998). Threatened egotism, narcissism, self-esteem, and direct and displaced aggression: Does self-love or self-hate lead to violence? *Journal of Personality and Social Psychology*, **75**, 219-229.
Cain, N. M., Pincus, A. L., & Ansell, E. B. (2008). Narcissism at the crossroads: Phenotypic description of pathological narcissism across clinical theory, social/personality psychology, and psychiatric diagnosis. *Clinical Psychology Review*, **28**, 638-656.
Campbell, W. K. (1999). Narcissism and romantic attraction. *Journal of Personality and Social Psychology*, **77**, 1254-1270.
Campbell, W. K., Brunell, A. B., & Finkel, E. J. (2006). Narcissism, interpersonal self-regulation, and romantic relationships: An agency model approach. In K. D. Vohs, & E. J. Finkel (Eds.), *Self and relationships: Connecting intrapersonal and interpersonal processes*. New York: Guilford. pp. 57-83.
Campbell, W. K., & Campbell, S. M.(2009). On the self-regulatory dynamics created by the peculiar benefits and costs of narcissism: A contextual reinforcement model and examination of leadership. *Self and Identity*, **8**, 214-232.
Campbell, W. K., & Foster, J. D. (2002). Narcissism and commitment in romantic relationships: An investment model analysis. *Personality and Social Psychology Bulletin*, **28**, 484-495.
Campbell, W. K., & Foster, J. D. (2007). The narcissistic self: Background, an extended agency model, and ongoing controversies. In C. Sedikides, & S. Spencer (Eds.), *Frontiers in social psychology: The self*. Philiadelphia, PA: Psychology Press. pp. 115-138.
Cooper, A. M. (1981). Narcissism. In S. Arieti, H. Keith, & H. Brodie (Eds.), *American Handbook of Psychiatry*, Vol. 4. New York: Basic Books. pp. 297-316.
Cooper, A. M. (1988). The narcissistic-masochistic character. In R. Glick, & D. Meyers (Eds.), *Masochism: Current psychoanalytic perspectives*. New Jersey: The Analytic Press. pp. 117-138.
Cooper, J., & Maxwell, N. (1995). *Narcissistic wounds*. London: Jason Aronson Inc.
Donnellan, M. B., Trzesniewski, K. H., & Robins, R. W.(2009). An emerging epidemic of narcissism or much ado about nothing? *Journal of Research in Personality*, **43**, 498-501.
Elliot, A. J. & Thrash, T. M. (2001). Narcissism and motivation. *Psychological Inquiry*, **12**, 216-219.
Ellis, H. (1898). Auto-erotism: A psychological study. *Alienist and neurologist*, **19**, 260-299.
Fiscalini, J. (1993). Interpersonal relations and the problem of narcissism. In J. Fiscalini, & A. Grey (Eds.), *Narcissism and the interpersonal self*. New York: Columbia University Press. pp. 53-87.

Freud, S. (1905). Three Essays on the Theory of Sexuality. In J. Strachey (Ed. & Trans.) (1957). *The Standard Edition of the Complete Psychological Works of Sigmund Freud*, Volume 7. London: Hogarth Press. pp. 125-243.

Freud, S. (1914). Zur Einführung des Narzissmus. *Jahrbuch der Psychoanalyse*, **6**, 1-24. (フロイト, S. 懸田克躬（訳）(1953). ナルチシズム入門 フロイト選集 5 性欲論 日本教文社）

福西朱美・福西勇夫 (2011). わが国に多い隠れナルシスト――非定型うつ病の精神病理との関連性より―― 現代のエスプリ, **522**, 41-50.

Gabbard, G. O. (1989). Two subtypes of narcissistic personality disorder. *Bulletin of the Menninger Clinic*, **53**, 527-532.

Gersten, S. P. (1991). Narcissistic personality disorder consists of two distinct subtypes. *Psychiatric Times*, **8**, 25-26.

原田 新 (2008). 自己愛的自己評価プロセスに関する一考察 神戸大学大学院人間発達環境学研究科研究紀要, **2**, 13-22.

原田 新 (2009). 自己愛の過敏性に関する一考察 神戸大学大学院人間発達環境学研究科研究紀要, **3**, 19-28.

細井啓子 (2000). ナルシシズム――自分を愛するって悪いこと？―― サイエンス社

Hunt, W. (1995). The diffident narcissist:Acharacter-type illustrated in The Beast in the Jungle by Henry James. *International Journal of Psycho-analysis*, **76**, 1257-1267.

市橋秀夫 (1995). 特集にあたって 精神科治療学, **10**, 1205-1206.

上地雄一郎・宮下一博 (1992a). 自己愛の発達と障害およびその測定に関する研究の概観［1］ 岡山県立短期大学紀要, **37**, 107-117.

上地雄一郎・宮下一博 (1992b). 自己愛の発達と障害およびその測定に関する研究の概観［2］ 岡山県立短期大学紀要, **37**, 118-127.

上地雄一郎・宮下一博（編著）(2004). もろい青少年の心――自己愛の障害――発達臨床心理学的考察 北大路書房

香山リカ (1999). 〈じぶん〉を愛するということ――私探しと自己愛―― 講談社現代新書

Kernberg, O. F. (1975). *Borderline conditions and pathological narcissism*. New York: Jason Aronson.

Kernberg, O. F. (1984). *Severe personality disorders: Psychotherapeutic strategies*. London: Yale University Press. （カーンバーグ, O. F. 西園昌久（監訳）(1996). 重症パーソナリティ障害――精神療法的方略―― 岩崎学術出版社）

Kernberg, O. F. (1998). Pathological narcissism and narcissistic personality disorder: Theoretical background and diagnostic classification. In E. F. Ronningstam (Ed), *Disorders of narcissism: Diagnostic, clinical, and empirical implications*. Washington DC: American Psychiatric Association. pp. 29-51. （ロニングスタム, E. F.（編著） 佐野信也（監訳）(2003). 自己愛の障害――診断的,

臨床的，経験的意義―― 金剛出版）
Kohut, H. (1971). *The analysis of the self.* New York: International Universities Press.
（コフート, H. 近藤三男（共訳）(1994). 自己の分析 みすず書房）
Kohut, H. (1977). *The restoration of the self.* New York: International Universities Press.
（コフート, H. 本城美恵・山内正美（共訳）(1995). 自己の修復 みすず書房）
Kohut, H., & Wolf, E. (1978). The disorders of the self and their treatment: An outline. *International Journal of Psychoanalysis*, **59**, 413-425.
蔵本信比古（2002）. ひきこもりと自己愛――もう一つのアイデンティティ―― 臨床心理学, **2**, 763-768.
Lasch, C. M. (1979). *The culture of narcissism: American life in an age of diminishing expectations.* New York: Norton.
（ラッシュ, C. M. 石川弘義（訳）(1981). ナルシシズムの時代 ナツメ社）
Masterson, J. F. (1993). *The emerging self: A developmental, self, and object relations approach to the treatment of the closet narcissistic disorder of the self.* New York: Brunner/Mazel.
三船直子（2010）. 自己愛スペクトル――理論・実証・心理臨床実践―― 大阪公立大学共同出版会
Miller, J. D., Widiger, T. A., & Campbell, W. K. (2010). Narcissistic personality disorder and the DSM-V. *Journal of Abnormal Psychology*, **119**, 640-649.
Millon, T. (1996). *Disorders of personality: DSM-IV and beyond.* New York: Wiley.
Millon, T. (1998). DSM narcissistic personality disorder: Historical reflections and future directions. In E. Ronningstam(Ed.), *Disorders of narcissism: Diagnostic, clinical, and empirical implications* (pp. 75-101). Washington DC: American Psychiatric Press.
（ロニングスタム, E. F.（編著） 佐野信也（監訳）(2003). 自己愛の障害――診断的，臨床的，経験的意義―― 金剛出版）
Morf, C. C., & Rhodewalt, F. (2001). Unraveling the paradoxes of narcissism: A dynamic self-regulatory processing model. *Psychological Inquiry*, **12**, 177-196.
Näcke, P. (1899). Die sexuellen perversitäen in der irrenanstalt. *Psychiatrische en Neurologische Biaden*, **3**.
中野明徳（2011）. 不登校と自己愛――なぜ不登校は減らないのか―― 現代のエスプリ, **522**, 77-85.
中山留美子（2008）. 自己愛的自己調整プロセス――一般青年における自己愛の理解と今後の研究に向けて―― 教育心理学研究, **56**, 127-141.
大渕憲一（2003）. 満たされない自己愛――現代人の心理と葛藤―― 筑摩書房
小川豊昭（2008）. ナルシシスティック（自己愛性）・パーソナリティと現代の社会病理 精神科, **13**, 215-226.
小此木啓吾（1981）. 自己愛人間 朝日出版社
小此木啓吾・成田善弘（1995）.「自己愛の病理とその治療」――シンポジウムをはじめるにあ

たって―― 精神分析研究, **39**, 127.

小塩真司（2010）. 膨れ上がった自己――自己愛的パーソナリティ―― 心理学ワールド, **50**, 9-12.

小塩真司（2004）. 自己愛の青年心理学 ナカニシヤ出版

Paulhus, D. L. (2001). Normal narcissism: Two minimalist accounts. *Psychological Inquiry*, **12**, 228-230.

Pulver, S. E. (1970). Narcissism: The term and the concept. *Journal of American Psychoanalytic Association*, **18**, 319-341.

Rank, O. (1911). Ein Beitrag zum Narzissismus. *Jahrbuch für Psychoanalytische und Psychopathologische Forschungen*, **3**, 401-426.

Raskin, R., Novacek, J., & Hogan, R. (1991). Narcissistic self-esteem management. *Journal of Personality and Social Psychology*, **60**, 911-918.

Raskin, R., & Hall, C. S. (1979). A narcissistic personality inventory. *Psychological Reports*, **45**, 590.

Reich, A. (1960). Pathological forms of self-esteem regulation. *The Psychoanalytic Study of the Child*, **15**, 215-232. (International University Press)

Ronningstam, E. F. (1998). *Disorders of narcissism; Diagnostic, clinical, and empirical implications*. Washington DC: American Psychiatric Press.
（ロニングスタム, E. F.（編著） 佐野信也（監訳）(2003). 自己愛の障害――診断的，臨床的，経験的意義―― 金剛出版）

Ronningstam, E. F. (2005). *Identifying and Understanding the Narcissistic Personality*. New York: Oxford University Press.

Rosenfeld, H. A. (1987). *Impasse and interpretation : therapeutic and anti-therapeutic factors in the psychoanalytic treatment of psychotic, borderline, and neurotic patients*. London: Tavistock Publications.
（ローゼンフェルト, H. A. 神田橋條治（監訳）館直彦他（訳）(2001). 治療の行き詰まりと解釈――精神分析療法における治療的／反治療的要因―― 誠信書房）

斎藤　環（2007）. ひきこもりと自己愛　精神療法, **33**, 305-310.

Sedikides, C., Campbell, W. K., Reeder, G. D., Elliot, A. J., & Gregg, A. P. (2002). Do others bring out the worst in narcissist?: The "Other exist for me" illusion. In Y. Kashima, M. Foddy, & M. J. Platow(Eds.), *Self and identity: Personal, social, and symbolic*. NJ: Lawrence Erlbaum Associates, Inc. pp. 103-124.

Simon, R. I. (2002). Distinguishing trauma-associated narcissistic symptoms from posttraumatic stress disorder: A diagnostic challenge. *Harvard Review of Psychiatry*, **10**, 28-36.

Stolorow, R. D. (1975). Toward a functional definition of narcissism. *International Journal of Psychoanalysis*, **56**, 179-185.

Tracy, J. L., & Robins, R. W. (2004). Putting the self into self-conscious emotions: A

theoretical model. *Psychological Inquiry*, **15**, 103-125.
Twenge, J. M. (2006). *Generation Me: Why today's young Americans are more confident, assertive, entitled—And more miserable than ever before*. New York: Free Press.
Twenge, J. M., Campbell, W. K. (2009). *The narcissism epidemic: Living in the age of entitlement*. New York: Free Press.
Twenge, J. M., & Foster, J. D. (2010). Birth cohort increases in narcissistic personality traits among American college students, 1982-2009. *Social Psychological and Personality Science*, **1**, 99-106.
Twenge, J. M., Konrath, S., Foster, J. D., Campbell, W. K., & Bushman, B. J. (2008). Egos inflating over time: A cross-temporal meta-analysis of the Narcissistic Personality Inventory. *Journal of Personality*, **76**, 875-901.
牛島定信（2007）．精神医学における「自己愛の障害」をめぐって　精神療法, **33**, 267-272.
矢幡 洋（2005）．働こうとしない人たち ――拒絶性と自己愛性―― 中央公論新社
山崎久美子・妙木浩之（2011）．自己愛の時代――現代社会の病理の解明に向けて―― 現代のエスプリ, **522**, 5-187.

第2章 自己愛の測定
：尺度開発と下位次元

小塩真司

1. 海外における自己愛測定の変遷

(1) 自己愛人格目録（NPI）

ラスキン（Raskin, R.）とホール（Hall, C. S.）は，DSM-Ⅲ（American Psychiatric Association, 1980）の自己愛性パーソナリティ障害の診断基準に基づき，自己愛人格目録（Narcissistic Personality Inventory; 以下，NPI とする）を構成した。この尺度は，自己愛的な文章とそうではない文章との対で構成されており，二者択一で回答を求めるものである（Raskin & Hall, 1979）。

ラスキンとホールは DSM-Ⅲ の記述に基づいて 223 のペアからなる項目群を作成した。そして 71 名の大学生にこの質問項目群を実施し，高得点を示した 20 名と低得点を示した 20 名の間で差が見られた 80 項目を抽出した。さらに彼らは 80 項目を 40 項目ずつ 2 つの質問群に分け，Form A と Form B と名付けた。この Form A と Form B の相関は $r = .72$（$N = 99$; 8 週間間隔で実施）であることが報告されている（Raskin & Hall, 1981）。その後の一連の研究の中で，内的整合性の観点から 54 項目が抜き出され，NPI として用いられていった（Raskin & Terry, 1988）。

エモンズ（Emmons, R. A.）は，54 項目の NPI に対して因子分析を行うことで，最終的に 38 項目からなる 4 因子構造を見いだした。その 4 つの因

子とは,「搾取・権利意識(Exploitativeness/Entitlement)」「指導性・権力(Leadership/Authority)」「優越感・高慢さ(Superiority/Arrogance)」「自己耽溺・自己賛美(Self-Absorption/Self-Admiration)」である(Emmons, 1984)。また,ラスキンとテリー(Terry, H.)は,54項目のNPIを因子分析することにより,最終的に40項目からなる7因子構造を報告している(Raskin & Terry, 1988)。その7つの因子は,「権力(Authority)」「自己満足(Self-Sufficiency)」「優越感(Superiority)」「自己顕示(Exhibitionism)」「搾取性(Exploitativeness)」「虚栄(Vanity)」「権利意識(Entitlement)」である(Raskin & Terry, 1988)。さらに,クバリチ(Kubarych, T. S.)らは,NPIの確認的因子分析から「勢力(Power)」「顕示(Exhibitionism)」「特別な人物(Special person)」という3因子構造となることを示している(Kubarych, Deary, & Austin, 2004)。

NPIは人格障害の診断のためというよりも,一般的な人々に共通するパーソナリティ特性としての自己愛的な傾向を測定するために構成されたものである。NPIは現在においても,最も数多くの研究で用いられている尺度である。NPIは自己愛の実証研究を行う上で,欠かせない尺度であると言えよう。

(2) 投影法を用いた測定

自己愛を質問紙法によって測定する試みが行われる以前に,ロールシャッハテストや主題統覚テスト(Thematic Apperception Test; TAT)によって自己愛的な傾向を測定しようとする試みが行われていた。

ロールシャッハの解釈システム開発で知られるエクスナー(Exner, J. E. Jr.)は,ロールシャッハテストにおける自己愛の指標について検討している(Exner, 1969)。また,ハーダー(Harder, D. W.)は,ライヒ(Reich, W.)の野心的-自己愛的性格(Reich, 1933)にならって,TATを用いた自己愛の測定を試みている(Harder, 1979)。そこでは,① 侵入的・威嚇的,② 露出症・窃視症,③ 尿道的興奮,④ 支配・有能性・権威,⑤「自己能力」快感という5つの観点から自己愛を測定することが行われた。そして,シュルマン(Shulman, D. G.)らは,2枚のTATカードによって自己愛を測定する,自己愛の投影法テスト(projective test of narcissism; N-P)を作成し,信頼性と

第1部　序論

妥当性を検討している（Shulman & Ferguson, 1988; Shulman, McCarthy, & Ferguson, 1988）。

（3）マレーの尺度

欲求-圧力理論を展開したマレー（Murray, H. A.）は，人格変数として20の顕在欲求，8つの潜在欲求，4つの内的因子を設定した。マレーは，内的因子のひとつとして自己愛を挙げている（Murray, 1938）。

マレーによると，自己愛とは正のエネルギーが自己に集中していることを意味しており，しばしば他人のことを忘れ，無視する傾向を伴うとしている。そして自己愛の直接的な表れとして以下のものを挙げている。すなわち，① 自己耽溺・自己賛美・自己憐憫・自体愛，② 優越感と誇大妄想，③ 自己顕示ならびに注目・賞賛・名誉・援助・憐憫・感謝を過度に要求すること，④ 無視や軽視への強い感受性・過敏さ・過度の内気さ・被害妄想，である。

マレーはこのような自己愛を測定するために，20項目で構成される尺度を構成した。この尺度は最も初期に開発された自己愛傾向を測定する尺度であると言える（小塩, 2004）。また，この尺度はより近年にも利用されている。たとえば，ヘンディン（Hendin, H. M.）とチーク（Cheek, J. M.）は，過敏的自己愛尺度（Hypersensitive Narcissism Scale; HSNS）と称した尺度を，マレーが作成した尺度に基づいて構成している。

（4）MMPIに基づく尺度

ミネソタ多面人格目録（Minnesota Multiphasic Personality Inventory; MMPI）は，世界的に非常に使用頻度の高い尺度であり，この質問項目を利用して各種の臨床尺度が開発されていることでも知られる。これまでに自己愛の研究においても，MMPIの項目を利用したいくつかの測定尺度が開発されてきた。

アシュビー（Ashby, H. U.）らは，DSM-Ⅲの診断基準に基づき，自己愛性パーソナリティ障害尺度（Narcissistic Personality Disorder Scale; NPDS）を開発した。この尺度は，自己愛性パーソナリティ障害と診断されたクライエントと正常なクライエントとの間で有意な得点差が見られたMMPIの19の質問

項目で構成されている（Ashby, Lee, & Duke, 1979）。

　モーレイ（Morey, L. C.）らは，DSM-Ⅲのパーソナリティ障害の記述を測定するために，各種の人格障害クライエントを対象にMMPIを実施し，11の尺度を構成した。この中には，31項目で構成される自己愛尺度が含まれている。なお，この31項目のうち14項目が自己愛性パーソナリティ障害を反映しており，残りの17項目は他のパーソナリティ障害と重複する項目である（Morey, Waugh, & Blashfield, 1985）。

　ラスキンらは，NPIと有意な相関が見られたMMPIの項目を抽出し，MMPIに基づく自己愛の指標の開発を試みた（Raskin & Novacek, 1989）。

　ウインク（Wink, P.）とゴフ（Gough, H. G）は，精神分析家の著述や診断基準など複数の自己愛の記述から，自己愛の基本テーマとして次の4つを挙げた。すなわち，①権力と才気の幻想を伴う誇大化した自尊心，② 激しい競争心と他者の才能への妬みを伴う他者の見下し，③ 通常の社会的慣習を越える権利意識，④ 現在の状態への不満，である。そして，MMPIから39項目を抽出して自己愛尺度を構成した（Wink & Gough, 1990）。

（5）さまざまな自己愛尺度

　これまでも自己愛研究では，MMPIに基づく尺度以外にもさまざまな質問紙法尺度が作成されてきた。ここでは，その様子を概観してみたい。

　ミロン（Millon, T.）が作成した，ミロン臨床多軸目録（Millon Clinical Multiaxial Inventory; MCMI）は，臨床場面において精神疾患の測定のために幅広く用いられている尺度である。そしてこの尺度の中には，自己愛傾向を測定する項目が含まれている。その尺度は43項目からなり，誇大な自己像，対人関係における特徴，認知的拡張，無頓着な気質，社会的な良心の欠如を反映したものである（Millon, 1987）。

　先に示したウインクとゴフは，MMPI以外にもカリフォルニア人格検査（California Psychological Inventory; CPI）に基づく，49項目からなる自己愛尺度を構成している（Wink & Gough, 1990）。

　またウインクは，カリフォルニアQセット（California Q-set; CAQ）による自己愛尺度も構成している。ウインクはまず，DSM-Ⅲに記述されるような

典型的な自己愛者に当てはまる CAQ の 100 項目を専門家に見せ，判定させた。次に自己愛測定のために選択された CAQ 項目を因子分析し，「強情さ」「過敏さ」「自律性」という 3 つの下位尺度を構成した（Wink, 1992）。

　ファールズ（Phares, E. J.）とアースキン（Erskine, N.）は，自己愛的な傾向について，精神分析的な理論を避け，社会的学習理論の枠組みで捉えようと試みた（Phares & Erskine, 1984）。そして，「自己中心主義（selfism）」という用語を用いて，28 項目からなる尺度を構成している。なお自己中心主義とは，さまざまな欲求の充足に関する問題状況の全体を，個人がどのように捉えるかということについての方向付け，信念，ないし構えと定義付けられており，社会的学習理論における問題解決への般化された期待を指す概念であるという。

　オブライエン（O'Brien, M. L.）は，病理的な自己愛を測定するために，OMNI（O'Brien Multiphasic Narcissism Inventory）と名付けられた尺度を構成している（O'Brien, 1987, 1988）。この尺度は 3 つの下位尺度で構成されている。それは，自己正当化のために他者の承認を求めたり所属意識に疑問を感じたりすることなどを意味する「自己愛的濫用人格（Narcissistically Abused Personality）」，他者をコントロールしたい欲求を意味する「有害な教育（Poisonous Pedagogy）」，そして DSM-Ⅲ に記述された内容に近い「自己愛人格」である。

　ロビンス（Robbins, S. B.）とパットン（Patton, M. J.）は，コフート（Kohut, H.）の理論に基づいた誇大化と理想化を操作的に定義することで，優越性・目標不安定性尺度（Superiority and Goal Instability Scales）と呼ばれる 2 つの内容で構成された尺度を構成している。彼らはこの尺度をキャリア意識の発達と結びつけている（Robbins & Patton, 1985）。

　近年さらに，新たな自己愛の尺度が作成されている。ピンカス（Pincus, A. L.）らは，病理的自己愛目録（Pathological Narcissism Inventory; PNI）と呼ばれる，NPI よりも病理的な意味合いの強い尺度を構成した（Pincus, Ansell, Pimentel, Cain, Wright, & Levy, 2009）。彼らは，第 1 に病理的な自己愛と正常範囲の自己愛の関連が不明瞭であること，第 2 に既存の自己愛尺度では病理的な自己愛の測定が不十分であることを指摘し，52 の質問項目からなる PNI を作成した。この尺度は，「随伴的自尊感情（Contingent Self-

Esteem)」「搾取性（Exploitativeness）」「自己犠牲（Self-Sacrificing）」「自己高揚（Self-Enhancement）」「自己隠蔽（Hiding the Self）」「誇大空想（Grandiose Fantasy）」「脱価値（Devaluing）」「権利的憤怒（Entitlement Rage）」という相互に関連する8つの下位尺度をもつ。PNI全体とNPIとの相関は $r = .13$ と低く，またNPIよりもPNIのほうが臨床上の行動をうまく予測する可能性のあることが，ピンカスらによって示されている。

2. 日本における自己愛測定の変遷

（1）NPIの日本語化

佐方哲彦は，NPIやDSM-Ⅲの記述，ミロンの記述を参考にし，独自の自己愛人格目録（SNPI）を開発した。この尺度は42項目で構成されており，因子分析によって「優越性・指導性・対人影響力」「自己顕示・自己耽溺」「自己有能性・自信」という3つの下位尺度が設定されている（佐方, 1986, 1987）。

山本都久は，佐方の尺度や中西・佐方（1986）に描かれた自己愛の記述に基づき，自己愛人格目録（NPI）を作成している（山本, 1993）。この尺度は27項目で構成され，「自己耽溺」「全能感」「自己顕示・自己宣伝」「対人関係における利己性」「自我理想の肥大化」という5因子構造になることが示されている。

宮下一博と上地雄一郎は，エモンズ（Emmons, 1984）で示されたNPIの因子分析結果において高い負荷量を示した38項目を翻訳している（宮下・上地, 1985）。そして項目分析を経て，35項目からなる日本語版NPIが構成された。なおこの研究では，二者択一の強制選択法から7件法に回答方式が変更されている。

大石史博は，ラスキンとホールのNPI，54項目を日本語に翻訳し，項目分析，内的整合性，再検査信頼性，因子構造などを検討している（大石, 1987）。大石によって翻訳されたNPIは二者択一の強制選択式であったが，小塩真司（1997）は自己愛的な項目のみを5件法で測定するように改変している。

小塩は，NPIの項目を整理し，再訳出することで，自己愛人格目録短縮版（NPI-S）を作成した（小塩, 1998, 1999）。NPI-Sは30項目からなり，「優越

感・有能感」「注目・賞賛欲求」「自己主張性」の3因子で構成される。

小西瑞穂らは，ラスキンとテリー（Raskin & Terry, 1988）の論文に基づいてNPIを日本語訳し，自己愛人格傾向尺度（Narcissistic Personality Inventory-35; NPI-35）を作成した（小西・大川・橋本, 2006）。この尺度は35項目からなり，因子分析によって「注目欲求」「誇大感」「主導性」「身体賞賛」「自己確信」の5つの下位尺度で構成されることが示されている。

(2) 精神分析的概念を考慮した自己愛尺度

細井啓子は一連の研究において，先に示したマレーの尺度を用いて自己愛を測定している（細井, 1981, 1984）。細井はマレーの人格変数から，自己愛，顕示，同一性，理想自我の項目に，さらに質問項目を追加して尺度を構成した。そして因子分析の結果，この尺度は自己愛傾向や顕示傾向が高い因子，同一性傾向の強い因子，自己への関心を高める傾向が強い因子という3因子構造となることが示されている（細井, 1984）。

葛西真記子は，コフートの理論と日本特有の「甘え」概念を考慮することによって，日本人的な誇大感の欲求を定義している（葛西, 1999）。それは，自分にとって大切な対象から甘えられたい，依存されたいという「他者にとって自分が重要であると感じる誇大感」と，他者によって自分の業績を認めてもらいたいという「他者によって満たされる誇大感」である。葛西はこの2つの内容を反映した誇大感欲求尺度を作成し，「他者からの依存・尊重の拒否」「他者からの賞賛への不信・不満」という2つの下位尺度で構成されることを示している。

上地と宮下は，コフートの自己心理学の観点に基づく，自己愛的脆弱性尺度（Narcissistic Vulnerability Scale; NVS）を構成している（上地・宮下, 2002, 2005）。NVSは40項目からなり，「目的感の希薄さ」「承認・賞賛への過敏性」「自己顕示抑制」「自己緩和不全」「潜在的特権意識」という5つの因子で構成されることが示されている（本書第3章も参照）。

稲垣実果は，「甘え」理論の観点から自己愛を捉える，自己愛的甘え尺度を構成した（稲垣, 2007）。この尺度は32項目からなり，「屈折的甘え」「配慮の要求」「許容への過度の期待」という3つの下位尺度で構成されることが示さ

れている。

原田新は，カーンバーグ（Kernberg, O. F.）の理論に基づいた不適応的な自己愛を測定するために，新たな自己愛人格尺度を作成している（原田，2009）。この尺度は23項目で構成されており，「誇大性」と「自己関心・共感の欠如」という2因子からなることが示されている。

（3）誇大性・過敏性の両面を含む尺度

高橋智子は，ギャバード（Gabbard, G. O.）の2種類の自己愛（Gabbard, 1989）を測定するために，2つの下位尺度をもつナルシシズム尺度の作成を試みた。この尺度は因子分析によって，「周囲を気にする傷つきやすいナルシシズム」「周囲を気にかけない誇大的なナルシシズム」の2つの下位尺度で構成されることが示されている（高橋，1998）。この研究は学会で発表されたのみであり，たとえば2つの下位尺度間の相関係数の情報が記載されていないなど，公表された発表には情報が少ない。しかし，わが国においてはじめて，誇大な自己愛と過敏な自己愛の測定を試みたという点で，特筆すべき尺度であろう。

相澤直樹は，自己愛の誇大特性と過敏特性を考慮に入れた，自己愛人格項目群を構成し，その構造を検討している（相澤，2002）。自己愛および対人恐怖の先行研究から項目を収集し，67項目からなる項目群を設定した。そして因子分析の結果から，「対人過敏」「対人消極性」「自己誇大感」「自己萎縮感」「賞賛願望」「権威的操作」「自己愛的憤怒」の7因子構造となることを示している。

谷冬彦は，自己愛の誇大性と過敏性を統合し，幅広い観点から測定する自己愛人格尺度（Narcissistic Personality Scale; NPS）を構成した（谷，2004a, b）。構造方程式モデリングを用いた確認的因子分析により，この尺度が「有能感・優越感」「自己愛性抑うつ」「注目・賞賛欲求」「自己主張性・自己中心性」「自己愛的憤怒」という5つの下位次元から構成されることが示されている。また谷（2006）は，25項目からなるNPSの短縮版も作成している。

清水健司らは，対人恐怖心性と自己愛を組み合わせることで自己愛の誇大特性と過敏特性も表現する，対人恐怖心性-自己愛傾向2次元モデルを作成した（本書第5章も参照）。そして，このモデルに基づいた尺度を構成してい

る（清水・川邊・海塚，2005）。さらに清水らは，20項目からなる対人恐怖心性 - 自己愛傾向2次元モデル尺度の短縮版も作成している（清水・川邊・海塚，2006）。

中山留美子と中谷素之は，臨床場面で言われる2種類の自己愛を直接的に測定することを試みる，評価過敏性 - 誇大性自己愛尺度を作成している（中山・中谷，2006）。この尺度は18項目からなり，「評価過敏性」と「誇大性」の2因子構造となることが示されている（本書第4章も参照）。

三浦絵美と吉田富二雄は，これまでに検討された自己愛の誇大性と過敏性を総合するような，新たな自己愛傾向尺度の作成を試みている（三浦・吉田，2011）。この新たな自己愛傾向尺度は，「誇大感」「自己本位性」「評価への過敏さ」「賞賛欲求」の4つの下位尺度から構成されることが示されている。

3. 自己愛の構造

(1) 自己愛の下位側面

これまでに作成された自己愛尺度には，どのような下位側面があるのだろうか。また，そこには共通点があるのだろうか。ここまでに紹介した尺度のうち代表的なものについて，表2-1（32，33頁を参照）にまとめた。なおこの表では，おおよそ同じような意味の下位尺度を同じような位置に置いている。また，表の左方向にいくほど誇大な自己愛であり，実証研究で「健康的」とされる下位尺度を，右方向にいくほど過敏な自己愛であり，実証研究で「不健康的」とされる下位尺度を配置した。なお，これらの位置はおおよそのものである点に注意してほしい。

海外におけるNPIの因子分析では，3因子から7因子までの因子数が報告されている。しかし，表を見てわかるように，全く異なる因子が抽出されているわけではなく，どのレベルの因子までを取り出しているかという問題であるように思われる。

ピンカスらのPNIは，NPIとはやや異なる，より病理的な因子を見いだしている。表では一面に配置されているが，ピンカスの研究ではほぼすべての下位尺度が自尊感情と負の相関をもつなど，不健康な方向性をもつことが示され

ている。この尺度は，誇大性が強くかつより病理的，過敏的かつより病理的な因子を見いだすことに成功しているように思われる（Pincus et al., 2009）。

　一方で，わが国において日本語訳されたNPIおよびそこから派生した尺度，そしてわが国で独自に開発された自己愛尺度についても，代表的なものを取り上げて下位尺度を表の中に配置した。下位尺度の一覧を見ると，NPIの翻訳版およびそこから派生した尺度に関しては，おおよそ重なった意味をもつ下位尺度で構成されていることがわかる。それに対して，独自に構成された尺度については，過敏な自己愛に関する下位尺度が多くなっていることがわかる。

(2) 今後の課題

　ここまで概観すると，自己愛という構成概念を測定するためにいかに多くの尺度が開発されているかが理解できる。それぞれの研究者は既存の尺度のどこかに不満をもち，その不満を解消するために独自の新たな尺度を構成する。それは，必ずしも批判されるべきことではない。最も重要なことは，自己愛という構成概念を最も高い妥当性をもって測定することができる尺度を構成することだからである。

　現在のところ，それぞれの尺度が同じ程度に使用されているわけではなく，NPIに基づく尺度の使用頻度が明らかに高い。これまでの国内外の研究の蓄積を考慮に入れると，今から別の尺度を用いて研究を進めていくのは難しい状況にもあると思われる。ただし，現在のように多くの尺度が乱立する状況において最も重要なことは，妥当性の基準を明確にし，その基準に沿って尺度を評価することである。さらに可能であれば，海外の研究者との交流も積極的に進めるべきである。このあたりは自戒も含め，今後の課題として述べるにとどめておくことにしたい。

表 2-1　自己愛の下位側面

尺度名／文献	下位尺度名	
Narcissistic Personality Inventory (NPI)		
Emmons (1984)	優越感・高慢さ (Superiority/Arrogance)	
Raskin & Terry (1988)	優越感 (Superiority)	自己満足 (Self-Sufficiency)
Kubarych et al. (2004)	特別な人物 (Special person)	
Pathological Narcissism Inventory (PNI)	誇大空想 (Grandiose Fantasy)	搾取性 (Exploitativeness)
Pincus et al. (2009)		
〈NPI に基づく尺度〉		
自己愛人格目録 (SNPI)	自己有能性・自信	
佐方 (1986)		
日本語版 NPI　　　（男性）	自己有能感	
大石 (1987)　　（女性）	優越性	自己確信
自己愛人格傾向尺度 (NPI-35)	誇大感	自己確信
小西他 (2006)		
自己愛人格目録短縮版 (NPI-S)	優越感・有能感	
小塩 (1998)		
〈独自要素も含む尺度〉		
自己愛人格目録 (NPI)	自己耽溺	全能感
山本 (1993)		
ナルシシズム尺度	周囲を気にかけない誇大的なナルシシズム	
高橋 (1998)		
自己愛的脆弱性尺度 (NVS)		
上地・宮下 (2002, 2005)		
自己愛人格項目群	自己誇大感	
相澤 (2002)		
自己愛人格尺度 (NPS)	有能感・優越感	
谷 (2004a, b)		
評価過敏性-誇大性自己愛尺度		
中山・中谷 (2006)		
自己愛人格尺度	誇大性	
原田 (2009)		
自己愛傾向尺度	誇大感	
三浦・吉田 (2011)		

　　　　　　　　　　　　　　　　← 誇大性
　　　　　　　　　　　　　　　　← 健　康

第 2 章　自己愛の測定

下位尺度名

指導性・権力	自己耽溺・自己賛美	搾取・権利意識		
(Leadership/Authority)	(Self-Absorption /Self-Admiration)	(Exploitativeness/Entitlement)		
権力	虚栄	自己顕示	権利意識	搾取性
(Authority)	(Vanity)	(Exhibitionism)	(Entitlement)	(Exploitativeness)
勢力		顕示		
(Power)		(Exhibitionism)		
自己高揚	自己犠牲	権利的憤怒	脱価値　随伴的自尊感情　自己隠蔽		
(Self-Enhancement)	(Self-Sacrificing)	(Entitlement Rage)	(Devaluing)　(Contingent Self-Esteem)　(Hiding the Self)		

優越性・指導性・対人影響力　　　自己顕示・自己耽溺

統率性・自主張　　　身体賛美・没頭　権威願望・注目願望
統率性・自主張　　　　　　　　　注目願望
主導性　　　　　　　身体賞賛　　　注目欲求

自己主張性　　　　　　　　　　　注目・賞賛欲求

対人関係における利己性　　　　　自己顕示・自己宣伝　自我理想の肥大化

　　　　　　　　　　　　　　　　　　　　　　　　　　周囲を気にする傷つきやすいナルシシズム

　　　　　　　潜在的特権意識　承認・賞賛への　目的感の　　自己顕示抑制　自己緩和不全
　　　　　　　　　　　　　　　過敏性　　　　　希薄さ
権威的操作　　自己愛的憤怒　　賞賛願望　　　　対人過敏　対人消極性　　　自己萎縮感

自己主張性・　自己愛的憤怒　　注目・賞賛欲求　自己愛性抑うつ
　自己中心性
誇大性　　　　　　　　　　　　　　　　　　　評価過敏性

自己関心・共感の欠如

自己本位性　　　　　　　　　　　賞賛欲求　　　評価への過敏さ

過敏性　→
不健康　→

[引用文献]

相澤直樹 (2002). 自己愛的人格における誇大特性と過敏特性　教育心理学研究, **50**, 215-224.

American Psychiatric Association (1980). *Diagnostic and statistical manual of mental disorders*. 3rd ed. Washington DC: Author.

Ashby, H. U., Lee, R. R., & Duke, E. H. (1979). *A narcissistic personality disorder MMPI scale*. Paper presented at the 87th annual meeting of the American Psychological Association, New York.

Emmons, R. A. (1984). Factor analysis and construct validity of the narcissistic personality inventory. *Journal of Personality Assessment*, **48**, 291-300.

Exner, J. E. Jr. (1969). Rorschach responses as an index of narcissism. *Journal of Projective Technique and Personality Assessment*, **33**, 324-330.

Gabbard, G. O. (1989). Two subtypes of narcissistic personality disorder. *Bulletin of the Menninger Clinic*, **53**, 527-532.

原田 新 (2009). 新たな自己愛人格尺度の作成　神戸大学大学院人間発達環境学研究科研究紀要, **2**, 25-32.

Harder, D. W. (1979). The assessment of ambitious-narcissistic character style with projective tests: The Early Memories, TAT, and Rorschach. *Journal of Personality Assessment*, **43**, 23-32.

Hendin, H. M., & Cheek, J. M. (1997). Assessing hypersensitive narcissism: A reexamination of Murray's narcissism scale. *Journal of Research in Personality*, **31**, 588-599.

細井啓子 (1981). ナルシシズム的傾向に関する発達的研究 (1) ──妊産婦について──　心理学研究, **52**, 38-44.

細井啓子 (1984). ナルシシズム的傾向に関する発達的研究 (3) ──成人期中期の女性について──　心理学研究, **55**, 113-116.

稲垣実果 (2007). 自己愛的甘え尺度の作成に関する研究　パーソナリティ研究, **16**, 13-24.

上地雄一郎・宮下一博 (2002). コフートの自己心理学に基づく自己愛的脆弱性尺度の作成の試み　甲南女子大学研究紀要 (人間科学編), **38**, 1-10.

上地雄一郎・宮下一博 (2005). コフートの自己心理学に基づく自己愛的脆弱性尺度の作成　パーソナリティ研究, **14**, 80-91.

葛西真記子 (1999). 日本版「誇大感 (Grandiosity)」欲求尺度作成の試み──Kohut の自己愛理論にもとづいて──　カウンセリング研究, **32**, 134-144.

小西瑞穂・大川匡子・橋本 宰 (2006). 自己愛人格傾向尺度 (NPI-35) の作成の試み　パーソナリティ研究, **14**, 214-226.

Kubarych, T. S., Deary, I. J., & Austin, E. J. (2004). The narcissistic personality: Factor structure in a non-clinical sample. *Personality and Individual Differences*, **36**, 857-872.

Millon, T. (1987). *Millon Clinical Multiaxual Inventory manual*. 3rd ed. Minneapolis: National Computer Systems.

三浦絵美・吉田富二雄 (2011). 新たな自己愛傾向尺度の作成と妥当性の検討──過去の経験

との関連を通して―― 筑波大学心理学研究, **41**, 25-32.
宮下一博・上地雄一郎 (1985). 青年におけるナルシシズム (自己愛) 的傾向に関する実証的研究 (1) 総合保健科学, **1**, 51-61.
Morey, L. C., Waugh, M. H., & Blashfield, R. K. (1985). MMPI scales for DSM-Ⅲ personality disorders: Their derivation and correlates. *Journal of Personality Assessment*, **49**, 245-251.
Murray, H. A. (1938). *Explorations in personality*. New York: Oxford University Press.
（マレー, H. A. 外林大作 (訳) (1961). パーソナリティⅠ・Ⅱ 誠信書房）
中西信男・佐方哲彦 (1986). ナルシズム時代の人間学――自己心理学入門―― 福村出版
中山留美子・中谷素之 (2006). 青年期における自己愛の構造と発達的変化の検討 教育心理学研究, **54**, 188-198.
O'Brien, M. L. (1987). Examining the dimensionality of pathological narcissism: Factor analysis and construct validity of the O'Brien Multiphasic Narcissism Inventory. *Psychological Reports*, **61**, 499-510.
O'Brien, M. L. (1988). Further evidence of the validity of the O'Brien Multiphasic Narcissism Inventory. *Psychological Reports*, **62**, 879-882.
大石史world (1987). ナルシシズムの心理学的研究 (1) 関西学院大学人文論究, **37**, 27-44.
小塩真司 (1997). 自己愛傾向に関する基礎的研究――自尊感情, 社会的望ましさとの関連―― 名古屋大学教育学部紀要 (教育心理学科), **44**, 155-163.
小塩真司 (1998). 自己愛傾向に関する一研究――性役割観との関連―― 名古屋大学教育学部紀要 (心理学), **45**, 45-53.
小塩真司 (1999). 高校生における自己愛傾向と友人関係のあり方との関連 性格心理学研究, **8**, 1-11.
小塩真司 (2004). 自己愛の青年心理学 ナカニシヤ出版
Phares, E. J., & Erskine, N. (1984) The measurement of selfism. *Educational and Psychological Measurement*, **44**, 597-608.
Pincus, A. L., Ansell, E. B., Pimentel, C. A., Cain, N. M., Wright, A. G. C., & Levy, K. N. (2009). Initial construction and validation of the Pathological Narcissism Inventory. *Psychological Assessment*, **21**, 365-379.
Raskin, R., & Hall, C. S. (1979). A narcissistic personality inventory. *Psychological Reports*, **45**, 590.
Raskin, R., & Hall, C. S. (1981). The narcissistic personality inventory: Alternate form reliability and further evidence of construct validity. *Journal of Personality Assessment*, **45**, 159-162.
Raskin, R., & Novacek, J. (1989). An MMPI description of the narcissistic personality. *Journal of Personality Assessment*, **53**, 66-80.
Raskin, R., & Terry, H. (1988). A principal-components analysis of the narcissistic personality inventory and further evidence of its construct validity. *Journal of*

Personality and Social Psychology, **54**, 890-902.

Reich, W. (1933). *Character analysis*. London: Vision Press.

Robbins, S. B., & Patton, M. J. (1985). Self-psychology and career development: Construction of the Superiority and Goal Instability Scales. *Journal of Counseling Psychology*, **32**, 221-231.

佐方哲彦（1986）．自己愛人格の心理測定――自己愛人格目録（NPI）の開発――　和歌山県立医科大学進学課程紀要，**16**, 63-76.

佐方哲彦（1987）．自己愛人格と共感性の関連　和歌山県立医科大学進学課程紀要，**17**, 67-75.

Shulman, D. G., & Ferguson, G. R. (1988). Two methods of assessing narcissism: Comparison of the narcissism-projective (N-P) and the narcissistic personality inventory (NPI). *Journal of Clinical Psychology*, **44**, 857-866.

Shulman, D. G., McCarthy, E. C., & Ferguson, G. R. (1988). The projective assessment of narcissism: Development, reliability, and validity of the N-P. *Psychoanalytic Psychology*, **5**, 285-297.

清水健司・川邊浩史・海塚敏郎（2005）．青年期における対人恐怖心性と自己愛傾向の相互関係について　日本心理臨床学会第24回大会発表論文集，275.

清水健司・川邊浩史・海塚敏郎（2006）．対人恐怖心性-自己愛傾向2次元モデル尺度における短縮版作成の試み　パーソナリティ研究，**15**, 67-70.

高橋智子（1998）．青年のナルシシズムに関する研究――ナルシシズムの2つの側面を測定する尺度の作成――　日本教育心理学会第40回総会発表論文集，147.

谷　冬彦（2004a）．新たなる自己愛人格尺度の作成（1）――因子構造と対人恐怖的心性との弁別性の確認――　日本心理学会第68回大会発表論文集，69.

谷　冬彦（2004b）．新たなる自己愛人格尺度の作成（2）――自我同一性と自尊心との関連から――　日本教育心理学会第46回総会発表論文集，52.

谷　冬彦（2006）．自己愛人格尺度（NPS）短縮版の作成　日本教育心理学会第48回総会論文集，409.

Wink, P. (1992). Three narcissism scales for the California Q-set. *Journal of Personality Assessment*, **58**, 51-66.

Wink, P. & Gough, H. G. (1990). New narcissism scales for the California Psychological Inventory and MMPI. *Journal of Personality Assessment*, **54**, 446-462.

山本都久（1993）．自己愛人格目録の作成　富山大学教育学部紀要A（文科系），**44**, 101-110.

第3章 自己愛の臨床と実証研究の間

上地雄一郎

　自己愛についての実証研究は，今や独自の世界を確立したと言ってよいが，その起源と発展過程においては臨床的な理論研究や事例研究から影響を受けている。本章では，臨床の世界に軸足を置きながら，わが国における実証研究のいくつかを取り上げて論評したい。前半部分では，筆者自身の研究の航跡を振り返り，筆者自身が作成した尺度についての紹介を行う。そして，後半部分では，実証研究における3つのトピックスを選び，それと関連した主要な実証研究について臨床的観点から論評と提言を行う。

　なお，本章では，自己愛性パーソナリティ障害およびそれに近い準臨床群を「ナルシスト」と表現する。そして，現在では，ナルシストが，誇大的・自己顕示的で他者の反応に鈍感なタイプと，自己抑制的で他者の反応に過敏で傷つきやすいタイプに分けて論じられるようになっていることから，前者を「誇大型ナルシスト」，後者を「過敏型ナルシスト」と呼ぶことにする。

1. 筆者自身の研究の航跡

(1) 過敏型ナルシストの概念化と実証研究

　筆者自身の自己愛の問題への関心は，大学院時代にフロイト（Freud, S.）の

第1部 序論

著作を読んだことに加えて，社会人として初めて臨床活動をした大学の保健管理センターにおいて自己愛の障害のある複数のクライエントと接したことに由来する。筆者が保健管理センターで臨床活動を始めたのは，自己愛性パーソナリティ障害の診断基準が記載されたDSM-Ⅲ（American Psychiatric Association, 1980）が刊行されて間もない頃であった。そして，この時期に，実証研究の世界でも大きな進展があった。それが，作成途上のDSM-Ⅲの診断基準を参考にラスキンとホール（Raskin & Hall, 1979）によって開発された自己愛人格目録（Narcissistic Personality Inventory；以下，NPIと略記）の登場である。筆者も，NPIに注目し，日本語版の作成を試みたことがある（宮下・上地，1985）。しかし，NPIの項目は，誇大性や自己顕示性に偏しており，臨床現場で出会うクライエントのアセスメントには適していないと思われたことから，筆者の関心はNPIから離れていった。実際，筆者の勤務する保健管理センターに来談したクライエントで自己愛の問題を抱えている人には，誇大性がみられる人もいたが，誇大性は目立たず，もっぱら他者の反応への過敏性と傷つきやすさを示す人も多かったのである。このような過敏型ナルシストの存在に気づいていた臨床家は多かったと思われるが，当時はまだそれを概念化する枠組みが乏しかった。ただ，すでにコフート（Kohut, 1971, 1977）は後者のような特徴をもつナルシストについて記述していた。そのため筆者の関心はコフートの自己心理学に向いていった。

ところが，1980年代の後半から1990年代の前半にかけて，欧米の複数の臨床家が過敏型ナルシストについて言及し始めた。本章における後の議論との関連で，ここでは，ギャバード（Gabbard, 1989, 1994）とブルーチェク（Broucek, 1982, 1991）の見解に触れておく。ギャバード（Gabbard, 1994）が言うには，自己愛性パーソナリティ障害は，対人的関わりの典型的スタイルに基づいて想定される連続体の2つの極の間のどこかに位置するものとして概念化することができる。その2つの極とは，「周囲を気にしない（oblivious）ナルシスト」と「周囲を過剰に気にする（hypervigilant）ナルシスト」である。周囲を気にしないナルシストは，自分の業績を他者に印象づけようとするが，他者の反応には鈍感であり，自己愛的傷つきから自分自身を守っている。これに対して，周囲を過剰に気にするナルシストは，他者の反応に敏感で，そこに拒絶や

侮蔑のサインを読みとりやすい。後者は，表には顕示性や誇大性を見せないが，内的世界では自己を顕示したいという願望を抱いており，それに根ざした強い羞恥心がある。また，ギャバード（Gabbard, 1998）によれば，周囲を過剰に気にするナルシストの誇大性は他者に特別扱いや配慮を期待する形で表れるという。ブルーチェク（Broucek, 1982, 1991）は，自己愛の障害のある人には，「理想化された自己（誇大自己）」と「卑下された自己」が併存しているとした。そして，理想化された自己が優位に立ち，他者からの否定的反応に対して選択的不注意を示すような人たちを「自己中心的（egotistical）タイプ」と呼び，逆に卑下された自己が優位に立ち，自尊感情が低く，恥を感じやすく，拒否されることに敏感な人たちを「解離的（dissociative）タイプ」と呼んだ。解離的タイプでは，理想化された自己は解離された形で存在し，どことなく感じられる優越感や特権意識として姿を現す（Broucek, 1991）。

　このようにして臨床の世界でナルシストの2類型論が一般化するにつれて，わが国の実証研究の世界でも，両者を区別して測定しようとする試みが行われるようになった。高橋（1998）は，ギャバードの言う2種類の自己愛傾向を測定する尺度を作成し，因子分析の結果，「周囲を気にする傷つきやすいナルシシズム」と「周囲を気にかけない誇大的なナルシシズム」という因子を抽出した。中山・中谷（2006）は，高橋の尺度について，それぞれの尺度のなかに複数の概念が混在しており，一貫した構成概念を測定していない可能性があるとして，新たな尺度構成を行った。そして，誇大型自己愛傾向に相当する「誇大性」と，過敏型自己愛傾向に相当する「評価過敏性」という因子を抽出した。自己愛の尺度において誇大特性と過敏特性を区別する試みは，相澤（2002）や谷（2004）によっても行われている。また，小塩（2002）は，小塩（1998）で作成した自己愛人格目録短縮版（NPI-S）に対して主成分分析を行った結果，自己愛傾向全体を表す成分（自己愛総合）と，注目・賞賛欲求が優位か自己主張性が優位かを表す成分（注目 - 主張）を見出し，これら得点の高低によって青年を4群に分け，自己愛総合得点が高い者のうち，自己主張性が優位な群が誇大型ナルシストに相当し，注目・賞賛欲求が優位な群が過敏型ナルシストに相当するとした。

第1部 序論

(2) 自己愛的脆弱性尺度の着想と構成

　先述のように過敏型ナルシストの概念化が進み，これに刺激されて実証研究も行われるようになったが，筆者は依然としてコフート（Kohut, 1971, 1977）の視点にこだわり続けていた。そして，コフートが言うような自己愛の障害を測定する尺度の作成を模索していた。それは，筆者が心理療法の理論としてコフートの自己心理学に依拠しており，コフートの視点に基づく尺度を作成できれば臨床的アセスメントにも利用できると考えていたからである。なお，すでに欧米の尺度を参考にしてコフートの視点に基づく尺度が作成されてはいたが（葛西, 1999; 岡田, 1999），下位尺度が十分なものとは思えなかった（上地・宮下, 2005）。

　ここで，自己愛性パーソナリティ障害の病理および発生論に関するコフートの見解を整理しておきたい。コフート（Kohut, 1971）は幼児期の発達的に正常な自己顕示を誇大自己と呼んだが，誇大自己に対して親からの承認や賞賛の応答（ミラリング）が十分与えられると，誇大自己から安定した自尊感情，自尊感情調節能力，野心的目標が形成される。しかし，ミラリングが不足するとこのプロセスが進行しない。その結果，自尊感情の低さ，自尊感情調節能力の不全，野心的目標の欠如などが生じる。また，未熟な誇大自己が抑圧されたまま残存し，それは強い恥意識の温床となる。次に，幼児期に親を理想化して親と一体化することにより心理的安定を得るという体験（理想化）が十分与えられると，自分で心理的安定をもたらす力，つまり自己緩和（self-soothing）の能力が形成される。また，理想化された親のイメージから内的理想が形成される。しかし，理想化体験が不足すると自己緩和能力や内的理想が形成されない。自分を方向づける理想が乏しい人は，理想化できる他者を求め続け，そのような他者からの承認がないと安心できなくなる。コフートは，自尊感情調節能力や自己緩和能力のような内的構造の欠損が自己愛性パーソナリティ障害の本質的問題であると考えた。

　また，自己愛性パーソナリティ障害を特徴づけるものとして，図3-1のような自己の分割（splitting）がある（Kohut, 1971, 1977）。垂直分割の左側の部分は，患者が親の自己愛的願望に同一化した結果として形成される部分であり，患者の自己の本来的部分ではない。誇大性を帯びることがあるのはこの部

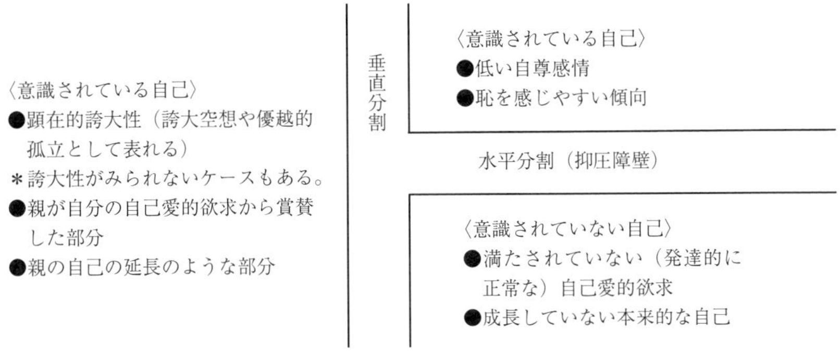

第3章　自己愛の臨床と実証研究の間

```
                    垂   〈意識されている自己〉
                    直   ●低い自尊感情
〈意識されている自己〉  分   ●恥を感じやすい傾向
●顕在的誇大性（誇大空想や優越的  割
  孤立として表れる）
＊誇大性がみられないケースもある。    水平分割（抑圧障壁）
●親が自分の自己愛的欲求から賞賛
  した部分                        〈意識されていない自己〉
●親の自己の延長のような部分        ●満たされていない（発達的に
                                    正常な）自己愛的欲求
                                  ●成長していない本来的な自己
```

図3-1　自己の分割（Kohut, 1971, 1977 より筆者が作成）

分であるが，コフート（Kohut, 1971）によれば誇大性が目立たない事例もある。これに対して，患者の本来的欲求は満たされることなく，水平分割の下に未成熟なまま抑圧されている。この欲求は，たとえば自己の本来的な部分を承認・賞賛されたいという欲求や理想的な他者と一体化したい（それによって自己の本来的部分を強化したい）という欲求である。そして，これらの未成熟な欲求が刺激されると，患者は強い恥を体験しやすい。また，自己の本来的部分が抑圧されているために，自尊感情が低く，抑うつ的な自己の側面が出現する。これが水平分割の上の部分である。

　筆者は，上記のようなコフート（Kohut, 1971, 1977）のパーソナリティ構造論に依拠しつつ，コフートが提示している事例にみられる特徴から下記の5つの側面を主要なものとして抽出し，これらの側面を測定する質問紙尺度を作成することにした。

① 他者からの承認・賞賛への過敏さ：自分の発言や行動に他者からの承認・賞賛が得られるかどうかに過敏であり，承認・賞賛が得られないと自尊感情が低下する。

② 自己顕示の抑制：注目を浴びたり自己を顕示したりすると強い恥体験が生じるため，自己顕示を抑制しがちになる。

③ 潜在的特権意識：自分に対して他者が特別の配慮や敬意をもって接してくれることを期待し，その期待が満たされないと強い不満や怒りを体験し

やすい。
④ 自己緩和能力の不全：強い不安や情動などを自分で調節・緩和する力が弱く，他者に調節・緩和してもらおうとする。
⑤ 目的感の希薄さ：自己を方向づける目標が希薄であり，空虚感を体験しやすい。

そして，これらの側面を測定する項目を用意し，2回の予備調査を行って，これらの5つの側面が因子として抽出できることを確かめた。その後，本調査でも想定通り5因子が抽出され，これらをそれぞれ「承認・賞賛への過敏性」「自己顕示抑制」「潜在的特権意識」「自己緩和不全」「目的感の希薄さ」と命名した（上地・宮下, 2005）。そして，これらの因子を総称する名称として「自己愛的脆弱性（narcissistic vulnerability）」という言葉を選び，この尺度全体を自己愛的脆弱性尺度（Narcissistic Vulnerability Scale; 略称 NVS）と名づけた。あわせてこの尺度の信頼性と妥当性の検討も行い，おおむね良好な結果を得た（上地・宮下, 2005）。しかし，NVSは項目数が40もあり，他の尺度とバッテリーを組む場合に回答者の負担になることを考慮し，短縮版を作成した。短縮版では，他の下位尺度との相関が低い「目的感の希薄さ」尺度を除き，項目数も各下位尺度5項目ずつに削減した。因子分析の結果，想定通り4因子が抽出され，それぞれ「承認・賞賛過敏性」「自己顕示抑制」「潜在的特権意識」「自己緩和不全」と命名された（上地・宮下, 2009）。

このNVS短縮版は，その下位尺度である承認・賞賛過敏性，潜在的特権意識，自己顕示抑制がギャバード（Gabbard, 1989, 1994）の言う過敏型ナルシストの特徴と重なるので，過敏型自己愛傾向の測定にも使用することができるであろう。ただ，この尺度については，今後も他の諸変数との関連の分析などを通して妥当性の検討を続けていかなくてはならない。

（3）今後の課題

ここまで，筆者自身の研究を中心にして，過敏型ナルシストについての臨床研究と実証研究について述べてきたが，これらの研究はまだ完結しているとは言いがたい。ギャバード（Gabbard, 1989, 1994）らが言う過敏型ナルシストについては，まだ統一的で明確な診断基準が存在しているわけではない。そのた

め，思い浮かべる臨床像が臨床家によって異なっている場合もある。臨床の世界では，過敏型ナルシストの臨床像をより明確にしていく作業が続けられなければならない。実証研究の世界でも，まだ課題は残っている。髙橋（1998）の尺度や中山・中谷（2006）の尺度のように，誇大型自己愛傾向と過敏型自己愛傾向を測定できる簡便な尺度はあるが，これらの尺度では過敏型自己愛傾向を測定する下位尺度は1つだけである。ギャバード（Gabbard, 1989, 1994）らが述べている過敏型ナルシストの特徴は複数ある。過敏型自己愛傾向を測定する包括的尺度を作成するには，重要な下位次元（下位尺度）を絞り込むことが必要である。誇大型自己愛傾向と過敏型自己愛傾向の両方を測定する包括的尺度を作成するとなると，項目数が増えることもあいまって，さらに困難が予想される。当面は，既存の尺度を単独で，または組み合わせて使用するしかないであろう。

2. 臨床研究から実証研究への示唆

(1) 過敏型ナルシストと対人恐怖との関連

　実証研究の世界では，自己愛傾向，とくに過敏型自己愛傾向と対人恐怖との関連の検討が1つのトピックになっている。小塩（2002）は，先述したようにNPI-Sの主成分分析から得られた2成分の得点を組み合わせて回答者を4群に分けて特徴を比較したが，それによると自己愛傾向が全体的に低いほうが対人恐怖得点は高く，そのなかでも注目・賞賛欲求が優位な群が相対的に対人恐怖的であった。清水・海塚（2002）では，NPI-Sの全下位尺度と対人恐怖心性尺度とは負の相関を示したが，NPI-Sを含む複数の尺度を用いて回答者をクラスターに分けると，NPI-Sの注目・賞賛欲求や有能感が対人恐怖心性に正の影響を与えているクラスターが存在した。中山・中谷（2006）は，ギャバード（Gabbard, 1994）の言う自己愛の2類型に相当する誇大性および評価過敏性と対人恐怖傾向との関連を検討した。その結果，対人恐怖に対して誇大性は負の方向の影響を与え，評価過敏性は正の方向の影響を与えることを見出している。上地・宮下（2009）も，自己愛傾向の過敏・脆弱な側面に注目するとき，自己愛的傾向は対人恐怖傾向に影響を与えるという結果を得ている。

第1部　序　論

　ただ，上記のような研究において取り上げられている対人恐怖は，質問紙尺度で測定された症状としての対人恐怖である。しかし，日本においては，従来，対人恐怖症者特有のパーソナリティ構造が指摘されている。問題は，このようなパーソナリティ構造が過敏型ナルシストのパーソナリティ構造と同一なのかということである。

　森田・高良（1953）は，対人恐怖を"恥かしがることをもって，みずからふがいないことと考え，恥かしがらないようにと苦心する「負け惜しみ」の意地張り根性"と述べ，対人場面で，悪く思われはしないかという恐怖と，負けおしみの意地張り根性が葛藤し，その場にいたたまれなくなることが，対人恐怖の病理だとした。また，森田・高良（1953）は，羞恥の恐怖を「優越の欲望」であるとし，負け惜しみの背景に「勝ちたがり」の傾向を想定している。これと同様の見解として，内沼（1977）のものがある。内沼（1977）は，対人恐怖症者に特有のパーソナリティ構造として「強力性と無力性の矛盾構造」を指摘する。無力性とは人前で羞恥を体験しやすいといった気の弱さであり，強力性とはそのような気の弱さを許容できない気の強さである。これらの見解において，対人恐怖症者における恥の感じやすさという点は過敏型ナルシストの特徴と重なるし，他者より優越していたいという傾向も自己愛と関連していることが考えられる。そして，次に紹介する岡野憲一郎や鍋田恭孝の見解になると，対人恐怖症と自己愛との関連がよりはっきりしてくる。

　岡野（1998）は，対人恐怖症者のパーソナリティ構造を自己愛の病理としてとらえる。それは，岡野が対人恐怖症者にみられる恥の体験を自己愛的欲求の裏返しと考えるからである。岡野（1998）によれば，対人恐怖症者は，自分を恥に思う気持ちが強いと同時に，人前で完璧に振る舞いたい，それにより人から尊敬や羨望の目を向けられたいという願望を強くもつことが多い。そして，対人恐怖症者は極度に理想化された自己イメージ（「理想自己」）と過度に卑下された自己イメージ（「恥ずべき自己」）の間を揺れ動き，その中間の自己イメージに安定することができない。そして，岡野（1998）は，この「理想自己」と「恥ずべき自己」のどちらに依拠しやすいかによって自己愛の病理を分類する。「理想自己」にしがみつくタイプは，自分を過度に理想化することで自分が恥ずべき人間ではないかという恐れを防衛するのに対して，「恥ずべき自己」

第 3 章　自己愛の臨床と実証研究の間

に依拠するタイプは自己卑下の姿勢をとることでその恐れとの直面化を回避または先送りする。ここで，岡野は，前者のタイプを誇大型ナルシスト，後者のタイプを過敏型ナルシストと対応させている。ただし，岡野（1998）は，対人恐怖症者のなかには過敏型ナルシストではない人もいると断っている。

　鍋田（1997）によれば，対人恐怖症者は，他者や場が求める理想像を自らの理想自己（受身的理想自己）として取り入れ，それと同一化する。本来の自己を含む他の自己の側面は悪しき自己として否認される。この受身的理想自己は「偽りの自己」（Winnicott, 1960）と言ってもよく，その発生的起源は母親から押しつけられた理想像の取り入れである。このように偽りの自己にしがみつくことで自己愛を満たそうとするところが自己愛の病理である。鍋田の言う「受身的理想自己」をブルーチェク（Broucek, 1982, 1991）や岡野（1998）の言う「理想化された自己」に，悪しき自己を「卑下された自己」にそれぞれ置き換えるとよく符合する。また，鍋田の言うパーソナリティ構造は，コフートがあげている事例のそれとも重なる部分がある。

　以上のような議論から，対人恐怖症者のなかに過敏型ナルシストが含まれていることは間違いないであろう。実際，ブルーチェク（Broucek, 1982, 1991）やギャバード（Gabbard, 1989, 1994）があげている過敏型ナルシストの特徴から判断すれば，過敏型ナルシストが対人恐怖症状を呈しても不思議ではない。ただ，それでは対人恐怖症者がすべて過敏型ナルシストなのかと言うと，そうとは言い切れないのである。岡野（1998）は過敏型ナルシストとは言えない対人恐怖症者の存在を認めているし，筆者も自分の臨床経験から同様の印象をもっている。また，実証的に検討しても，過敏型自己愛傾向と対人恐怖傾向は同一とは言えない。福田（2011）によれば，NVS 短縮版（上地・宮下，2009）で測定された過敏型自己愛傾向と対人恐怖心性尺度（堀井・小川，1997）で測定された対人恐怖傾向との相関は $r = .51$ であった。そうすると，過敏型ナルシストである対人恐怖症者とそうでない対人恐怖症者のパーソナリティ構造はどう異なるのか。対人恐怖症者のパーソナリティには，どのような類型があるのか。対人恐怖傾向を強める要因には過敏型自己愛傾向以外にどのような要因があるのか。これらは臨床研究においても重要な問題であるが，実証研究においても取り組んでもらいたい課題である。

なお，自己愛傾向と対人恐怖心性とを絡めた実証的モデルとして，清水・川邊・海塚（2007）のモデルがある。清水他（2007）は，NPI-S総得点と対人恐怖心性尺度総得点の高低によって回答者を5群に分け，誇大特性優位型，誇大－過敏特性両向型，過敏特性優位型，誇大－過敏特性両貧型，中間型を区別している。そして，誇大－過敏特性両向型と過敏特性優位型を鍋田（1997）の対人恐怖の下位類型に対応させている。しかし，厳密に言えば，このモデルは，対人恐怖心性と過敏型自己愛傾向を同一のもののようにみなし，対人恐怖症者と過敏型ナルシストの区別を曖昧にしている点が問題である。

(2) 理想自己－現実自己の不一致と過敏型自己愛傾向との関連

前項でも述べたように，誇大型ナルシストと過敏型ナルシストに共通する問題として，過大な理想自己と卑下された自己の並存が指摘されている（Broucek, 1982, 1991；岡野，1998）。とくに過敏型では卑下された自己が優位に立ち，理想自己との乖離による恥の感情がクライエントを苦しめるとされる（Broucek, 1991；岡野，1998）。過敏型ナルシストにおける，このような理想自己と現実自己あるいは理想自己と卑下された自己との乖離については，臨床家の理解として言われていることであり，実証的な研究は少ない。過大な理想自己とそれによる理想自己－現実自己の不一致が過敏型自己愛傾向と関連をもつことを実証研究によって明らかにすることは，臨床的にも大きな意味をもつ。それは，自己愛の障害を抱えたクライエントに対する治療的アプローチにも影響を与えるからである。自己愛傾向と，理想自己－現実自己の不一致を含む自己概念との関連についての，わが国での主な実証研究としては以下のものがある。

小塩・小平（2005）は，NPI-Sに対する主成分分析から得られた自己愛総合と注目－主張という2成分の得点を組み合わせて回答者を4群に分け，この4群で現実自己と理想自己との不一致得点を比較した。その結果，自己愛全体が低く，注目・賞賛欲求が優位な者ほど現実－理想間の不一致が大きく，逆に自己愛全体が高く自己主張性が優位な者ほど不一致が小さいことが示された。また，小平・小塩（2006）は，この4群間で理想自己としてあげられる特性に違いがあるかどうかを検討している。その結果，自己主張優位の2つの群では，積極的な自分，自らの意見や考えをもっていること，有能な自分を理想として

掲げる傾向があり，注目・賞賛欲求優位の2つの群では，他人と仲良くできることや他人に好かれることなどが理想としてあげられる傾向があることがわかった。これらの結果は妥当なものであるが，1つだけ気になる点は，理想‐現実間の不一致に関して，小塩（2002）で過敏型ナルシストに相当するとされた群（自己愛全体が高く注目・賞賛欲求が優位な群）ではなく，自己愛全体が低く注目・賞賛欲求が優位な群の理想‐現実間の不一致が最も大きかったことである。もしブルーチェク（Broucek, 1991）や岡野（1998）の臨床的仮説が正しければ，過敏型ナルシストに相当する群の不一致が最も大きくなると予想される。小塩（2002）によれば，自己愛全体が低く注目・賞賛欲求が優位な群は対人恐怖傾向が最も高いことから，過敏型ナルシストに相当するのはこの群ではないかという推測も成り立つ。小塩（2002）の自己愛類型のうち過敏型ナルシストに相当する群がどれであるかについては再検討の余地があるかもしれない。

理想自己を直接測定した研究ではないが，川崎・小玉（2007）は，岡野（1998）の臨床的仮説に基づき，自己像が最も高揚したときの高揚的自己像と最も低下したときの卑下的自己像の乖離が自己愛傾向に影響を与えているかどうかを検討した。そして，自己愛傾向に対する自己像の乖離の影響はみられなかったと報告している。この研究における方法論は注目に値するが，結果の解釈については注意すべき点がある。それは，自己愛傾向の測定にNPI-Sの総得点が用いられていることである。川崎・小玉（2007）の言う自己像の乖離は自己像の揺れの大きさのようなものと解釈できるが，岡野（1998）の見解に従うなら，自己像の揺れと関連が深いのは過敏型自己愛傾向である。NPI-Sの下位尺度の注目・賞賛欲求は過敏型自己愛傾向と関連すると判断されるが（小塩，2002），他の2下位尺度は性格が異なるので，NPI-Sの総得点を用いて過敏型自己愛傾向を測定することは適切ではない。実際，NPI-Sの代わりに，過敏型自己愛傾向を測定するNVS短縮版（上地・宮下，2009）を用いて川崎・小玉（2007）の追試を行った福田（2011）によると，川崎・小玉（2007）が言う自己像の乖離は（過敏型）自己愛傾向に影響を与えていたのである。

以上のように，理想自己‐現実自己の不一致と自己愛傾向との関連についての研究においては，自己愛の尺度として何を用いるかが重要になると思われ

る。理想自己 - 現実自己の不一致と自己愛傾向との関連をより明確にとらえるために，自己愛傾向の尺度としては，誇大型自己愛傾向の測定に適している NPI-S のほかに，より直接的に過敏型自己愛傾向を測定する尺度を加えて検討したほうがよいと思われる。自己愛傾向による群分けの際にも，誇大型自己愛傾向の尺度と過敏型自己愛傾向の尺度を組み合わせて群分けを行ったほうが，各群の位置づけがより明確になり，各群の特質がとらえやすくなるであろう。

(3) ナルシストと依存関係

ナルシストの特徴が表れる重要な次元として，他者との依存関係がある。この次元は，ナルシストの定義とも密接に関連している。つまり，ナルシストは，重要な他者との間で，信頼感と相互性に基づく健康な依存関係をもつことが難しい人たちである。カーンバーグ（Kernberg, 1975）は，ナルシストには（理想自己像，理想他者像，現実自己像が融合した）誇大自己という病理的自己が存在するとしたが，この誇大自己は，自分に欲求不満を与える対象への依存を拒否するために発達したものである。つまり，ナルシストは，自分が最高だから他者の存在など必要ではないと考えることにより他者を無価値化するのである。ナルシストは，他者に賞賛は求めるが，同時に他者への不信や侮蔑が存在するため，本当の依存は困難である。このように，ナルシストは，早期の親子関係で強い不満を体験したために親を見限り，「自分への情緒的支持は自分で提供できる」という誇大的・万能的幻想，つまり「自己充足性（self-sufficiency）」を発達させる（Modell, 1975, 1984）。コフート（Kohut, 1971, 1977）の言うナルシストも，彼が自己対象欲求と呼んだ依存欲求を自然な形で表出することが困難で，他者と深い関係が結べない人たちである。「甘え」理論で有名な土居（2000, 2001）は，彼の言う「屈折した甘え」と自己愛（土居の用語ではナルシシズム）を関連させて考えている。稲垣（2005）によれば，甘えの対象との信頼関係・相互関係に問題があった場合，甘えが屈折し，甘えたいのに甘えられず，甘えが一方的で要求がましい自己愛的要求の形をとるようになる。土居（2001）は，このような甘えを「自己愛的甘え」と呼んでいる。

以上のように，臨床研究に基づいて，ナルシストの重要な他者との依存関係

には特有の問題があることが指摘されているわけであるが，これを実証研究によって確かめることも有意義なことである。ただ，多くの実証研究は，大学生を対象にして行われ，そのなかで自己愛傾向の高い準臨床群に焦点を合わせているので，上記のような臨床的特徴は顕著には表れないかもしれない。しかし，臨床研究の結果が正しく，かつ臨床群と準臨床群の間に連続性があるならば，準臨床群でも上記のような特徴が多少はみられるはずである。

このような依存関係に注目した研究の例として稲垣（2007）のものがある。稲垣は，「屈折的甘え」「配慮の要求」「許容への過度の期待」という下位尺度から構成される自己愛的甘え尺度を作成している。そして，これらの下位尺度とNPI-Sの下位尺度との相関係数を算出すると，3下位尺度ともNPI-Sの「注目・賞賛欲求」とは低い正の相関を示し，また「許容への過度の期待」が「優越感・有能感」と低い正の相関を示した。この結果に基づいて，稲垣（2007）は，自己愛的甘え尺度は，NPI-Sで測定される自己愛とは弱い関連性をもちながらも，別の構成概念をとらえている尺度であると結論している。この結果から，自己愛的甘えは過敏型ナルシストと関連が強いのではないかと思われるが，その点の検討はなされていない。また，そうだとすれば，誇大型ナルシストは，甘えをどのような形で表出するのかということが問題になる。

ともかく，臨床的観点からみると，ナルシストの重要な他者との依存関係の検討は有意義な研究テーマであり，今後の研究の増加を期待したいところである。発達心理学の世界で注目されている愛着スタイルとの関連の検討なども，興味深いであろう。

[引用文献]

相澤直樹（2002）. 自己愛的人格における誇大特性と過敏特性　教育心理学研究, **50**, 215-224.

American Psychiatric Association (1980). *Diagnostic and statistical manual of mental disorders*. 3rd ed. Washington DC: Author.

Broucek, F. (1982). Shame and its relationship to early narcissistic development. *International Journal of Psychoanalysis*, **63**, 369-378.

Broucek, F. (1991). *Shame and the self*. New York: Guilford Press.

土居健郎（2000）. 土居健郎選集2：「甘え」理論の展開　岩波書店

第1部　序　論

土居健郎（2001）．続・「甘え」の構造　弘文堂
福田理尋（2011）．過敏型自己愛と対人恐怖傾向の異同に関する研究　岡山大学大学院教育学研究科2010年度修士論文（未公刊）
Gabbard, G. O. (1989). Two subtypes of narcissistic personality disorder. *Bulletin of the Menninger Clinic*, **53**, 527-532.
Gabbard, G. O. (1994). *Psychodynamic psychiatry in clinical practice: The DSM–IV edition*. Washington DC: American Psychiatric Press.
　（ギャバード，G. O.　舘 哲朗（監訳）（1997）．精神力動的精神医学　その臨床実践［DSM-IV版］　③臨床編：II 軸障害　岩崎学術出版社）
Gabbard, G. O. (1998). Transference and countertransference in the treatment of narcissistic patients. In E. F. Ronningstam(Ed.), *Disorders of narcissism:Diagnostic, clinical, and empirical implications*. Washington DC: American Psychiatric Press. pp. 125-145.
　（ロニングスタム，E. F.（編著）　佐野信也（監訳）（2003）．自己愛の障害――診断的，臨床的，経験的意義――　金剛出版）
堀井俊章・小川捷之（1997）．対人恐怖心性尺度の作成（続報）　上智大学心理学年報，**21**, 43-51.
稲垣実果（2005）．自己愛的甘えに関する理論的考察　神戸大学発達科学部研究紀要，**13**, 1-10.
稲垣実果（2007）．自己愛的甘え尺度の作成に関する研究　パーソナリティ研究，**16**, 13-24.
上地雄一郎・宮下一博（2005）．コフートの自己心理学に基づく自己愛的脆弱性尺度の作成　パーソナリティ研究，**14**, 89-91.
上地雄一郎・宮下一博（2009）．対人恐怖傾向の要因としての自己愛的脆弱性，自己不一致，自尊感情の関連性　パーソナリティ研究，**17**, 280-291.
葛西真記子（1999）．日本版「誇大感（Grandiosity）」欲求尺度作成の試み――Kohutの自己愛理論にもとづいて――カウンセリング研究，**32**, 134-144.
川崎直樹・小玉正博（2007）．対人恐怖傾向と自己愛傾向の共通構造としての自己概念の乖離性及び不安定性の検討　パーソナリティ研究，**15**, 149-160.
Kernberg, O. F. (1975). *Borderline conditions and pathological narcissism*. New York: Jason Aronson.
小平英志・小塩真司（2006）．理想自己の記述傾向および現実自己との不一致からみた自己愛類型の特徴　人文学部研究論集（中部大学），**15**, 43-49.
Kohut, H. (1971). *The analysis of the self*. New York: International Universities Press.
　（コフート，H.　水野信義・笠原 嘉（監訳）（1994）．自己の分析　みすず書房）
Kohut, H. (1977). *The restoration of the self*. New York: International Universities Press.
　（コフート，H.　本城秀次・笠原 嘉（監訳）（1995）．自己の修復　みすず書房）
宮下一博・上地雄一郎（1985）．青年におけるナルシシズム（自己愛）的傾向に関する実証的研究（1）　総合保健科学（広島大学保健管理センター研究論文集），**1**, 51-61.
Modell, A. H. (1975). A narcissistic defence against affects and the illusion of self-sufficiency.

International Journal of Psychoanalysis, **56**, 275-282.
Modell, A. H. (1984). *Psychoanalysis in a new context*. Madison: International Universities Press.
森田正馬・高良武久 (1953). 赤面恐怖の治し方　白揚社
鍋田恭孝 (1997). 対人恐怖・醜形恐怖　金剛出版
中山留美子・中谷素之 (2006). 青年期における自己愛の構造と発達的変化の検討　教育心理学研究, **54**, 188-198.
岡田　努 (1999). 現代青年に特有な友人関係の取り方と自己愛傾向の関連について　立教大学教職研究, **9**, 21-31.
岡野憲一郎 (1998). 恥と自己愛の精神分析　岩崎学術出版社
小塩真司 (1998). 自己愛傾向に関する一研究──性役割との関連──　名古屋大学教育学部紀要（心理学）, **45**, 45-53.
小塩真司 (2002). 自己愛傾向によって青年を分類する試み──対人関係と適応，友人によるイメージ評定からみた特徴──　教育心理学研究, **50**, 261-270.
小塩真司・小平英志 (2005). 自己愛傾向と理想自己──理想自己の記述に注目して──　人文学部研究論集（中部大学）, **13**, 37-54.
Raskin, R. N., & Hall, C. S. (1979). A narcissistic personality inventory. *Psychological Reports*, **45**, 590.
清水健司・海塚敏郎 (2002). 青年期における対人恐怖心性と自己愛傾向の関連　教育心理学研究, **50**, 54-63.
清水健司・川邊浩史・海塚敏郎 (2007). 青年期における対人恐怖心性と自己愛傾向の相互関係について　心理学研究, **78**, 9-16.
高橋智子 (1998). 青年のナルシシズムに関する研究──ナルシシズムの2つの側面を測定する尺度の作成──　日本教育心理学会第40回総会発表論文集, 147.
谷　冬彦 (2004) 新たなる自己愛人格尺度の作成 (1)──因子構造と対人恐怖心性との弁別性の確認──　日本心理学会第68回大会発表論文集, 69.
内沼幸雄 (1977). 対人恐怖の人間学　弘文堂
Winnicott, D. W. (1960). Ego distortion in terms of true and false self. In D. W. Winnicott (1965). *Maturational processes and the facilitating environment*. New York: International Universities Press. pp.140-152.
　（ウィニコット，D. W.　牛島定信（訳）(1977). 情緒発達の精神分析理論　岩崎学術出版社）

第2部

自己愛の誇大性と過敏性

第4章 自己愛の誇大性と過敏性
：構造と意味

中山留美子

1. 自己愛の臨床像に関する理解の拡大

　自己愛概念は，フロイト（Freud, S.）をはじめとする精神分析学者らによって取り上げられた概念である。精神分析学者らによる一連の研究の成果は，アメリカ精神医学会（American Psychiatric Association；以下，APA）による診断分類基準（DSM-Ⅲ；APA, 1980）における自己愛性パーソナリティ障害の診断基準として結実している。

　DSM（特に改訂版であるDSM-Ⅳ；APA, 1994）の記述からは，自分に対して過度に肯定的な感覚（誇大性）を持ち，注目・賞賛されることを期待し，尊大で，アグレッシブな，自己愛者の姿がイメージされる。臨床場面で自己愛性パーソナリティ障害と診断される人々には，そういったパーソナリティが過度であるがゆえに，対人的な不適応感や社会的達成に関する不全感を持つにいたる（結果として来談する）という経緯が推測される。

　実証的な自己愛研究において最も多用されてきた尺度である自己愛人格目録（Narcissistic Personality Inventory；以下，NPI; Raskin & Hall, 1979）は，DSMの診断基準をもとに作成された項目群によって，自己愛を捉えようとする尺度である。この尺度が対象とするのは，必ずしも不適応感を抱いているとは限らない（少なくとも臨床的支援の対象とはなっていない）人々であるが，

想定される基本的な人物像は同様である。

　一方で，臨床場面で自己愛性パーソナリティ障害と診断される人々に，このような人物像とは異なる自己愛者の姿も指摘されている。たとえば，コフート（Kohut, 1977）は，自己愛性パーソナリティ障害の特徴として，軽蔑に対して傷つきやすいという特徴を挙げている。また，ロニングスタム（Ronningstam, E. F.）は，"DSMに示されるものと等質の性格的障害ではあるが，より敏感で内気，抑制的で傷つきやすく，羞恥心が強く，社会的に引きこもりがちな行動を表しやすいタイプ"（Ronningstam, 1998　佐野監訳 2003, p.14）の存在を指摘している。

　このような背景のもと，自己愛を2つのタイプに大別するという理解のあり方を，複数の理論家が提示している。2つのタイプは，「鈍感型（thick skinned）」と「敏感型（thin skinned）」（Rosenfeld, 1987），「自己愛性パーソナリティ障害1型：明らかに誇大的」と「自己愛性パーソナリティ障害2型：明らかに脆弱」（Gersten, 1991），「自己顕示型（exhibitionistic）」と「内密型（closet）」（Masterson, 1993），「無関心型（oblivious）」と「過敏型（hypervigilant）」（Gabbard, 1989, 1994）など様々に命名されているが，それぞれの示す特徴はほぼ一致している。すなわち，それぞれ，前者はDSM-Ⅳが注目したような自己愛を，後者はそれとは適合しない，他者の反応に敏感で傷つきやすく，抑制的な自己愛を示している。

　近年，一般青年などを対象とした実証研究においても，自己愛に2つのタイプを想定することが多くなってきた。特にわが国の研究においては，このような考えが主流となりつつある。同時に，表面的には大きく異なる臨床像から，両者をどのように捉えていくかという議論が必要とされている。

2. 2つのタイプの自己愛

（1）2つのタイプの自己愛についての理論的な整理

　ギャバード（Gabbard, 1989, 1994）は，2つのタイプの自己愛の表現形について，表4-1のように整理している。記述からは，2つのタイプの自己愛が，他者の反応や意見への敏感さや抑制性，関心の位置（自己／他者），傷つきや

表4-1　2種類の自己愛の特徴（Gabbard, 1994　舘 監訳 1997 より）

周囲を気にかけない自己愛的な人 （無関心型：The Oblivious Narcissist）	周囲を過剰に気にかける自己愛的な人 （過敏型：The Hypervigilant Narcissist）
1. 他の人々の反応に気付くことがない	1. 他の人々の反応に過敏である
2. 傲慢で攻撃的である	2. 抑制的で，内気で，あるいは自己消去的でさえある
3. 自己に夢中である	3. 自己よりも他の人々に注意を向ける
4. 注目の中心にいる必要がある	4. 注目の的になることを避ける
5. 「送信者であるが，受信者ではない」	5. 侮辱や批判の証拠がないかどうか，注意深く他の人々に耳を傾ける
6. 明らかに，他の人々によって傷つけられたと感じることに鈍感である	6. 容易に傷つけられたという感情を持つ　羞恥や屈辱を感じやすい

すさなどという点で異なっていることが見て取れる。

ギャバードは2つのタイプの自己愛について，「無関心型」「過敏型」という用語を用いているが，これらの用語について，"一般的な人間関係やセラピストとの関係（転移関係）において支配的となる相互作用のスタイルに，特に注目を置いたものである" と述べている（Gabbard, 1994, p. 502）。ここから，2つのタイプが対人関係上の相違から同定されていることがわかる。

また，アクター（Akhtar, 1989）は，2つのタイプの自己愛性パーソナリティ障害の臨床的特徴を自己概念，対人関係，社会適応，道徳・規準・理想，愛と性，認知様式という6つの側面において異なる特徴を持つことを指摘している。例えば自己概念の側面に関しては，2つのタイプのうち一方（「顕在型」）で，誇大性，成功へのとらわれ，自分は特別な存在であるという意識，特権意識などの特徴が，もう一方（「潜在型」）で，劣等感，羞恥心の抱きやすさ，傷つきやすさ，批判・挫折への極端に過敏な態度などの特徴が示されている。この指摘からは，自己概念や価値観，認知様式などが，2つのタイプにおける対人的な相互作用の違いを生み出していることが示唆される。

(2) 2つのタイプの関係と共通性

2つのタイプの自己愛は，明らかに異なっており，対照的ですらある。それにもかかわらず，ともに「自己愛」の形であるとされるのは，なぜだろうか。この問題について考えることは，「自己愛」という概念をより明確にし，理論

的・実証的に探究を行っていくためにも重要である。

　両者の関係について，ギャバードは，自己愛的な人に関する様々な記述は，これら2つのタイプを両極とする連続体の間に位置づくことを示唆している（Gabbard, 1994, p. 502）。これは，自己愛的とされる人々が，どちらかのタイプに明確に区別されるのではなく，それぞれのバランスで，2つのタイプとして示されるような特徴を持っているということを意味している。

　また，2つのタイプの自己愛の共通性，いわば自己愛の中心的要素として，複数の理論的指摘から，「誇大な（過度に肯定的な）自己評価を維持しようとする」という機能を想定することができる。例えばギャバードは，2つの自己愛の共通性について，"どちらのタイプにあっても自己評価を維持しようと闘っているのではあるが，その対処の仕方は大きく異なっている"（Gabbard, 1994, p. 503）と記述している。同様に，クーパーとロニングスタム（Cooper & Ronningstam, 1992）は，"誇大的で自己顕示的な幻想"と，"自己満足が持続できなくなってしまうのではという懸念"を挙げている。

　自己愛の中心的要素に「自己評価の維持」を想定する議論は，2つのタイプの自己愛という議論とは別のところでもなされている。ストロロウ（Stolorow, 1975）は，それまでの自己愛概念の用法を概観する中で，自己愛を，"自己像がまとまりと安定性を保ち，肯定的情緒で彩られるように維持する機能"と定義している。ウェステン（Westen, 1990）は，自己愛，自己中心性，自己概念，自尊感情などの概念を整理する中で，"自己愛は自己への認知的・情緒的なとらわれと厳密に定義されるべきである"と指摘している。これらを考え合わせると，自己愛（2つのタイプの自己愛）の特徴として記述される様々な行動や認知，道徳性などの特徴は，自己評価（自己像／自己概念）が脅かされたときに発動したり，自己評価が脅かされないように持続的に機能する自己防衛の様式として理解できる。

　自己愛がどのような形で表現されるかは，個々人の持つ自己概念の性質に依存しているかもしれない。すなわち，自己愛は誇大な（過度に肯定的な）自己評価を維持しようとする傾向と結びついているが，劣等感や批判・挫折に対する過敏性をあわせ持っている場合，自己評価を低下させるような外的な証拠がないことを確認するという方向での維持方略をとることになり，「過敏型」な

第2部　自己愛の誇大性と過敏性

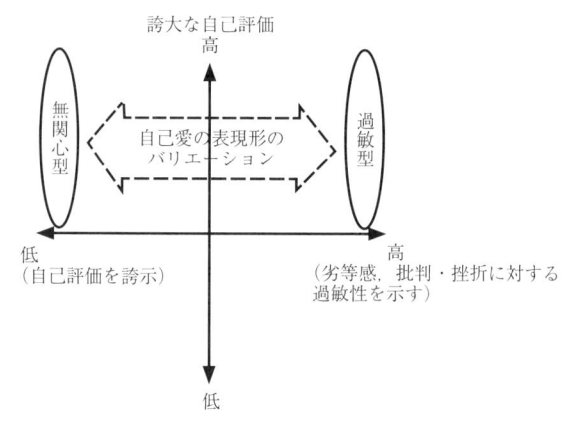

図4-1　自己愛の要素と表現形

どと呼ばれるような，対人的特徴が表れる。一方，過敏性を備えていない場合，誇大な自己評価をそのまま誇示し，人の意見や批判を聞き入れないという，「無関心型」の自己愛として表現されるのである。

自己愛の2つのタイプを連続体の両極と考え，自己愛に含まれる要素を「誇大な自己評価」および「劣等感，批判・挫折に対する過敏性」と理解する考えを模式化したものが図4-1である。ここでは，自己愛の中心的要素を「誇大な自己評価（を維持しようとする傾向）」と考える立場から，これを縦軸に配置した。また，自己愛的な人がこの要素を共有しているという考えから，第1象限と第2象限に自己愛的な人々が配置されることを表現した。

(3) 2つのタイプの自己愛に関する実証的知見

2つのタイプの自己愛について，実証的に確認しようとした試みも，これまでにいくつか見られる。

まず，様々な自己愛に関する記述を分析し，2つのタイプの自己愛を実証的に導き出した研究がいくつかある。例えばウィンク（Wink, 1991）は，ミネソタ多面人格目録（Minnesota Multiphasic Personality Inventory; MMPI）に基づく複数の自己愛尺度に対して因子分析を行い，「誇大性 - 顕示性（grandiosity-exhibitionism）」「傷つきやすさ - 敏感さ（vulnerability-sensitivity）」

という独立した2つの因子を見出している。この研究では，2つの因子のいずれもが，他者（配偶者）評定によるうぬぼれや尊大さに関連していることが示されている。また，小塩（2002）は，NPI（短縮版である NPI-S; 小塩, 1999）による青年の自己愛傾向の分類を試み，下位尺度得点による主成分分析の結果,「自己愛総合」と「注目 - 主張」の2つの主成分を見出している。「自己愛総合」は全ての下位尺度に対して中程度以上の重みを持つ成分であるが，自己愛の誇大な側面を強調したものとなっていることが指摘される DSM をもとに作成されていることから，NPI の全下位尺度得点を反映する「自己愛総合」は，誇大な自己愛の側面と対応すると考えられる。一方,「注目 - 主張」は，下位尺度である「注目・賞賛欲求」の得点が高いほど成分得点が高く,「自己主張性」の得点が高いほど成分得点が低くなることから，過敏な自己愛の側面と関連すると考えられる。

　ギャバードの記述（Gabbard, 1994; 表4-1参照）に基づいて項目を作成し，構造の検討を行った研究も存在する。そして，このようなタイプの研究においても，理論的な理解は基本的に支持されている。例えば高橋（1998）は，ギャバード（Gabbard, 1989）の記述をもとに「周囲を気にかけない誇大的なナルシシズム」「周囲を気にする傷つきやすいナルシシズム」の2下位尺度からなる「ナルシシズム尺度」を作成している。中山・中谷（2006）は，ギャバードの記述に基づきながらも，自己概念の性質の違いをより強調した,「評価過敏性 - 誇大性自己愛尺度」を作成している。この尺度は「誇大性」「評価過敏性」の2下位尺度により構成されるが,「誇大性」と「評価過敏性」はほぼ無相関であることが示されている。

　実証的な知見は，先に述べた理論的理解を基本的に支持するものであり，このことは同時に，臨床場面において導き出されたモデルが，一般青年にも適用できることを意味しているといえるだろう。しかし，これらの研究には，実証的に測定する「自己愛」の範囲に関する，多少のずれが存在する。図4-2 は，実証研究において提示された2つの概念図を統合した図である。

　ここで，小塩（2002）のモデルは，理論的な想定（図4-1）とほぼ同じものとなっているが，中山・中谷（2006）では，自己愛的でない（「低自己愛」）とされる群が1つの象限に限られており，他者の評価に敏感であるという特徴だ

第2部　自己愛の誇大性と過敏性

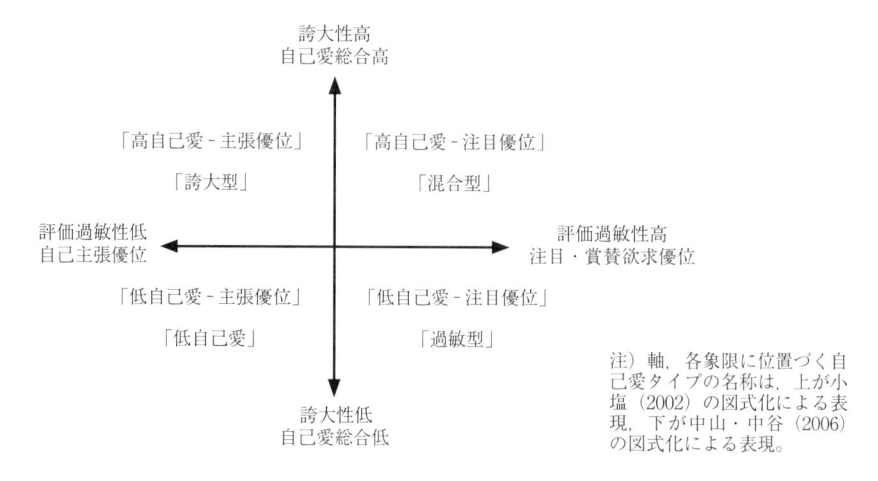

```
              誇大性高
             自己愛総合高
                ↑
「高自己愛-主張優位」  │  「高自己愛-注目優位」
   「誇大型」       │     「混合型」
                  │
評価過敏性低 ←─────┼─────→ 評価過敏性高
自己主張優位        │      注目・賞賛欲求優位
                  │
「低自己愛-主張優位」  │  「低自己愛-注目優位」
   「低自己愛」     │     「過敏型」
                ↓
              誇大性低
             自己愛総合低
```

注）軸，各象限に位置づく自己愛タイプの名称は，上が小塩（2002）の図式化による表現，下が中山・中谷（2006）の図式化による表現。

図 4-2　実証研究において想定される自己愛の要素と表現形

けを持つ人々が，「過敏型」，すなわち自己愛的な群とされている。このような理解の違いは，2つのタイプの自己愛に関する実証的な研究が，自己評定の質問紙法によってなされていることから生まれるものである。他者の評価に敏感である傷つきやすい自己愛を持つ人たちの中には，誇大な自己イメージをありのままに自己報告しない人が存在している可能性がある。特に，自分を高く評価し，それをそのまま表明することが望ましいとされない日本文化において，そのような可能性は十分に想定される。そもそも臨床群においても，自己愛的な誇大性は，当初から誇大な自己像が表明されるわけではなく，臨床家がクライエントと面接を進める中で，次第に表出されるという性質を持っている。とはいえ，劣等感や批判・挫折に対する過敏性のみを表明している人たちに，（潜在的な）誇大な自己イメージを仮定して，自己愛的とすることにも，少なからず強引さがある。今後，明示的な自己報告を求めない方法を工夫するなどして，2つのタイプの自己愛がどのように実証的に示されるかということについて，さらに検討していく必要があるだろう。

　また，自己愛の共通要素として，理論的には「誇大な自己評価を維持しようとする傾向」が想定されるが，これらの研究では，それが直接捉えられている

とはいえない。自己評価を維持するという自己愛の機能的な側面について，外的な変数との関連などから明らかにしていく必要がある。

3. 自己愛の誇大性と過敏性：特徴と機能に関する実証知見からの示唆

これまでの議論から，2つのタイプの自己愛は，自己愛に含まれる2つの要素により，特性論的に捉えられるものといえるだろう。そこで，これ以降では，2つの要素のうち，「誇大な自己評価」を「誇大性」，「劣等感や批判・挫折に対する過敏性」を「過敏性」と呼び，これらについて議論していく。

本節では，誇大性，過敏性のそれぞれと外的指標の関連を検討した実証知見を概観することを通して，自己評価を維持するという機能的側面を含めた自己愛的心理について考察する。

(1) 誇大性に関する実証知見

これまで，主としてNPI（全体得点）を測度として，行動特徴や対人関係の特徴，認知様式，精神的健康など，誇大性の特徴に関する実証的知見が蓄積されてきた。NPIを用いた研究からは，誇大性が攻撃性や外向性，友人関係の広さなどと関連することや，同一性拡散尺度と無相関であること，自尊感情と正の相関を持つことを示唆する結果が提出されている（小塩，2004）。

より直接的に誇大性の特徴を捉えようとした研究も蓄積されつつある。例えばウィンク（Wink, 1991）は，「誇大性-顕示性」が，自己報告や他者報告に表れる行動的な特徴（攻撃的，主張的など）と関連することを示している。小塩（2002）は他者からの評価を検討し，誇大性に対応すると考えられる「自己愛総合」と，高い自己評価を扱う下位尺度である「優越感・有能感」が，友人から外向的で強いという評価を受けることと関連することを示している。

また，対人関係の特徴に関し，小塩（2006）は，「優越感・有能感」がグループ活動における他者評定の一部に対して負の予測力を持つことを示し，誇大性の高い人が，個人の利益を優先するあまり，集団の利益を考慮しない可能性を示唆している。中山・岡田（2008）は，未知の2人による対人相互作用場面を観察し，「誇大性」が関係初期における注視の少なさを予測することを示し

ている。

　精神的健康との関連について，ウィンク（Wink, 1991）では，「誇大性 - 顕示性」が抑うつ，不安，敵意，怒りや精神的健康とほとんど関連しないことが示されており，同様の傾向は中山・中谷（2006）においても確認されている。3か月間のパネル調査によって縦断的に検討した中山・小塩（2007）も，「誇大性」が抑うつや怒りを予測しないことを示している。

（2）過敏性に関する実証知見

　過敏性と対人関係の関連について，小塩（2002）は，他者による評価を分析し，「注目・賞賛欲求」が強いものほど，友人から調和的で弱い人間であると認識される傾向があることを示している。また，小塩（1999）は，「注目・賞賛欲求」が「優越感・有能感」と同様，所属集団や親友の獲得，ゲス・フー・テスト[†]により特定される好意度の高さや友人数の多さを予測することを示している。中山・岡田（2008）は，対人相互作用場面を観察し，「評価過敏性」が関係初期におけるうなずきの多さと注視の少なさを予測することを示している。

　精神的健康との関連について，ウィンク（Wink, 1991）は，「傷つきやすさ - 敏感さ」が精神的健康の諸指標と負の関連を持つことを示している。中山・中谷（2006）は，「評価過敏性」が精神的健康と負の関連を持つことを示している。また，中山・小塩（2007）は，短期縦断的検討を行い，「評価過敏性」が3か月後の抑うつ，怒り感情を有意に予測することを示している。

（3）自己評価を維持する機能を示唆する実証知見

　誇大性が自己評価を維持することに関連することを示唆する知見は，NPIを用いた先行研究によって提出されている。

　例えば，小塩・中山（2007）は，「優越感・有能感」について，ネガティブなライフイベントを経験しない場合には抑うつを低めるが，経験数が多い場合には負の予測力を失うことを明らかにしている。この結果は，誇大な自己愛が，ストレスが少ないときにのみ精神的健康にポジティブな影響をもたらすこと

---

　† 条件にあてはまる人を指名するテスト。

を示唆するものである。ボンドら（Bond, Ruaro, & Wingrove, 2006）は，NPIの全体得点が，課題実施前の怒りには関連せず，課題実施後の怒りにのみ関連すること，怒りへのアクセシビリティの高さを予測しないことを示している。ブッシュマンとバウマイスター（Bushman & Baumeister, 1998）はNPIの全体得点と否定的フィードバックの相互作用が高いレベルの攻撃性を予測すること，（脅威をもたらした他者でない）第三者に対する攻撃性は予測しないことを示している。トゥエンギとキャンベル（Twenge & Campbell, 2003）では，NPIの全体得点が社会的拒絶を介して攻撃に関連し，社会的に受容された場合には高い攻撃性と関連を示さないことが報告されている。

　これらから，誇大性が，自己評価に対する脅威を感じる場合に，精神的健康や怒りや攻撃性などの対人行動に影響を与えることが推測される。すなわち，誇大性を自己評価の脅威に対する防衛，または対処行動として捉えることができるだろう。また，NPIを用いた実験的研究からは，自己高揚バイアス（自己のパフォーマンスを高く見積もる，相対的に自己を高く評価するなど），他者卑下（自分より優れた他者を低く評価する，自分を低く評価した他者の能力や技術を低く評価する），帰属バイアス（成功を内的安定的に帰属する，失敗を外的に帰属する），過去の記憶想起におけるバイアスなど，自己評価の維持や高揚に関わる認知的な特徴との関連も指摘されている（中山, 2008）。

　過敏性が抑うつや怒り感情に対して及ぼす効果も同様に，自己評価への脅威の有無によって調整されることが推測される。中山（Nakayama, 2008）は，自己評価にダメージを与えるライフイベントの経験数を考慮した分析を行い，そのようなイベントを多く経験した群においてのみ，「評価過敏性」が怒りや抑うつと関連することを示している。同様に，小塩（2002）は，ネガティブイベントの経験と「注目-主張」成分との交互作用が落ち込みを有意に予測し，「注目・賞賛欲求」が優位である者がネガティブイベントを経験した後に，より大きな落ち込みを感じる傾向があることを示している。また，小塩・中山（2007）は，「注目・賞賛欲求」がネガティブライフイベントの経験数が多い場合に抑うつや怒りを高めることを示している。

（4）実証知見のまとめ：誇大性，過敏性の特徴と機能

　実証的な研究知見からは，誇大性が主張性，攻撃性などと関連し，過敏性が対人的な評判の良さや精神的健康の低さと関連することが示唆される。そして，その傾向は，自己評価が危険にさらされるような場面において，特に示されるものであることが推測される。

　攻撃性はともすれば他者からの評価を下げ，対人関係を壊してしまう危険性を持っているが，積極的にそのような結果を示した先行研究はこれまでのところ見られない。このことを含め，誇大性との間に否定的な結果がほとんど示されていない背景には，いくつかの要因が考えられる。例えば，対人関係を広く維持することで，自己評価を危機にさらさないようにするという関係形成の戦略が用いられている可能性がある。広く浅い関係で結ばれた関係性の場合，主張性の強さなどは，肯定的に受け入れられるかもしれないし，社会的比較の対象を多く持つことで，自己評価を下げざるを得ない状況に直面することを避けられるかもしれない。また，自己評価が危機にさらされるような体験は，日常生活においてそれほど多く経験されないということも考えられる。誇大性と関連が示された様々な認知的特徴は，それを使用することで少なからず心理的なエネルギーを消耗し，適応状態を下げるかもしれないが，そもそもそのような機会が少ない可能性がある。それに対し，自己愛性パーソナリティ障害の人々は，すでに自己評価維持のための様々な対処をし，その結果として心理・社会的に不適応状態に陥っている人々であると考えられる。そういった違いを考慮すれば，誇大性が不適応状態と関係する指標と必ずしも関係しないことも了解できる。

　一方，過敏性の高い人は精神的健康が低いことが示されており，この特徴を持つ人が，他者の評価を気にして調和的にふるまうことにより，臨床の対象となるほどの不適応状態を呈しないまでも，精神的に疲弊する傾向を持つことが予想される。これまでのところ，過敏性がどのような認知的過程や行動とつながっているかという知見はほとんど蓄積されていないが，やや不適応的な自己評価維持方略と関連している可能性が示唆される。

第4章 自己愛の誇大性と過敏性

4. 自己愛的な心理のプロセスを捉えるモデル

　バウマイスターら（Baumeister, Smart, & Boden, 1996）は，高揚された自己評価が，攻撃性などの結果を導くプロセスについて，「自己本位性脅威モデル」という理論モデルを示している（図4-3）。このモデルにおいて扱われる「好ましい自己表象」の特徴は，これまでに述べてきた自己愛の特徴とよく対応している。

　まず，モデルの中心には「自我脅威」が据えられている。ここでの「自我脅威」は，高揚された自己評価と他者評価のずれによって生じるものであり，本章で述べてきた，自己評価を脅かす体験と同義と捉えられる。また，このモデルでは，自我脅威の原因となった外的評価を拒否するか受け入れるかにより，攻撃に結びつくか，ひきこもり（対人的退却）に結びつくかという結果が変わってくることが推定されている。脅威に対する対処の違いによってもたらされる（対人的な）結果が変わるという点も，これまでに概観してきた内容と合致しているといえるだろう。

　しかし，このモデルにおいて説明される心理プロセスは，これまでに述べてきた理解と2つの点で異なっている。1つ目に，このモデルにおいては，脅威

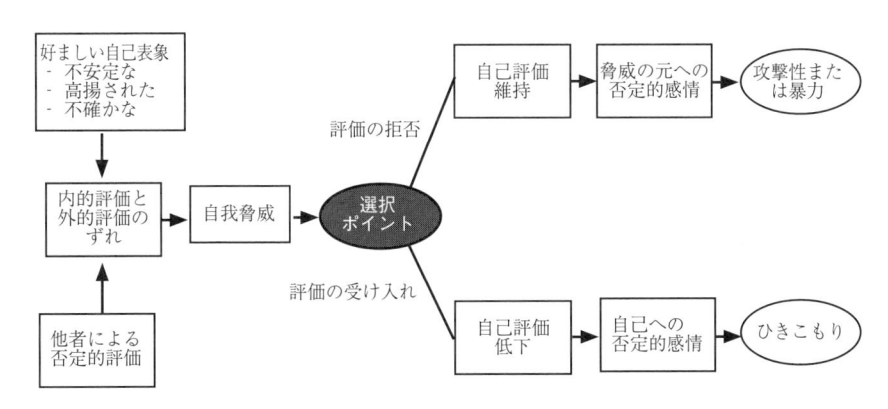

図4-3　自己本位性脅威モデル（Baumeister, Smart, & Boden, 1996をもとに作成）

第2部　自己愛の誇大性と過敏性

への対処の仕方において,「選択ポイント」があるという考え方がされているが,本章では,誇大性と過敏性のそれぞれで,異なる対処方略があるという考えを示した。誇大性と過敏性で,異なる対処のルートをたどるという理解をする方があてはまりがよく,その場合,「選択ポイント」ではなく,「分岐点」と捉えた方が適切かもしれない。

2つ目に,このモデルでは,外的な評価を受け入れた場合のプロセスとして,自己評価の低下が起こり,その結果としてひきこもり(対人的退却)が起こることが想定されている。しかし,本章では,自己愛の共通要素として「自己評価を維持しようとする傾向」を挙げており,精神的健康が低下した結果ひきこもるという説明だけでは不十分である。外的な評価を受け入れた結果,自己評価が低下し,精神的健康が低下するという経験をするものの,「それ以上の低下を防ぎ,あるいは自己評価を回復しようとするために」,自己評価を脅かすような集団から退却するなどの「対処」が行われると考える方が,本章における自己愛の理解には合致するように思われる。

本章のまとめとして,以上の点をふまえた修正モデルを示す(図4-4)。このモデルには,自己評価を維持しようとするという共通要素を持った誇大性,過敏性が,異なる過程によって同じ機能を達成しようとするプロセスが示され

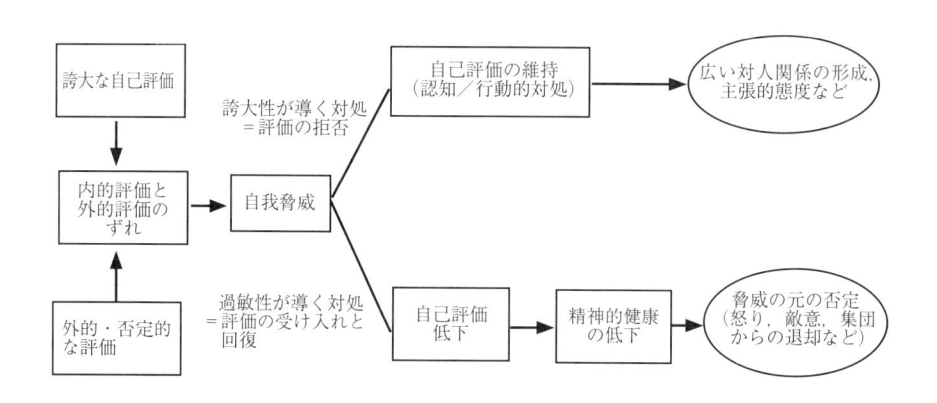

図 4-4　自己愛の誇大性,過敏性が導く自己評価維持プロセス(修正モデル)

ている。すなわち，誇大性は，自分の良さを誇示するなど，自己高揚的な自己評価維持と関連し，そもそもの脅威の感じにくさとも関連すると思われるが，自己評価が低下するような場面（自我脅威場面）に直面した場合にも，認知的・行動的な対処によりその場面自体を否定することで，自己評価の維持を達成する。一方，過敏性は，常に他者評価に敏感であることから，脅威自体を感じやすく，他者評価を受け入れてしまうため，自己評価を低下させるリスクが高い。しかし，外的評価を受けるような場面からそもそも退却することによって，脆弱な自己評価をなんとか維持し，回復しようとするのである。

　誇大性と過敏性は，独立した特性であり，両方の特徴を持つ自己愛的な人も存在する。その際，モデルに示したようなプロセスが，同時に起こるのかどうかという疑問がわく。これに関して，誇大性と過敏性では，関連する自我脅威場面が異なるという指摘もある（Bosson, Lakey, Campbell, Zeigler-Hill, Jordan, & Kernis, 2008; 中山，2010 など）。誇大性と過敏性がどのように機能するのかという点について，研究対象とする状況などの特徴を吟味しながら，さらに検討していく必要があるだろう。

　また，本章ではギャバード（Gabbard, 1989, 1994）の記述などを中心に検討を行ったが，過敏性を対人恐怖との関連から捉えようとする立場（第5章）があるなど，理論的な立場や研究に用いられる測度が統一されていないのが現状である。今後，実証的な知見を蓄積し，結果を比較検討することで，モデルをさらに検討・修正していくことが求められる。

[引用文献]

Akhtar, S. J. (1989). Narcissistic personality disorder: Descriptive features and differential diagnosis. *Psychiatric Clinics of North America*, **12**, 505-530.

American Psychiatric Association (1980). *Diagnostic and Statistical Manual of Mental Disorders*. 3rd ed. Washington DC: Auther.

American Psychiatric Association (1994). *Diagnostic and Statistical Manual of Mental Disorders*. 4th ed. Washington DC; Auther.

Baumeister, R. F., Smart, L., & Boden, J. M. (1996). Relation of threatened egotism to violence and aggression: The dark side of high self-esteem. *Psychological Review*, **103**, 5-33.

Bond, A. J., Ruaro, L., & Wingrove, J. (2006). Reducing anger induced by ego threat: Use of vulnerability and influence of trait characteristics. *Personality and Individual Differences*, **40**, 1087-1097.

Bosson, J. K., Lakey, C. E., Campbell, W. K., Zeigler-Hill, V., Jordan, C. H., & Kernis, M. H. (2008). Untangling the links between narcissism and self-esteem: A theoretical and empirical review. *Social and Personality Psychology Compass*, **2**, 1415-1439.

Bushman, B. J., & Baumeister, R. F. (1998). Threatened egotism, narcissism, self-esteem, and direct and displaced aggression: Does self love or self-hate lead to violence? *Journal of Personality and Social Psychology*, **75**, 219-229.

Cooper, A. M., & Ronningstam, E. (1992). Narcissistic personality disorder. In A. Tasman, & M. B. Riba(Eds.) *American Psychiatric Press Review of Psychiatry*. Washington DC: American Psychiatric Press. Vol.11, pp.80-97.

Gabbard, G. O. (1989). Two subtypes of narcissistic personality disorder. *Bulletin of the Menninger Clinic*, **53**, 527-532.

Gabbard, G. O. (1994). *Psychodynamic personality in clinical practice.: The DSM–IV edition*. Washington DC ;American Psychiatric Press.
（ギャバード，G. O. 舘 哲朗（監訳）(1997). 精神力動的精神医学 その臨床実践［DSM-Ⅳ版］③臨床篇：Ⅱ軸障害 岩崎学術出版社）

Gersten, S. P. (1991). Narcissistic personality disorder consists of two distinct subtypes. *Psychiatric Times*, **8**, 25-26.

Kohut, H. (1977). *The restoration of the self*. New York: International University Press.

Masterson, J. F. (1993). *The emerging self: A developmental, self, and object relations approach to the treatment of the closet narcissistic disorder of the self*. New York: Bruner/Mazel.

中山留美子（2008）. 自己愛的自己調整プロセス―――般青年における自己愛の理解と今後の研究に向けて―― 教育心理学研究，**56**，127-141.

Nakayama, R. (2008). Are narcissist psychologically healthy in ego-threatening situation? *Paper presented at the 29th International Congress on Psychology*. Berlin, Germany.

中山留美子（2010） 自己愛者の自己価値随伴領域 パーソナリティ研究，**19**, 178-180.

中山留美子・中谷素之（2006）. 青年期における自己愛の構造と発達的変化の検討 教育心理学研究，**54**，188-198.

中山留美子・小塩真司（2007）. 自己愛傾向が怒りと抑うつに及ぼす影響（2）――パネル調査による因果関係の検討―― パーソナリティ心理学会大会発表論文集，**16**, 94-95.

中山留美子・岡田涼（2008）. 対人相互作用場面における認知・行動は自己愛をどう反映するか パーソナリティ心理学会大会論文集，**17**, 64-65.

小塩真司（1999）. 高校生における自己愛傾向と友人関係のあり方との関連 性格心理学研究，**8**，1-11.

小塩真司（2002）. 自己愛傾向によって青年を分類する試み――対人関係と適応，友人による

イメージ評定からみた特徴―― 教育心理学研究, **50**, 261-270.
小塩真司 (2004). 自己愛の青年心理学 ナカニシヤ出版
小塩真司 (2005). 自己愛人格の構造と適応過程 梶田叡一（編）自己意識研究の現在 2 ナカニシヤ出版
小塩真司 (2006). 自己愛と自尊感情が集団活動の自己評価および成員評価に及ぼす影響――2つの自己肯定感の対比―― パーソナリティ心理学会大会発表論文集, **15**, 90-91.
小塩真司・中山留美子 (2007). 自己愛傾向が怒りと抑うつに及ぼす傾向 (1)――調整変数としてのネガティブライフイベントの影響―― パーソナリティ心理学会大会発表論文集, **16**, 92-93.
Raskin, R., & Hall, C. S. (1979). A narcissistic personality inventory. *Psychological Reports*, **45**, 590.
ロニングスタム, E. F.（編著） 佐野信也（監訳）(2003). 自己愛の障害――診断的, 臨床的, 経験的意義―― 金剛出版
　(Ronningstam, E. F. (1998). *Disorders of narcissism Diagnostic, clinical, and empirical implications*. Washington DC: American Psychiatric Press.)
Rosenfeld, H. (1987). *Impasse and interpretation: Therapeutic and anti-therapeutic factors in the psychoanalytic treatment of psychotic, borderline, and neurotic patients*. London: Tavistock Pablications.
Stolorow, R. D. (1975). Toward a functional definition of narcissism. *International Journal of Psychoanalysis*, **56**, 179-185.
高橋智子 (1998). 青年のナルシシズムに関する研究――ナルシシズムの2つの側面を測定する尺度の作成―― 日本教育心理学会第40回総会発表論文集, 147.
Twenge, J. M., & Campbell, W. K. (2003). "Isn't it fun to get the respect that we're going to deserve?" Narcissism, social rejection, and aggression. *Personality and Social Psychology Bulletin*, **29**, 261-272.
Westen, D. (1990). The relations among narcissism, egocentrism, self-concept, and self-esteem: Experimental, clinical, and theoretical considerations. *Psychoanalysis and Contemporary Thought*, **13**, 183-239.
Wink, P. (1991). Two faces of narcissism. *Journal of Personality and Social Psychology*, **61**, 590-597.

第5章 自己愛と対人恐怖

清水健司

1. 青年期における自己愛と対人恐怖

はじめに

　青年期では「自分は一体何者なのか」「自分はどのように生きてゆきたいのか」といった自らの人生に対する問いが次々と投げかけられる。それに対して青年たちは，暫定的・可変的ながらも，自分なりの答えを用意することによって，このような試練を乗り越えてゆく。しかし，その道程は決して平坦なものではない。これは，自分という存在を延々と推敲し続ける過程でもあり，場合によっては自らを苦悩の淵に追い込む危険性をはらんでいるためである。もちろん，いついかなる状況でも「等身大の自己」を冷静かつ正確に捉えられるのであれば問題ないのだが，実際にはそれは望むべくもない。

　筆者もまた，このような問いに呆然と立ち尽くした経験を持つ1人である。思い出すのもはばかられるが，当時の「なりたい自分」の姿は遥か彼方で瞬くだけで，眼前にはいつも「情けない自分」の姿が鮮明に映し出されていた。そのため，両者のギャップを埋めるべく自分なりに懸命な努力をしたものだった。しかし，不思議なことにその努力は報われるどころか，逆にギャップは開いてゆくようにさえ感じられた。今でこそ，この無情な結果にさらなる努力を重ね上げていた自分をいとおしく思えるが，このような空回りのカラクリが理解で

きるようになるまでには長い年月が必要であった。この他愛もない筆者の苦労話は脇に置くとしても，理想自己と現実自己の調整作業は，青年期の問いと向き合う際には必ず付随してくるものである。この調整のさじ加減によっては，時として偉そうに他者を見下した態度をとることになるかもしれない。反対に，他者の視線が怖くて対人関係から逃げ出したくなるかもしれない。このように，青年期とは自己愛や対人恐怖と背中合わせになった時期なのである。

本章は，自己愛と対人恐怖の関連について論じるものである。青年期に親和的な両概念は，青年たちの心を如実に映し返す鏡であるとも言える。それでは，複雑な青年期心性を探究するため，両概念の関連を丁寧にひも解いてみよう。

(1) 自己愛と対人恐怖の定義

それでは，まず自己愛と対人恐怖の定義から確認してゆこう。自己愛とは，"自己像がまとまりと安定性を保ち，肯定的情緒で彩られるように維持する機能"(Stolorow, 1975) と定義されている。これには，ストレス状況下で自己をうまく立て直すために必要な健康的自己愛から，誇大性・過度の賞賛欲求，共感性の欠如といった病理的な行動様式を呈する自己愛性パーソナリティ障害 (American Psychiatric Association, 2000) までが含まれる。精神的な自立を志向する青年期では，自分の存在を他者に承認してもらいたいという欲求が高まるため，自己愛は必然的に表面化しやすくなる。特に健康な一般青年に見られる，自分自身への関心の集中と，自信や優越感などの自分自身に対する肯定的感覚，さらにその感覚を維持したいという欲求の強さは自己愛傾向 (小塩，1998) と呼ばれている。

一方，対人恐怖は，"他人と同席する場面で不当に強い不安と精神的緊張が生じ，そのため，他人に軽蔑されるのではないか，不快な感じを与えるのではないか，嫌がられるのではないかと案じて，対人関係からできるだけ身を退こうとする神経症の一型"(笠原，1972) と定義されている。これには，青年期に見られる軽度かつ一過性水準のものから，慢性的な恐怖症段階，関係妄想性を帯びる重症対人恐怖症までが含まれる。青年期では公的自意識が研ぎ澄まされるため，他者からの評価にも注意が割かれるようになり，対人関係の間合いに緊張感が生じやすくなる。特に健康な一般青年に見られる，人見知り・過度

の気遣い・対人緊張の強さは，対人恐怖的心性[†1]（永井，1994），もしくは対人恐怖心性（堀井・小川，1997）と呼ばれている。

(2) 自己愛と対人恐怖は関連するのか

　この自己愛傾向と対人恐怖心性は，病理の深さを表すものではなく，健康な一般青年が持つ心理的な傾向の度合いを表した指標である。各々は別々の研究主題として扱われることが多く，個々の指標を用いた実証研究は近年においても着実にその数を増やしている。一方，自己愛傾向と対人恐怖心性を別々の研究主題とするのではなく，各々を同時に扱った研究になると，一転して国内外でもわずかな数に限られてくる。このような現状は，自己愛傾向と対人恐怖心性，あるいは自己愛性パーソナリティ障害と対人恐怖の関連性が薄いことを反映しているのであろうか。

　しかし，筆者は「両概念には深い関連がある」と見ている。もちろん，両概念の捉え方には様々な見解があるため，本章はあくまで筆者なりの立場を標榜するものである。ただ，これから紹介するように，両概念の関連を直交した2つの独立軸によって捉える試みは，複雑な両概念の関係性を理解するために，有益な枠組みを提供するものだと思われる。

　何よりも，筆者は「自己愛的な人」＝「自信に満ち溢れた自己中心的な人」，また「対人恐怖的な人」＝「羞恥に敏感で対人関係から逃避する人」というような単純な捉え方だけでは不十分だと考えている。岡野（1998）は"誰しも他者から認められたい，自分を価値ある人間だと思いたいという自己愛的な願望を持っている。そして，恥とは，それが得られない状態，あるいは自己愛的な満足感が一気に奪われた状態から生じる感情である"と述べている。これは，恥と自己愛は切り離せるようなものではなく，両者は連動した表裏一体の構造をなすものであることを主張するものである。つまり，先述のような単純な捉え方だと，表面もしくは裏面だけに着目していることになり，両者のあり方を

[†1] 一般青年における対人恐怖の心理的傾向は，永井（1994）では「対人恐怖的心性」と表記され，堀井・小川（1997）では「対人恐怖心性」と表記されている。両者は，ほぼ同概念であると考えられるが筆者が正確な用語表記のために分けて記述した。ただし，本章を構成する実証研究では堀井・小川（1997）による対人恐怖心性尺度が用いられているため，以下においては「対人恐怖心性」の表記で統一する。

的確に捉えたものとは言えないようである。では，両者の関係は一体どのように捉えたらよいのだろうか。この疑問に答えるためには，まず自己愛と対人恐怖における対照的な2つの臨床タイプ[†2]を見ることから始めたほうがよさそうである。それでは，次に各々における対照的な臨床タイプについて見てゆこう。

2. 自己愛と対人恐怖における臨床タイプ

(1) 無関心型自己愛と過敏型自己愛

まず自己愛においては，2つの対照的な臨床タイプが想定されている。それは，誇大的で他者からの評価に鈍感な「無関心型自己愛」と，誇大的でありながらも他者からの評価に敏感な「過敏型自己愛」である（Gabbard, 1994　舘 監訳 1997; 岡野, 1998）。前者は，DSM-IV-TR（American Psychiatric Association, 2000）における自己愛性パーソナリティ障害の診断基準にほぼ合致するようなタイプである。傲慢な態度を顕在的に示し，自分自身に対して夢中であるため，自分が周囲の人々からどう思われているのかということに無頓着であるとされている。

一方，後者は，自己愛性パーソナリティ障害の診断基準だけでは説明がつかないタイプである。傲慢な態度を潜在的に持ち合わせながら，羞恥感・屈辱感に対して敏感な反応を示し，自分が他者からどう評価されているのかについて絶えず鋭敏な注意を向けている（Gabbard, 1994　舘 監訳　1997）とされている。このように各々の臨床タイプは，互いに「誇大性」を共通項に持つものの，羞恥感に対する意識の向け方において，決定的な差異が見られている。

(2) 対人恐怖と社交恐怖

対人恐怖は，ふとした日常会話で使用されるほど，わが国においてはなじみの深い用語である。また，類縁の用語としては，社交恐怖（社交不安障害）

[†2] 臨床タイプとは臨床領域において提案された，病理水準にあるタイプを指す。本章では，他にも実証モデルから分類された健常水準にあるタイプ（類型）の記述も含まれるため，両者の混同を避ける意味において，便宜上このような用語を使用した。

が挙げられる。社交恐怖とは，対人場面にさらされることを極度に恐れ，対人場面・対人接触を回避し，そのことを苦悩する不安障害の1カテゴリー（American Psychiatric Association, 2000）であり，DSM-IV-TRの中に明確な診断基準を持つものである。対人恐怖と社交恐怖には，互いに対人場面を恐れて不安状況から回避しようとすることに大きな共通点を見出すことができる。しかし，この両者には，診断学的な力点のズレを指摘するような見解も示されている。共に恥の病理である両者は，ともすると同一の構成概念であると錯覚されやすいようだが，実際には互いに異なる特徴を有しているのである。

　まず，森田（1953）は，対人恐怖を"恥ずかしがることをもって自らをふがいないことと考え，恥ずかしがらないようにと苦心する負け惜しみの意地張り根性である"と表現している。これは，はからずも羞恥を感じてしまった「情けない自己」を責め立てるだけでなく，その情けなさを隠蔽するために「自分は全く恥ずかしがってなどいない」という強引な虚勢的態度に至る姿を描いたものである。そして，このような虚勢的態度は，対処策として有効に機能するどころか，かえって羞恥をより鮮明にさせるという性質を持っている。森田療法では，この逆説的な悪循環を「とらわれ」の機制として扱っている。先述の例をこの機制から説明するならば，本来は自然な感情であるはずの羞恥を「あってはならないものだ」と捉え（思想の矛盾），羞恥を強迫的に否定・排除しようと意図するために，かえって羞恥に対する注意が過喚起され（精神交互作用），本人の意図とは逆に羞恥が強まる（とらわれ）ということになる。このように，森田（1953）による対人恐怖では，症状の維持・悪化要因として強迫性による影響力の強さが注目されてきた。

　また，虚勢的態度に至る要因としては，「他者よりも劣っていてはいけない」「他者よりも優れていたい」という強い優越願望が見出されており，恐怖の裏面にある確かな欲望の存在にも目が向けられてきた。これは，対人恐怖が「強気」と「弱気」を激しく交錯させる葛藤構造を持つことを示している。また，西岡（1999）による強迫型・自己愛型の対人恐怖や，鍋田（2007）による平均的対人恐怖症においても，これと同様の悩み構造が見出されている。

　一方，社交恐怖は，DSM診断基準の記述において，他者との会話やパフォーマンス場面など，恥ずかしい思いをするかもしれない社交状況を恐れ，症状

を喚起させるような状況を回避しようとする姿が示されている。ただ，社交恐怖における診断基準の内容を見渡しても，対人恐怖において示されていた優越願望や虚勢的態度を思わせるような記述はどこにも見当たらない。いうなれば，「強気」の部分がすっぽりと抜け落ちて，「弱気」の部分のみが強調されたものとなっている。このように，社交恐怖には「強気」と「弱気」が交錯する葛藤構造を見出すことはできず，恐怖状況からの回避行動という「弱気」な側面のみが示されている。また，西岡（1999）による羞恥型・回避型の対人恐怖や，鍋田（2007）による単純型対人恐怖症においても，これと同様の悩み構造が見出されている。このように各々の臨床タイプは，互いに「恥に対する敏感さ」を共通項に持つものの，裏面にある強い優越願望（いわば潜在的な誇大性）と強迫性の有無において決定的な差異が見られている。

（3）対人恐怖と過敏型自己愛の近似性

さて，ここで整理が必要となってくるのは，過敏型自己愛（Gabbard, 1994 舘 監訳 1997）と森田（1953）による対人恐怖の近似性についてである。まず，過敏型自己愛は，潜在的な誇大性を持ちながら，羞恥や他者からの評価に敏感であり，周囲から注目されるような状況を回避する傾向が示されている。また，"all or nothing"に見られる強迫性・完全主義（Ronningstam, 1998 佐野 監訳 2003; 上地・宮下，2004）の特徴も示されている。一方，森田（1953）による対人恐怖では，恥に対する敏感さ，過度の自己内省的な態度，強迫性・完全主義の特徴に加えて，羞恥の裏側にある自己中心的な自己愛的側面（北西，2001）の存在が指摘されている。

この2つの臨床タイプは，恥に対する敏感さと潜在的な誇大性を共通させており，これは完全主義・強迫性といった特徴においても同様である。ただし，過敏型自己愛と対人恐怖が病態像を完全に一致させるかどうかについては，議論の分かれるところであり，統一的な見解は示されていない。しかし，一方で，対人恐怖を過敏型自己愛の問題から理解しようとする試み（岡野，1998）が示されていることや，ギャバード（Gabbard, 1994 舘 監訳 1997）が過敏型自己愛の症状に社交恐怖の重複を認めているように，両者の近似性に触れるような見解も散見される。

これらを総合すると，微視的には病理水準にある2つの臨床タイプを，病態像を完全に一致させるものとして扱うことはできない。しかし，巨視的には2つの臨床タイプを，「自己顕示欲の強さ」（病理水準）と「恥に対する敏感さ」（病理水準）の重複領域の中で布置されるものとして扱うことは十分に可能であると思われる。したがって，本章ではこの2つの臨床タイプを同一の病態としてではなく，恥と自己愛を重ね合わせた広範な象限の中で捉えられるものとする。それでは，次にこれまでの臨床タイプを包括的に理解するための枠組みについて紹介する。

3. 対人恐怖心性 - 自己愛傾向2次元モデル

(1) 臨床タイプと実証モデルの対応関係

ここでは，各臨床タイプの布置関係を捉えた岡野（1998）によるモデルと，それを援用した清水・川邊・海塚（2007）による実証モデルについて見てゆこう。まず，岡野（1998）は臨床的観点から，縦軸を「自己顕示欲の強さ」とし，横軸を「恥に対する敏感さ」とした直交2軸モデルを提案している（図5-1）。このモデルは，「無関心型自己愛」と「過敏型自己愛」，それと自己顕示欲が少なく，ひたすら恥に敏感な「純粋な対人恐怖」（先述の社交恐怖に該当するタイプ）を整理したものである。そして，清水他（2007）は岡野（1998）モデルを参考にして，自己愛傾向（誇大特性次元）を縦軸とし，対人恐怖心性（過敏特性次元）[†3]を横軸とした，実証的観点による対人恐怖心性 - 自己愛傾向2次元モデル（以下，2次元モデル）を提案している。2次元モデルと各臨床タイプの対応関係を図5-2に示した。

2次元モデルでは，両軸の尺度得点が共に平均から$\pm 0.5SD$の範囲にあるものを中間型とし，あとは各尺度得点の強弱によって誇大 - 過敏特性両向型，過敏特性優位型，誇大 - 過敏特性両貧型，誇大特性優位型に分類される。また，誇大特性優位型には「無関心型自己愛」が臨床タイプとして想定されており，誇大 - 過敏特性両向型には「過敏型自己愛」と森田（1953）による「対人恐怖」

---

†3　この過敏特性次元とは，過敏型自己愛の強さを意味するものではない。あくまで恥に対する敏感さ（対人恐怖心性の強さ）を意味する次元であって，自己愛的な性質を含むものではない。

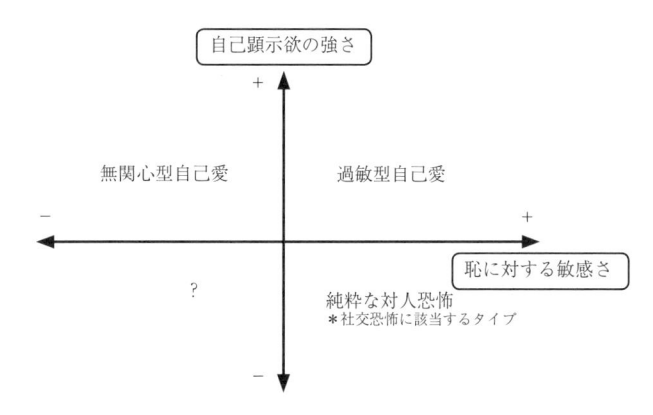

図 5-1 恥に対する敏感さと自己顕示欲の強さの相互関係（岡野, 1998 を改変）

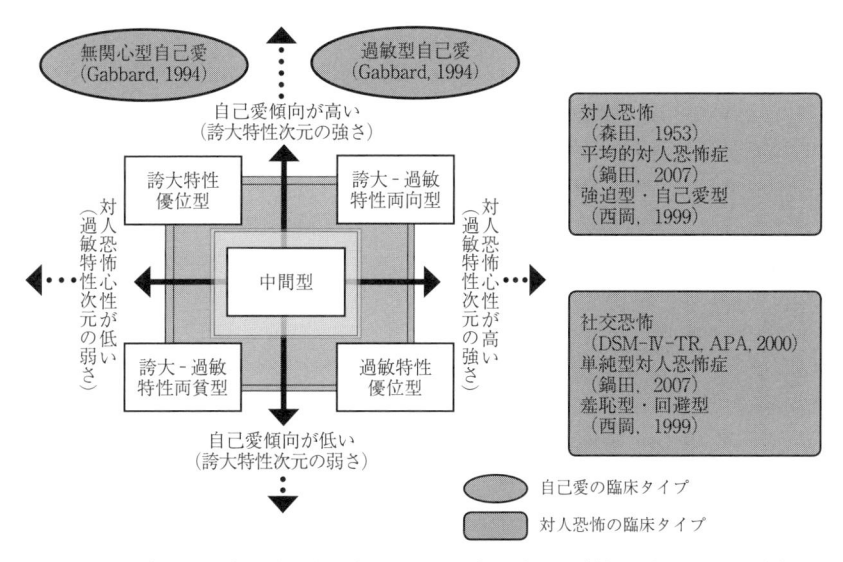

図 5-2 対人恐怖心性 - 自己愛傾向 2 次元モデルと自己愛および対人恐怖における臨床タイプとの対応関係（清水・岡村, 2010 を改変）

が想定され，過敏特性優位型には「社交恐怖」が想定されている。

このように 2 次元モデルは，自己愛傾向と対人恐怖心性の尺度得点から一般青年を 5 分類するものである。また，各類型における実証的な知見を積み上げてゆくことで，各類型における特性の理解を深め，各臨床タイプの様相を推測

することを目的としている。

(2) 2次元モデルの類型判別尺度

また，清水・川邊・海塚（2008）は，2次元モデルの類型を判別するため，対人恐怖心性-自己愛傾向2次元モデル尺度短縮版（Two dimensional model of Social phobic tendency and Narcissistic personality Scale-Short version，以下，TSNS-S）を作成している。これは，小塩（2004）による自己愛人格目録短縮版（NPI-S）（30項目）と，堀井・小川（1997）による対人恐怖心性尺度（30項目）から特定の基準にしたがって各々から10項目ずつを選出したものである（表5-1）。自己愛傾向領域は，優越感，他者からの注目・賞賛を浴びたい欲求，自己主張性を測定するものであり，対人恐怖心性領域は，対人場面

表5-1 対人恐怖心性-自己愛傾向2次元モデル尺度短縮版（TSNS-S）
（清水・川邊・海塚，2008）

No.	尺度項目	該当領域
1	人が私に注意を向けてくれないと落ち着かない気分になる。	NPI
2	すぐに気持ちがくじける。	AN
3	人がたくさんいるところでは気恥ずかしくて話せない。	AN
4	人と話をするとき，目をどこに持っていっていいのか分からない。	AN
5	充実して生きている感じがしない。	AN
6	私は，個性の強い人間だと思う。	NPI
7	自分が人にどう見られているのかクヨクヨ考えてしまう。	AN
8	私は，人々の話題になるような人間になりたい。	NPI
9	根気がなく，何事にも長続きしない。	AN
10	自分のことが他の人に知られるのではないかとよく気にする。	AN
11	機会があれば，私は人目に付くことを進んでやってみたい。	NPI
12	人と目を合わせていられない。	AN
13	私は，どちらかと言えば注目される人間になりたい。	NPI
14	集団の中に溶け込めない。	AN
15	私は，才能に恵まれた人間であると思う。	NPI
16	私は，周りの人たちより有能な人間であると思う。	NPI
17	私は，周りの人たちより，優れた才能を持っていると思う。	NPI
18	私は，控えめな人間とは正反対の人間だと思う。	NPI
19	私は，自己主張が強いほうだと思う。	NPI
20	何をやってもうまくいかない。	AN

注）AN：対人恐怖心性領域　　NPI：自己愛傾向領域
　　20項目，7件法　"全然当てはまらない（1）"～"非常に当てはまる（7）"

表 5-2　TSNS-S による 5 類型の分類基準（清水他，2008 を改変）

類　型	分類基準
過敏特性優位型	対人恐怖心性領域が 38 点以上であり，同時に自己愛傾向領域が 35 点以下の範囲にある中で，なおかつ中間型ではないもの
誇大特性優位型	対人恐怖心性領域が 37 点以下であり，同時に自己愛傾向領域が 36 点以上の範囲にある中で，なおかつ中間型ではないもの
中間型	対人恐怖心性領域が 33 ～ 42 点の範囲にあり，同時に自己愛傾向領域が 32 ～ 40 点の範囲にあるもの
誇大 - 過敏特性両向型	対人恐怖心性領域が 38 点以上であり，同時に自己愛傾向領域が 36 点以上の範囲にある中で，なおかつ中間型ではないもの
誇大 - 過敏特性両貧型	対人恐怖心性領域が 37 点以下であり，同時に自己愛傾向領域が 35 点以下の範囲にある中で，なおかつ中間型ではないもの

における緊張・戸惑いと自己内省的な悩みの強さを測定するものとなっている。各類型を判別する際の分類基準を表 5-2 に示した。

　また TSNS-S は，因子分析（主因子法-Promax 回転）によって「対人恐怖心性領域」と「自己愛傾向領域」が安定した 2 因子パターンを示すことが確認されている。因子間相関は弱い負の相関（$r=-.19$）を示しており，両軸はおおむね直交するものとして捉えられている。α 係数は順に .82, .80，再検査信頼性は順に .80, .86 と安定しており，5 因子性格検査（FFPQ）との関連から妥当性の検討も行われている（清水他，2008）。このように，TSNS-S は，十分な信頼性と妥当性を備えた類型判別尺度となっている。

4.　2 次元モデルにおける各類型の特徴

　2 次元モデルにおける各類型は，いったいどのような特性を持っているのであろうか。ここでは，TSNS-S を使用した研究成果を総合して，各類型の具体的な人間像を見てゆく。まず，清水他（2007）では，自意識（公的自意識・私的自意識）と適応性（基本的信頼感・対人的信頼感・個人志向性・社会志向性）のあり方が検討されている。また，清水他（2008）では，性格特性（5 因子性格検査；FFPQ）と精神的健康（心理的ストレス反応）が，清水・岡村・

川邊(2010a)では，ストレス過程（ストレッサー・認知的評価・コーピング）のあり方が検討されている。さらに，清水・岡村(2010)では，認知特性（ネガティブな反すう・自己肯定感・自己嫌悪感・自己関係づけ・完全主義・不合理な信念）が，清水・岡村・川邊(2010b)では，自己概念（自尊感情・自己像の不安定性・自己価値の随伴性・他者軽視）のあり方が検討されている。特に対人恐怖心性を強く意識している，誇大-過敏特性両向型と過敏特性優位型では，精神的健康の低さが指摘されている。そのため，この2類型に注目しながら，各類型の特性を見てゆくことにする。

(1) 過敏特性優位型

　自己愛傾向が弱く，対人恐怖心性を強く意識した類型であり，臨床タイプとしては社交恐怖が想定されている。徹底的な自己評価の低さが示されており，状況によって理想自己と現実自己が目まぐるしく切り換わるというよりは，日常的な機軸を「情けない自己」に置いていることが考えられる。また，公的自意識が強いため，自己注意を他者視点に自動シフトさせやすい。そのため，いつも他者からの視線に注意を割くことになり，対人場面では慢性的に緊張感が生じやすいものと思われる。そして，「ミスをしてはならない」という強い信念を持つ一方で，「高い目標を設定するべきだ」という信念は低い水準にある。これは「強気」な側面を持つことができず，「弱気」一辺倒な状態にとどまっていることを示している。また，ストレス事態には極めて敏感であり，特に物事を積極的に捉え直すような肯定的解釈を苦手としている。そして，窮地に追い込まれた場合には，その状況を放棄・回避するような対処行動を示しやすいようである。

　このように本類型では，否定的な自己概念が定着しており，現状を何とか打破しようとする前向きな態度は希薄なようである。また，失敗を極度に恐れるため，困難状況では回避的な防衛手段が選択されやすい。その結果，悲観的な思考にさいなまれることになり，精神的健康を損ない続けていることが推測される。

(2) 誇大特性優位型

　自己愛傾向が強く，対人恐怖心性の意識が弱い類型であり，臨床タイプとしては無関心型自己愛が想定されている。公的自意識が弱い一方で，私的自意識には一定の強さを見せている。そのため，他者視線に敏感な反応を示すことはなく，日常的に自己に対する耽溺的な関心を向けているものと思われる。また，自己概念は揺るぎない自信によって支えられており，心理的ストレス反応の低さからも高い精神的健康を維持していることが見て取れる。また，自分に高い目標を設定しながら物事に取り組む一方で，ミスに対する不安感は低い水準にある。そのため，失敗を恐れることなく自己の高みにまい進しており，ストレス事態においても，積極的な姿勢によって具体的な問題解決を図るような対処行動が示されている。

　このように本類型では，肯定的な自己概念が強いため，悲観的な思考に陥ること自体が少ないようである。また，結果に対する重圧を感じることが少なく，たとえ失敗したとしても，早々に思考の切り替えができる頑健さを持っている。また，臨床タイプには無関心型自己愛が想定されているものの，パーソナリティに極端なゆがみを持つものとは考えにくい。本類型では，あくまで健康的自己愛の範疇に収まるものだと考えられる。ただ，公的自意識が低いことを考えると，自己検閲力の低下によって一時的に独善的な行動を示す場合も想定される。しかし，あくまで他者との協調性を見失わない限りにおいては，本類型らしい適応性を十分に発揮できるものと考えられる。

(3) 誇大‐過敏特性両向型

　自己愛傾向と対人恐怖心性を強く意識した類型であり，臨床タイプには過敏型自己愛と森田（1953）による対人恐怖が想定されている。公的自意識と私的自意識が強く，自己視点と他者視点の両側面から自分を監視下に置くことになるため，対人場面では常に強い緊張を認識することになる。また，自己肯定感と自己嫌悪感の機軸が激しく切り換わるためか，自己概念は不安定な状態に陥りやすい。また，ストレス事態を脅威状況だと判断しやすく，外的刺激への警戒を解くことができないため，低い精神的健康が維持されているものと考えられる。また，一定の適応性を持ちながらも，基本的信頼感が目立って弱く，土

壇場の局面において自分が自分を信じることができないというもろさを持っている。そのため，他者を一方的に軽視したり，他者からの肯定的評価に依存することによって自己評価を維持しようとしていることが推測される。また，「ミスをしてはならない」と「高い目標を設定するべきだ」という両極端な信念が強いため，完全主義的・強迫的な認知特性を特徴に持ち，「弱気」と「強気」が交錯する葛藤構造を持つことが考えられる。

このように本類型は，自己信頼の根幹に欠損を持つため，自己概念は不安定なものとなりやすい。また，理想自己と現実自己は両極端な方向へと偏りやすく，両者は大きな乖離を見せることになる。そして，両者が乖離しているという不完全な状況に対処するため，より一層の完全性を追求するという強迫的な防衛方略を用いているようである。しかし，これは効果を発揮するどころか，かえって精神的健康の悪化に繋がる可能性を持つものだと推測される。

(4) 誇大 - 過敏特性両貧型

自己愛傾向と対人恐怖心性の意識が弱く，この類型では臨床タイプの想定はなされていない。本類型は，私的自意識と公的自意識が弱いため，自己視点や他者視点によって自己概念が脅威にさらされることが少ない。また，高い目的意識を持つわけでも，過度に失敗を恐れるわけでもないため，物事や対人関係においても葛藤を経験することが少ないと考えられる。そのため，高い適応性と安定した精神的健康が維持されているものと推測される。

(5) 中間型

自己愛傾向と対人恐怖心性が共に中間的な得点を示す類型である。多くの指標において平均的な値が示されており，目立った特徴は見受けられない。

これらは，適応性や精神的健康が安定していることを示すものであり，様々なストレス状況においても柔軟な対処行動がとれるものと推測される。

5. 対人恐怖と社交恐怖の相違

ここからは，精神的健康の低さを特徴とする，誇大 - 過敏特性両向型と過敏

特性優位型の2類型に焦点を当てながら論じてゆく。両類型はいずれも対人恐怖心性を強く意識しているが，自己愛傾向のあり方においては大きな相違を見せている。この両類型の相違は，対人恐怖と社交恐怖の相違に関連するものであり，各々の防衛方略の相違にも影響を及ぼすものだと考えられる。

(1) 強迫的な防衛方略と回避的な防衛方略

牛島（2004）は，対人恐怖（森田，1953）では対人緊張に加え，症状を強迫的に否定するために，かえって不安が増幅されるという「とらわれ」が顕著であるが，社交恐怖では「とらわれ」が希薄であることを指摘している。また，"対人恐怖は限りなく強迫性障害に近づき，社交恐怖は健常者の対人的緊張の強さに近づいてゆく"とも述べている。また，西岡（2009）も，対人恐怖と社交恐怖の違いについて指摘をしている。それは，対人恐怖には「強気」と「弱気」の葛藤構造が見出されるが，社交恐怖にはそれが欠如しているという点である。また，社交恐怖は回避性パーソナリティ障害に近いものであるが，対人恐怖には強迫性や自己愛的側面が存在しているという点である。これらは，いずれも臨床的観点から対人恐怖と社交恐怖の相違に触れた指摘であるが，どうやら同様のことが，本章の誇大-過敏特性両向型と過敏特性優位型の相違にも当てはまるようである。

まず，誇大-過敏特性両向型は，森田（1953）による対人恐怖を臨床タイプに持つ類型であり，不安定な自己概念を覆い隠すための完全主義・強迫性が示唆されている。それに対し，過敏特性優位型は，DSM-Ⅳ-TR（American Psychiatric Association, 2000）の社交恐怖を臨床タイプに持つ類型であり，否定的な自己概念が定着しているため，失敗を恐れて回避的な行動に終始することが示唆されている。つまり，誇大-過敏特性両向型（対人恐怖に該当）は強迫的な防衛方略を特徴とし，過敏特性優位型（社交恐怖に該当）は回避的な防衛方略を特徴としていることになる。このように，牛島（2004）や西岡（2009）による臨床的観点からの示唆は，本章における実証的知見を支持するものとなっている。これらを総合的にまとめたものを図5-3に示した。

これは，過敏型自己愛（Gabbard, 1994　舘 監訳 1997）と対人恐怖（森田，1953）を，恥と自己愛の重複領域の中で布置されるものと捉える提案に一定の

第2部　自己愛の誇大性と過敏性

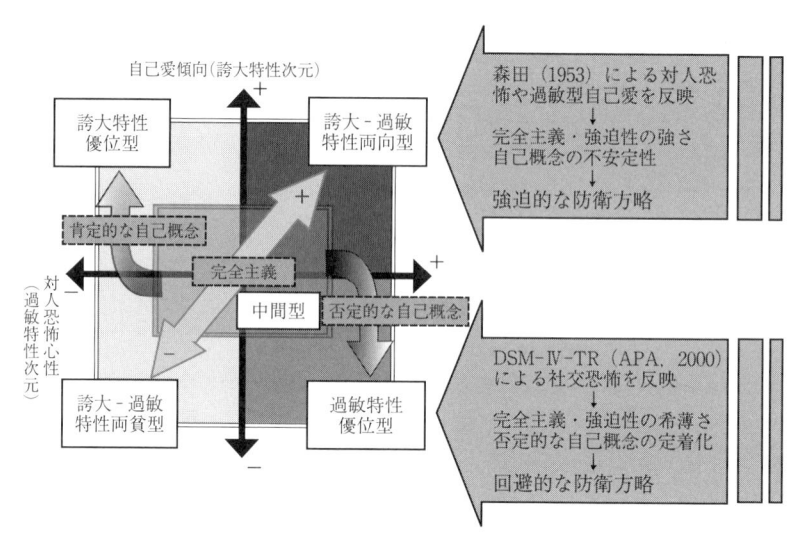

図5-3　対人恐怖心性 - 自己愛傾向2次元モデルから見た
　　　　誇大 - 過敏特性両向型と過敏特性優位型の相違（清水・岡村, 2010を改変）

支持を与えるものである。また，対人恐怖と社交恐怖が，強迫性や自己愛的側面の有無によって弁別されることを支持するものでもある。では，なぜこのように対人恐怖と社交恐怖の相違に注目する必要があるのだろうか。

（2）対人恐怖と社交恐怖の相違に注目する必要性とは何か

さて，ここで本章冒頭の筆者の苦労話にもどってみよう。実はあれこそが，誇大 - 過敏特性両向型の典型的な悩み方なのである。まず，「強気」と「弱気」が交錯する葛藤構造は，理想自己と現実自己の間に大きなギャップを生むことになる。ここまでは誰にでもある経験だろうが，分岐点はその先のギャップを埋めるための強迫的な防衛方略にある。まず，冷静に考えると，理想と現実は大なり小なり乖離しているほうが自然な状態だと言える。したがって，それを「完璧」に埋めようとする努力目標は，そもそも最初から達成不可能な目標だということになる。そして，このような設定のもとでは，どれだけ努力をしても不完全な結果という「失敗」だけが積み重ねられてしまう。さらにひたすら

努力をするのであれば，さらに積み重ねられてゆくであろう「失敗」によって両者のギャップは逆にますます乖離してゆき，結果として「とらわれ」の機制にはまり込むことになるのである。さて，ではいったいどうしたらよいのだろうか。これは，あくまで筆者の私見であるが，まず大きな前提として考えるべきことは，ギャップを埋めることだけが人生全ての課題ではないということである。人生には他にも様々な課題があるはずで，当然その中には自分の強い興味を引くものもあるだろう。同時並行的に自分が望むような各課題に無心で取り組めば，否応なく努力資源は分割され，自ずと全てを完璧にこなすこと自体が不可能な話であるという事実に思い至る。そして，このような本来自然であるはずの不完全状況に少しずつ慣れてゆき，曖昧さに耐えられる度量を徐々に育成してゆくことが，この場合の得策ではないかと思われる。

　また，過敏特性優位型の場合は，自分に自信が持てないため，苦手な状況を回避することによって安全を確保している可能性がある。ただし，この回避的な防衛方略が一時的な安心を得るためだけのものならば，長期的に見るとそれは単に問題解決を先送りしただけのことになる。それでは，苦手意識が改善されるはずもなく，当該状況に対する恐れはさらに増してゆくことになる。さて，ではいったいどうしたらよいのだろうか。これも，あくまで筆者の私見であるが，逃げることの不合理さを理解した上で，徐々に自分にできそうな易課題から取り組み，周到な努力の積み上げによって自信を貯金してゆくことが，この場合の得策ではないかと思われる。

　このように，両類型は羞恥を恐れ，羞恥を受容できないことを共通させているが，各々の防衛方略には一定の隔たりが示されている。これは，各々の不安増幅過程の違いにも関連するものであり，介入視点の違いにも少なからず影響を及ぼすものだと考えられる。仮に，対人緊張に悩む青年たちに画一的な援助を行った場合，ケースによっては防衛方略の違いに対応できていないため，ニーズに十分応えられない状況も出てくるのではないだろうか。そのため，誇大-過敏特性両向型と過敏特性優位型の相違，または対人恐怖と社交恐怖の相違を念頭に置いておくことは重要な視点になるものと思われる。

　しかし，特に本項で述べたような内容は，まだ筆者の私見によるところが大きく，憶測の域を出るものではない。そのため，誇大-過敏特性両向型と過敏

特性優位型，もしくは対人恐怖と社交恐怖の共通点と相違点に焦点を当てたアセスメントの精緻化，効果的な介入方法の策定・選択，これらは今後の重要な検討課題になるものと思われる。

[引用文献]

American Psychiatric Association（2000）．*Diagnostic and statistical manual of mental disorders. Text Rev. 4th ed.* Washington DC: Author.
　（高橋三郎・大野　裕・染矢俊幸（訳）(2002)．DSM-Ⅳ-TR　精神疾患の分類と診断の手引　医学書院）

Gabbard, G. O.（1994）．*Psychodynamic psychiatry in clinical practice: The DSM-Ⅳ edition.* Washington DC: American Psychiatric Press.
　（ギャバード，G. O.　舘 哲朗（監訳）(1997)．精神力動的精神医学　その臨床実践［DSM-Ⅳ版］　③臨床篇：Ⅱ 軸障害　岩崎学術出版社）

堀井俊章・小川捷之（1997）．対人恐怖心性尺度の作成（続報）上智大学心理学年報，**21**, 43-51.

上地雄一郎・宮下一博（2004）．もろい青少年の心――自己愛の障害――発達臨床心理学的考察　北大路書房

笠原　嘉（1972）．正視恐怖・体臭恐怖　医学書院

北西憲二（2001）．我執の病理　白楊社

森田正馬・高良武久（1953）．赤面恐怖の治し方（森田正馬　高良武久（編）(1998)．対人恐怖の治し方　に新装改題）白楊社

鍋田恭孝（2007）．思春期臨床の考え方・すすめ方　金剛出版

永井　撤（1994）．対人恐怖の心理　サイエンス社

西岡和郎（1999）．対人恐怖症とパーソナリティ　精神科治療学，**14**, 753-759.

西岡和郎（2009）．重症対人恐怖の心性　黒木俊秀（編）対人恐怖　こころの科学，**147**, 37-42.

岡野憲一郎（1998）．恥と自己愛の精神分析　岩崎学術出版社

小塩真司（1998）．青年の自己愛傾向と自尊感情，友人関係のあり方との関連　教育心理学研究，**46**, 280-290.

小塩真司（2004）．自己愛の青年心理学　ナカニシヤ出版

Ronningstam, E.（1998）．*Disorders of narcissism: Diagnostic, clinical, and empirical implications.* Washington DC: American Psychiatric Press.
　（ロニングスタム，E. F.　佐野信也（監訳）(2003)．自己愛の障害――診断的，臨床的，経験的意義――　金剛出版）

清水健司・川邊浩史・海塚敏郎（2007）．青年期における対人恐怖心性と自己愛傾向の相互関

係について　心理学研究, **78**, 9-16.

清水健司・川邊浩史・海塚敏郎 (2008). 対人恐怖心性 - 自己愛傾向2次元モデルにおける性格特性と精神的健康の関連　パーソナリティ研究, **16**, 350-362.

清水健司・岡村寿代 (2010). 対人恐怖心性 - 自己愛傾向2次元モデルにおける認知特性の検討——対人恐怖と社会恐怖の異同を通して——　教育心理学研究, **58**, 23-33.

清水健司・岡村寿代・川邊浩史 (2010a). 対人恐怖心性 - 自己愛傾向2次元モデルにおける心理的ストレス過程　信州大学人文学部　人文科学論集〈人間情報学科編〉, **44**, 75-84.

清水健司・岡村寿代・川邊浩史 (2010b). 対人恐怖と自己愛の相互関係モデルにおける自己概念と怒り感情　日本心理学会第74回大会発表論文集, 23.

Stolorow, R. D. (1975). Toward a functional definition of narcissism. *International Journal of Psychoanalysis*, **56**, 179-185.

牛島定信 (2004). 人格の病理と精神療法　金剛出版

第6章 誇大性と過敏性
：理論と測定

小塩真司

1. 類型と特性

（1）歴史から学ぶ

　パーソナリティ心理学の歴史の中で，類型論から特性論への移行は重要な転換点となっている。

　古代ギリシア時代の医師ヒポクラテス（Hippocrates）は，人間には「血液」「粘液」「黒胆汁」「黄胆汁」という4種類の体液があり，その混合の具合に変調が生じる際に病気になるという四体液説を唱えた。また，古代ローマ時代のガレノス（Galen）は，ヒポクラテスの四体液説を発展させ，四気質説と呼ばれる人間の類型論を発展させた（ガレノス　内山・木原訳, 2005；二宮, 1993）。

　ガレノスが整理した4つの気質とは，次のようなものである。

　第1に，多血質である。これは血液が多く，快活で明朗，社交的な特徴をもつとされる気質類型である。第2に，胆汁質である。これは黄胆汁が多く，せっかちで短気，積極的な特徴をもつ気質類型である。第3に，黒胆汁質である。これは黒胆汁が多く，用心深く心配性で，不安定な特徴をもつ気質類型である。そして第4に，粘液質である。これは粘液が多く，冷静で堅実，勤勉な特徴をもつ気質類型である。

　この古代から言われてきた四気質説をどのように解釈・理解するか，どのよ

うに測定するかという問題に取り組んできた研究者たちがいる。

たとえば，哲学者のカント（Kant, I.）は，四気質を感情の気質と活動の気質に分類した（Kant, 1798 渋谷訳 2003）。感情の気質に分類されるのは多血質と黒胆汁質であり，活動の気質に分類されるのは胆汁質と粘液質である。さらに，感情の気質の2つと活動の気質の2つは互いに対立関係にあり，相互に打ち消しあうという。

また，実験心理学者のヴント（Wundt, W. M.）は，2つの軸を考えることで四気質を整理した。2軸とは，情動の強弱とその変化の速さである。この2軸を組み合わせることにより，四気質を説明しようとした。つまり，情動が強く変化が速い組み合わせが胆汁質，情動が強く変化が遅い組み合わせが黒胆汁質，情動が弱く変化が速い組み合わせが多血質，情動が弱く変化が遅い組み合わせが粘液質である（佐藤, 1951）。

アイゼンク（Eysenck, H. J.）は，それまでの議論を踏まえた上で，神経症傾向と外向性を組み合わせることで，四気質説との対応を考えた（Eysenck, 1967 梅津・祐宗他訳 1973）。神経症傾向と外向性がともに高い組み合わせが胆汁質，神経症傾向が高く内向的であるのが黒胆汁質，神経症傾向が低く外向的であるのが多血質，神経症傾向が低く内向的であるのが粘液質である。

(2) 構造から学ぶ

カント，ヴント，アイゼンクの考え方をまとめたのが図6-1である。カントのモデルは，四気質のうち2つを両極にもつ軸を設定することで，気質を説明しようとした。それに対し，ヴントやアイゼンクは四気質を「類型」として捉え，特性的な軸を交差させた部分において間接的に表現することによって説明を試みた。類型論から特性論への移行において，またパーソナリティ測定の考え方においては，このような考え方の発展が重要な位置を占める。

現代の心理学においてパーソナリティを測定する場合には，連続量を仮定して測定することが一般的である。それに対し，たとえば精神疾患の診断は類型的に表現される。自己愛性パーソナリティ障害を考える場合でも同じことが言えるだろう。想定されている概念が特性的に表現されるものであるのかあるいは類型的に表現されるものであるのか，この点を慎重に考えておく必要がある。

第2部　自己愛の誇大性と過敏性

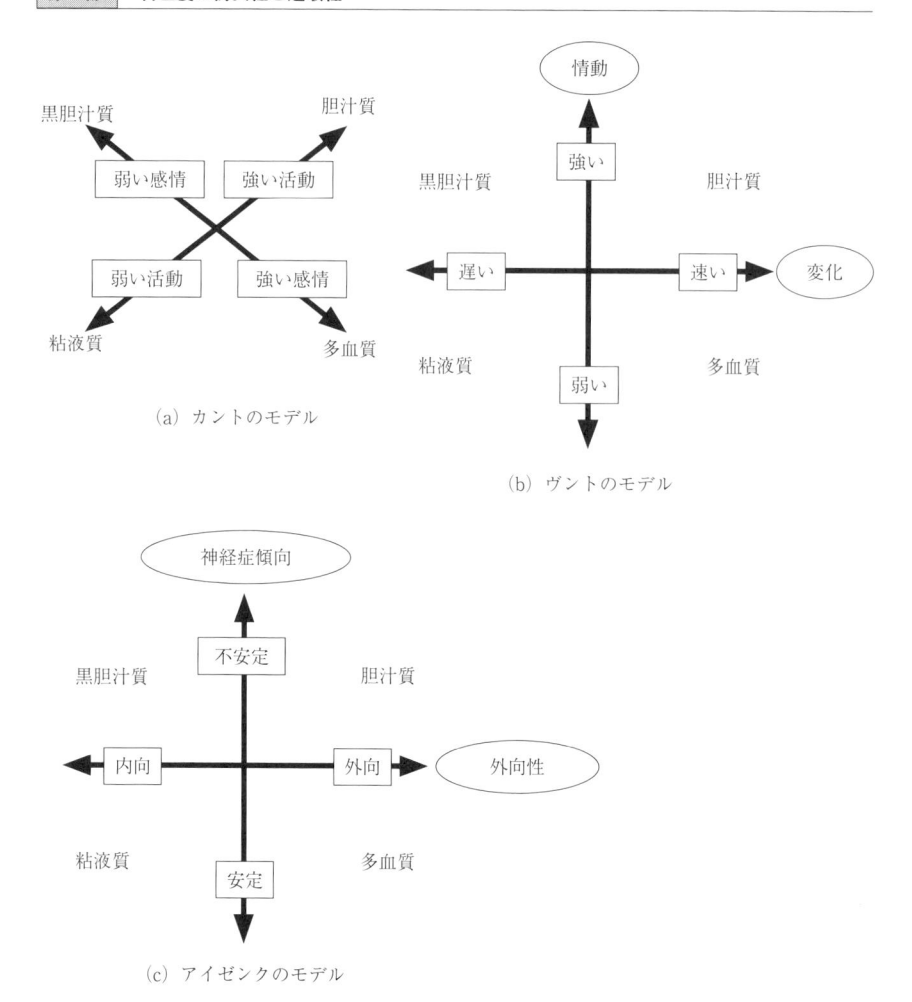

図6-1　3種類の四気質類型理解モデル(Matthews, Deary, & Whiteman, 2009を参考に筆者が作成)

2. 自己愛傾向の2成分モデル

(1) 理論モデル

ここまでの章でも触れられてきているように，誇大性と過敏性についての議

論は，ギャバード（Gabbard, G. O.）らの無関心型の自己愛（周囲を気にかけない自己愛的な人）と過敏型の自己愛（周囲を気にかける自己愛的な人）という類型に焦点が当てられてきている（Gabbard, 1994 舘 監訳 1997）。すなわち，誇大型とは，「他の人々の反応に気づかない」「傲慢で攻撃的」「自己に夢中」「注目の中心にいる必要性」「送信者であるが，受信者ではない」「他の人々によって傷つけられたと感じることに鈍感」といった特徴を有する自己愛的な人物である。それに対し，過敏型とは「他の人々の反応に過敏」「抑制的で，内気で，あるいは自己消去的」「自己よりも他の人々の言葉に注意を向ける」「注目の的になることを避ける」「侮辱や批判の証拠がないかどうか，注意深く他の人々の言葉に耳を傾ける」「容易に傷つけられたという感情を持つ」といった特徴を有する自己愛的な人物である。この特徴を見てもわかるように，2種類の自己愛は，同じ「自己愛的な人」とされながらも，あたかも正反対の対人関係様式をとる者であると言える（小塩，2005a）。

すでに本書第4章で説明されているが，ギャバードは，クライエントの多くはこれら2つのタイプの混合した様相を呈することや，自己愛的な人の多くは連続体上の両極端のタイプの間にあることを指摘している（Gabbard, 1994 舘 監訳 1997）。これらの指摘は，2種類の自己愛の構造を検討する上で重要なキーポイントとなる。

(2) 自己愛傾向の2成分モデル

さてここで，筆者がかつて提唱した，自己愛傾向の2成分モデルについて説明したい（小塩, 2002, 2004a, 2005a, 2006; 図6-2）。このモデルは，次に述べるようないくつかのポイントに基づいている。

第1に，臨床場面には自己愛的な人物が全員現れるわけではなく，一部に過ぎないという点である。自己愛的な人物は，日常生活の中で苦痛を感じ，生活が阻害されて臨床場面に現れる。自己愛そのものが主訴となることはなく，臨床場面において自己愛的な問題が露呈してくるものだと言えるだろう。

第2に，ギャバードをはじめとする2種類の自己愛は，臨床場面に現れた「自己愛的な人物」を2つの種類に分類しているという点である。2種類の自己愛は類型として示される。一般的に，類型論で示されたパーソナリティの特

第2部　自己愛の誇大性と過敏性

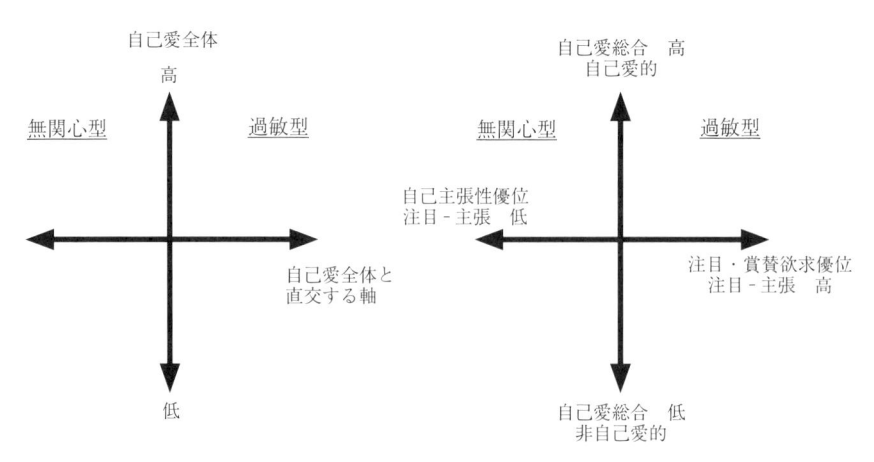

```
           自己愛全体                          自己愛総合　高
              高                                自己愛的
無関心型       │      過敏型           無関心型    │      過敏型
              │                                  │
              │                      自己主張性優位
              │                      注目-主張　低
    ←─────────┼─────────→              ←─────────┼─────────→
              │   自己愛全体と                   │   注目・賞賛欲求優位
              │   直交する軸                     │   注目-主張　高
              │                                  │
              低                      自己愛総合　低
                                      非自己愛的
```

図6-2　自己愛傾向の2成分モデル（小塩, 2004a をもとに筆者が作成）

徴は「典型例」であり，極端な記述がなされることが多い。先に示したように，2種類の自己愛が両極端な表現となっているのは，典型例を記述したためであると考えられる。

　第3に，まず自己愛全体を軸として設定し，その軸に直交する軸を導出することで，間接的に類型として無関心型と過敏型の自己愛を抽出することができるというモデルを設定しているという点である。この図式であれば，ギャバードが述べているような，自己愛的な人物の多くは2種類の自己愛の混合した特徴をもつという指摘と，自己愛的な人物の多くは2種類の自己愛を両極とする連続体上に位置するという双方の仮定を満たすことができる。自己愛全体に直交する軸は，まさに2種類の自己愛を両極とする連続体を表現することになり，2種類の自己愛の混合した特徴を多くの人がもつのは，自己愛全体に直交する軸の中央付近に多くの人びとが位置するからだと考えられるからである。

　第4に，自己愛人格目録短縮版（NPI-S；小塩, 1998, 1999）の3つの下位尺度に対して主成分分析を施すことにより，3つの下位尺度に共通する第1の成分と，この成分に直交する第2の成分を抽出できるという仮定である。自己愛傾向を測定するNPI-Sの下位尺度の中には，無関心型に類似した特徴をもつ下位尺度（自己主張性）と過敏型に近い特徴をもつ下位尺度（注目・賞賛欲

求)がある。この両者を反映した軸を想定することで、2種類の自己愛を導出することができるのではないかというのがこのモデルの仮定となっている(小塩, 2004a)。主成分分析によって求められる第1成分は、NPI-Sの3つの下位尺度がいずれも正の重みを示す「自己愛総合」の軸であり、第2成分は注目・賞賛欲求と自己主張性を両極とする「注目 - 主張」という軸が見出されることが繰り返し確認されている(小平・小塩, 2006; 小塩, 2002, 2004a, b, 2005a, b, 2006, 2007; 小塩・小平, 2005)。

3. モデル統合の試み

(1) モデルどうしの関連

第4章において誇大性と評価過敏性を組み合わせたモデル(中山・中谷, 2006)、第5章では対人恐怖心性 - 自己愛傾向2次元モデル(清水・川邊・海塚, 2007)、そして本章では自己愛傾向の2成分モデル(小塩, 2002, 2004a)について説明してきた。これらいずれのモデルも、2種類の自己愛を類型として内包している点が共通している。先行研究の中には、このようなモデルの統合を試みたものもある。たとえば落合萌子は、誇大性と過敏性の自己愛に注目し、自尊感情や対人不安も含めた上でその構造を検討する試みを行っている(落合, 2009)。しかしながらこれまでの研究において、上記3つのモデルを直接比較したり、統合を試みたりする検討はなされていないのが現状である。

そこでここでは、ひとつの基礎的な知見を紹介したい。それは、3つのモデルで使用されている各2軸の指標間の相関関係を検討するという試みである(小塩・中山・清水, 2011)。

表6-1に、3つのモデルの指標間の関連を示す。この調査では、大学生122名に対して、評価過敏性 - 誇大性自己愛尺度(中山・中谷, 2006)、対人恐怖心性 - 自己愛傾向2次元モデル尺度(短縮版)(清水・川邊・海塚, 2006)、NPI-S(小塩, 1998, 1999)、そして自尊感情尺度(桜井, 2000)を実施した[†]。

[†] ただし、対人恐怖心性 - 自己愛傾向2次元モデル尺度(短縮版)とNPI-Sの質問項目は重複したものが含まれている。

第2部 自己愛の誇大性と過敏性

表 6-1 2種類の自己愛指標間の関連 (小塩・中山・清水, 2011)

	誇大性	評価過敏性	対人恐怖心性領域	自己愛傾向領域	自己愛総合	注目-主張	自尊感情尺度
過敏-誇大[1)]							
誇大性	-	.07	-.31**	.72***	.78***	-.23*	.66***
評価過敏性		-	.59***	.12	.05	.46***	-.40***
TSNS-S[2)]							
対人恐怖心性領域			-	-.35***	-.42***	.34***	-.67***
自己愛傾向領域				-	.94***	.15	.57***
2成分[3)]							
自己愛総合					-	.00	.64***
注目-主張						-	.36***
自尊感情尺度[4)]							-

* $p < .05$, ** $p < .01$, *** $p < .001$
$N=122$ (男性71, 女性51), 平均年齢18.8歳
1) 評価過敏性-誇大性自己愛尺度 (中山・中谷, 2006)
2) 対人恐怖心性-自己愛傾向2次元モデル尺度 (短縮版) (清水・川邊・海塚, 2006)
3) NPI-Sの3下位尺度に対して主成分分析を実施し, 第1主成分得点と第2主成分得点を算出 (小塩, 2002, 2004a)
4) Rosenberg (1965) の自尊感情尺度の日本語版 (桜井, 2000)

先行研究に従って各指標を算出し, 相関係数を求めたものが表6-1である。

誇大性, 自己愛傾向領域, 自己愛総合の3つの指標については, いずれの間の相関係数も $r = .70$ 以上の高く有意な相関を示していた。その一方で, 評価過敏性, 対人恐怖心性領域, 注目-主張の3つの指標に関しては, $r = .30 \sim .60$ という中程度の相関を示していた。

この結果から, 誇大性, 自己愛傾向領域, 自己愛総合の3つの指標については, ほぼ同方向の傾向を測定していると言うことができるだろう。それに対して, 評価過敏性, 対人恐怖心性領域, 注目-主張の3つの指標間の相関関係は, これらの指標がそれほど重複しているとは言えないことを示している。このことは, 2つの指標を組み合わせた類型を構成した場合, あるモデルと別のモデルで類型に含まれる人物が異なってくる可能性があることを示唆している。

なおこの調査では, 自己愛傾向に関連する重要な指標として自尊感情も測定している。表6-1に示されているように, いずれのモデルにおいても, 誇大性

や自己愛全体を測定する指標は自尊感情と有意な正の相関，それらと直交する指標は有意な負の相関を示していた。しかしながら，やはり少しずつ相関係数の大きさが異なっている様子がうかがえる。

(2) 構造の可視化

表6-1の関係をより明確にするために，3つのモデル各2指標と自尊感情得点に対して主成分分析が行われた（小塩他，2011）。固有値1以上であることを基準として2つの成分を抽出した。2成分の累積説明率は78.47%であった。

各指標の主成分負荷量を平面に配置したものが図6-3である。図の第1象限（右上方向）には，誇大性や自己愛全体を表す指標が集まり，第2象限（左上方向）には，過敏性や対人恐怖心性，注目・賞賛欲求優位の特性が集まっている。この図を見ると，中山・中谷（2006）のモデルと小塩（2002, 2004a）のモデルが非常に近い位置にあり，清水ら（2006, 2007）のモデルがこれらに比べてやや角度をずらした位置にあることが見て取れる。

また，自尊感情は第4象限（右下方向）の位置にあり，過敏性を表す自己愛とは逆方向に位置している。自尊感情が適応的な自己肯定感を意味しているこ

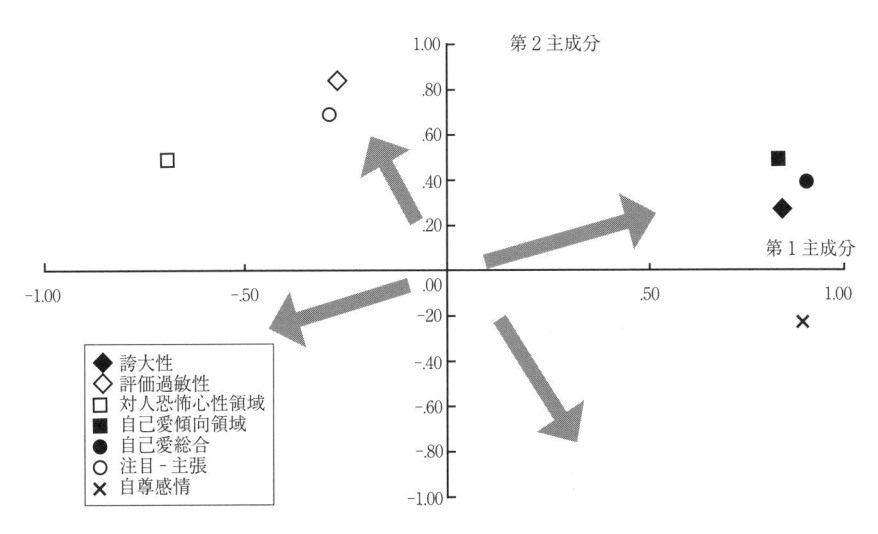

図 6-3　3モデルの指標と自尊感情の主成分負荷量プロット（小塩他，2011を改変）

とを考えると，この位置は妥当な結果であると考えられる。

(3) 今後に向けて

表6-1および図6-3の結果は，大学生122名のみを対象とした調査結果に過ぎないため，この相関係数をもって明確な結論を述べることは難しい。しかし，このようなモデル間の比較の試みは，まだ始まったばかりである。

今回は自尊感情を自己愛に関連する外部の変数として用いたが，他の変数でも検討することで各モデルの位置が明確化されるだろう。特に，2種類の自己愛の理論を直接的に反映した指標を複数用意し，関連を検討していくことが重要となると考えられる。

これまで，個々の研究者はそれぞれが独自のモデルを提唱し，相互の検証を十分に行ってこなかった。しかし現在，一定の研究の蓄積がなされてきた段階であるからこそ，研究者どうしが協力して現象の解明に向かうことが必要とされていると言えるだろう。

[引用文献]

Eysenck, H. J. (1967). *The Biological Basis of Personality*. Springfield, IL: Charles C. Thomas Publisher.
 （アイゼンク, H. J. 梅津耕作・祐宗省三他（訳）(1973). 人格の構造 岩崎学術出版社）
Gabbard, G. O. 1994 *Psychodynamic psychiatry in clinical practice: The DSM- Ⅳ edition*. Washington DC: American Psychiatric Press.
 （ギャバード, G. O. 舘 哲朗（監訳）(1997). 精神力動的精神医学 その臨床実践 [DSM-IV版] ③臨床編：Ⅱ軸障害 岩崎学術出版社）
ガレノス 内山勝利・木原志乃（訳）(2005). ヒッポクラテスとプラトンの学説1 京都大学学術出版会
Kant, I. (1798). *Anthropologie in pragmaticsher Hinsicht*.
 （カント, I. 渋谷治美（訳）(2003). 実用的見地における人間学 カント全集15 岩波書店）
小平英志・小塩真司 (2006). 理想自己の記述傾向および現実自己との不一致からみた自己愛類型の特徴 人文学部研究論集（中部大学），**15**, 43-49.
Matthews, G., Deary, I. J., & Whiteman, M. C. (2009). *Personality Traits* 3rd ed. London: Cambridge University Press.

中山留美子・中谷素之（2006）．青年期における自己愛の構造と発達的変化の検討　教育心理学研究, **54**, 188-198.
二宮陸雄（1993）．ガレノス　霊魂の解剖学　平河出版社
落合萌子（2009）．2種類の自己愛と自尊心，対人不安との関係　パーソナリティ研究, **18**, 57-60.
小塩真司（1998）．自己愛傾向に関する一研究――性役割観との関連――　名古屋大学教育学部紀要（心理学）, **45**, 45-53.
小塩真司（1999）．高校生における自己愛傾向と友人関係のあり方との関連　性格心理学研究, **8**, 1-11.
小塩真司（2002）．自己愛傾向によって青年を分類する試み――対人関係と適応，友人によるイメージ評定からみた特徴――　教育心理学研究, **50**, 261-270.
小塩真司（2004a）．自己愛の青年心理学　ナカニシヤ出版
小塩真司（2004b）．自己愛傾向と大学生活不安の関連　人文学部研究論集（中部大学）, **12**, 67-78.
小塩真司（2005a）．自己愛人格の構造と適応過程　梶田叡一（編）　自己意識研究の現在2　ナカニシヤ出版　pp.101-118.
小塩真司（2005b）．自己愛傾向と対人ネガティブライフイベントに対する反応　人文学部研究論集（中部大学）, **14**, 183-190.
小塩真司（2006）．自己愛傾向と5因子性格：自己愛傾向の2成分モデルの特徴　人文学部研究論集（中部大学）, **16**, 55-69.
小塩真司（2007）．自己愛傾向と自己イメージ・友人によるイメージ間の差異との関連　中部大学人文学部研究論集, **18**, 19-33.
小塩真司・小平英志（2005）．自己愛傾向と理想自己――理想自己の記述に注目して――　人文学部研究論集（中部大学）, **13**, 37-54.
小塩真司・中山留美子・清水健司（2011）．2種類の自己愛モデル統合の試み――3つのモデルの相互関係――　日本社会心理学会第52回大会発表論文集
Rosenberg, M. (1965). *Society and the adolescent self-image*. Princeton: Princeton University Press.
桜井茂男（2000）．ローゼンバーグ自尊感情尺度日本語版の検討　筑波大学発達臨床心理学研究, **12**, 65-71.
佐藤幸治（1951）．人格心理學　創元社
清水健司・川邊浩史・海塚敏郎（2006）．対人恐怖的心性-自己愛傾向2次元モデル尺度における短縮版作成の試み　パーソナリティ研究, **15**, 67-70.
清水健司・川邊浩史・海塚敏郎（2007）．青年期における対人恐怖心性と自己愛傾向の相互関係について　心理学研究, **78**, 9-16.

第**3**部

自己愛と自己過程

第7章 自己愛パーソナリティと自己概念の構築プロセス

川崎直樹

1. 自己構築プロセスとしての自己愛パーソナリティ

　自己愛性パーソナリティ障害の主たる特徴は，その誇大性にあると言われる（Kernberg, 1975; Kohut, 1971）。誇大性は，優越感，非現実的な野心，有能性の誇示などとして表され，その自信に満ちた尊大なふるまいから，彼ら／彼女らは"自分を愛してやまない人間"とみなされることが多い。しかし一方で，「自己愛の障害」という言葉が意味するところは，自尊感情（自尊心）制御の異常や病理である（Kernberg, 1975; Kohut, 1971）。つまり彼らは，自己を価値あるものとして感じるプロセスに問題を抱えていることになる。表面的な特徴とは対照的に，その実情において，自己愛性パーソナリティ障害は"自分が好きになれないという障害"（市橋，2008）を抱えた状態であるとも言えるのである。

　一般的な性格特性としての自己愛パーソナリティにおいても，同様のことが言える。非臨床群における自己愛パーソナリティを，病理や障害と一概に見なすことはできないが，彼らの自尊感情の制御の仕方には一定の偏りや防衛性があるとされる（Campbell, Rudich, Sedikides, 2002; Morf & Rhodewalt, 2001）。特に多くの研究者が指摘するのが，彼らの自己に関する認知プロセスの歪みである。人の自己価値の感覚は一般に，自分がどういう人間であるかというこ

とについての自己概念・自己知識に支えられている（Hoyle, Kernis, Leary, & Baldwin, 1999）が，自己愛的なパーソナリティの持ち主は，自らが価値ある存在だという感覚を保つため，自己概念の内容を，作為的に構築・操作しうることが指摘されている（Campbell et al., 2002; Morf & Rhodewalt, 2001）。

自己愛パーソナリティにおけるこうした自己概念の構築のプロセスを，モルフとローデワルト（Morf & Rhodewalt, 2001; Rhodewalt & Sorrow, 2003）は"動機づけられた自己構築"と呼び，図7-1にあるような力動的自己制御処理モデルとして描いた。このモデルは，自己愛パーソナリティを測定する代表的尺度である自己愛人格目録（Naricissistic Personality Inventory; NPI; 本書第2章参照）を用いた実証的知見や，自己愛に関する臨床的理論をもとに提起されたものである。自己愛パーソナリティを持つ者は，肯定的に誇張された「自己概念・自己知識」を維持することが社会生活の中で最も重要な目標となっている。そのため自らの主観的な自己概念と外的現実とが乖離しようとも自己の否定性を否認し（個人内プロセス），肯定性を誇張するための対人的な努力が行われる（個人間プロセス）。しかしそうした対人的な努力はしばしば自己中心的・攻撃的であるため，実際の対人関係には問題が生じやすい（対人関係）。そうした対人関係の否定的結果は，当人へもフィードバックされるため，その自己概念は，表面的には肯定的でありながらも，内容的な矛盾や構造的な歪みを含んだものになりうるのである。

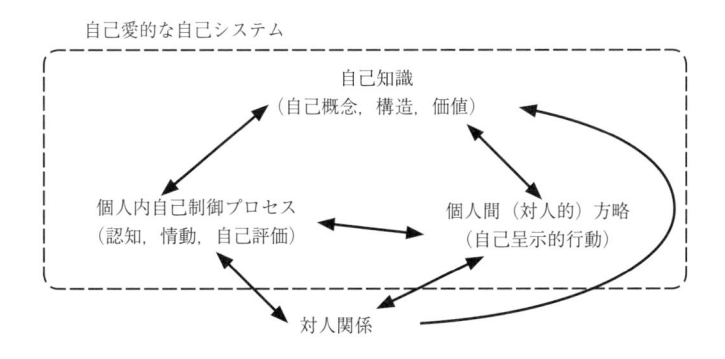

図7-1 **自己愛人格の力動的自己制御処理モデル**（dynamic self-regulatory processing model；Morf & Rhodewalt, 2001；Rhodewalt & Sorrow, 2003）

このモデルをもとに，本章前半ではNPIを用いた自己愛パーソナリティ傾向（以下，自己愛傾向と呼ぶ）の研究を概観し，① 自己概念にどのような特徴が見られるか，② その自己概念を構築・維持するためのどのような努力が行われているかについて，研究知見を概観し，考察することをそれぞれ第1，第2の目的とする。

また，第2部にもあったように，自己愛の問題は誇大性だけではなく，過敏性としても表れうる。しかし，モルフとローデワルトのモデルでは，NPIで測定される誇大性の自己愛のみが扱われており，過敏性における自己構築プロセスのモデル化はなされていない。そこで本章後半部分では，第3の目的として，③ 上述の自己構築モデルの枠組みが，誇大性だけではなく過敏性も包括するモデルとして拡張できるか，議論することとする。

2. 自己愛パーソナリティと自己概念の諸特徴

自己愛性パーソナリティ障害について，代表的な理論家であるカーンバーグは，非現実的で理想化された誇大自己を中心とした人格構造が形成されていることを指摘している（Kernberg, 1975）。この誇大自己の中では，良い自己や良い対象の表象のみが取り入れられ，悪い自己や悪い対象の表象は隔離される。そのため意識的・対人的には，誇大・傲慢な認知や行動が強調される。しかし，そうした誇大自己は当人の本質的な感情との結びつきの弱い浅薄なものでもあるとも言われる。そのため，誇大な自己感覚の一方で，彼らは慢性的な空虚感や退屈感，自己無価値感を感じているとも言われる（Kernberg, 1975; Ronningstam, 2005）。

こうした臨床的指摘に合致して，NPIを用いた自己愛パーソナリティの実証的研究においても，まずその自己概念の誇大性や肯定性が確認されている。多くの質問紙研究で，NPIは社会的に望ましい自己特徴と関連を示すことが確認されている（Rhodewalt & Morf, 1995; Morf & Rhodewalt, 2001）。特に，著名なローゼンバーグ（Rosenberg, M.）の自尊感情尺度との相関は多くの研究で報告され，メタ分析の結果でも一貫して正の相関関係が報告されている（本書第9章参照）。つまり，自己愛的な者ほど全体的に肯定的な自己概念を持つと

いうことは，一貫した知見と言える。

　一方で，自己概念が全体的・平均的に肯定的であっても，その自己概念の構造には，先述のように内容的な矛盾や構造的な脆弱性や不安定さが残る可能性が示唆されている。以下では，自己愛傾向が高い者における自己概念の問題について議論する。

(1) 安定 - 不安定性の問題

　自己愛傾向が高い者の自己概念については，まずその不安定さや変動性が指摘されている。例えば，自己像の不安定性（尺度項目例："私は自分自身に対する考えが変わりやすい"）は，NPIの下位側面「注目・賞賛欲求」と正の相関が見られることが報告されている（川崎・小玉, 2007a; 小塩, 2001）。

　また，自尊感情の変動性も，自己愛と相関することが報告されている。例えば，数日間にわたり自尊感情を複数回測定した場合，その継時的な変動性と自己愛の諸側面が関連すること（小塩, 2001; Rhodewalt, Madrian, & Cheney, 1998），IQテストでの失敗や成功に連動して自尊感情が上下すること（Rhodewalt & Morf, 1998）など，自己に対する評価が変動しやすいことが報告されている。ただしこの変動性については，直接的な関連を見出さない結果も混在しており（Myers & Zeigler-Hill, 2008; Zeigler-Hill, 2006），より詳細な検討が求められている（第8章参照）。

(2) 構造的な複雑性・統合性

　ローデワルトら（Rhodewalt et al., 1998; Rhodewalt & Morf, 1995）は，自己複雑性や評価統合性など，自己概念の構造に関する既存の指標と自己愛傾向との関連を検討している。自己複雑性とは，自己の諸側面がどの程度分化・詳細化しているかを表す指標（Linville, 1985）で，複雑性が高いほど否定的な出来事の影響が部分的にとどめられ，気分の安定性が高いとされている。これについては，自己愛との負の関連を報告する研究（Rhodewalt & Morf, 1995）もあるが，その知見は，他の検討では必ずしも再現されてはいない（Morf & Rhodewalt, 2001）。また，評価統合性とは，色々な文脈における「～としての自己」について，各自己それぞれに良い面と悪い面があることを「統合」して

認識しているか，良い自己と悪い自己に「区画化」して認識しているかを指標化したものであり（Showers & Zeigler-Hill, 2007），気分の安定性や心理的回復力などに関与すると言われる。この評価統合性については，自己愛傾向と交互作用的に作用して感情の変動性を説明するという知見はあるものの，自己愛そのものとの直接的な関連は見られてはいない（Rhodewalt et al., 1998）。

これらの結果からは，自己愛傾向者の自己概念の構造上の問題については，まだ部分的な知見が得られているにとどまっていると言える。むしろこうした既存の指標だけではなく，より自己愛傾向者の実態に沿った手法での検討が必要と言える。

(3) 領域別に見た自己概念

自己概念や自尊感情については，自己の全体的な肯定度を一括して測定するものだけではなく，学業，外見，社交性など，領域別に多面的な測定を行う指標も多くある。こうした領域別の自己概念の指標と自己愛との関連については，有能性，優位性，エージェンシー（agency）などの指標とは正の相関が見られることに対し，協調性，親和性，コミュニオン（共同性；communion）などの指標とは無関連もしくは負の関連となりうることが示されている（Campbell et al., 2002 ; Rhodewalt & Morf, 1995）。この傾向は，自記式質問紙だけではなく，後述の潜在的手法による研究においても確認されており（Campbell, Bosson, Goheen, Lakey, & Kernis, 2007），一貫した知見であると言える。

こうした知見から，自己愛的な者の自己概念は，自らの有能性や優越性などによって主に肯定的に彩られている一方で，そこには他者との友好的で共同的な関係についての自己認識は必ずしも伴わないことが示されている。これは，キャンベルらのエージェンシーモデル（本書第1章参照）に一致した知見であり，自己概念を肯定的に保つ方略の偏りが反映されていると言える。

(4) 潜在的・無意識的なレベルでの自己

これら様々な検討が続けられる中，近年注目を集めているアプローチが潜在的な自尊感情に関する研究である。潜在連合テスト（Implicit Association

Test; IAT; Greenwald & Farnham, 2000）をはじめとした潜在的態度の研究の進展により，我々の自己に対する良い-悪いという評価について，自記式質問紙で測れるような意識的・顕在的なレベルだけではなく，より無意識的・潜在的なレベルでの評価が測定されるようになった。これは「潜在的自尊感情」（本書第8章参照）と呼ばれる指標として，自己愛性パーソナリティ障害における無意識的な自己無価値感や空虚感（Kernberg, 1975）を測定する実証的な検討手法として用いられるようになった。潜在的自尊感情の代表的な測定手法としては，IAT と，名前文字課題（Name Letter Task; NLT; Koole, Dijksterhuis, & van Knippenberg, 2001）があげられる。IAT では，「自己」と「良い」という概念の連合の強さを単語分類課題で測定する（詳細については本書第8章参照）。NLT では，自分の名前に関わる文字を，名前に関わらない文字より好意的に評価するという人の一般的傾向を援用し，その偏好の強さを潜在的自尊感情の指標として定義している。

　このIAT や NLT を用いて，"顕在的自尊感情の高さは，潜在的自尊感情の低さを覆い隠す（マスクする）役割を持つ"という，マスク・モデル（Bosson, Lakey, Campbell, Zeigler-Hill, Jordan, & Kernis, 2008）と呼ばれる仮説を検証した研究が近年増加している。研究の開始当初は，仮説に合致した報告がなされていた（Jordan, Spencer, Zanna, Hoshino-Browne, & Correll, 2003; Zeigler-Hill, 2006）が，その後のボッソンら（Bosson et al., 2008）のメタ分析によって，公表・未公表を問わずデータを総じた場合，全体的にはIAT，NLT いずれも予測に合致する結果が得られていないことが示された。なお，わが国でも川崎・小玉（2010b）により同様の実験がなされているが，やはりマスク・モデルを支持する結果は得られていない。

　ただし潜在的自尊感情については現在も研究は進められており，IAT の問題点を改善したGNAT（Go/No-go Association Task; Boldero, Rawlings, & Haslam, 2007）や，イニシャル文字だけでなく名前に使われる文字全てを用いたNLT を用いた場合には，自己愛傾向と潜在的自尊感情とが負の関連を示すとの報告もある（Gregg & Sedikides, 2010）。また上述のように，エージェンシーとコミュニオンとの2側面で潜在的自尊感情を測定すると，エージェンシー側面のみが自己愛と正の関連を示し，コミュニオン側面は関連を示さないと

いう，領域を分けた知見も得られている（Campbell et al., 2007）。いずれにせよ，潜在的自尊感情の研究は，解離・抑圧された自己無価値感の存在など，精神分析学に由来する仮説モデルについて，かなり直接的に検討できる手法として期待される。今後，さらなる手法の洗練と，知見の蓄積が求められている。

3. 自己愛パーソナリティと内的な認知過程

　ここまで見てきたように，自己愛パーソナリティの持ち主は，全般的には肯定的な自己概念を持ちながらも，そこに不安定さや構造的な矛盾を抱えていることが示唆されている。次に，こうした歪みのある自己概念が，実際にどのようなプロセスにより維持されているのか，先行研究の知見をもとに整理・検討する。なお，誇大性を確証するための自己構築は，他者との対人的な関わりの中においても，自己顕示的，攻撃的，搾取的な行動として展開されうる（Morf & Rhodewalt, 2001）が，その詳細は本書第4部の各章において紹介されるため，ここでは割愛する。本節では主に，個人内の認知的なプロセスを中心に検討する。

（1）自己関連情報の認知の肯定的歪み

　自己愛的な自己概念が維持される上で，まず重要な特徴は，自己を現実よりも肯定的に歪めて認知する傾向が顕著なことである。これまでに，自己愛傾向が高いほど，ディベート内での自己のパフォーマンスを，実際の他者評価や第三者評価より高く見積もること（John & Robins, 1994），自身の知性と一般的魅力を過剰評価すること（Gabriel, Critelli, & Ee, 1994），自身の学業成績を実際より過大に見積もりがちであること（Farwell & Wohlwend-Lloyd, 1998）などが示されている。いずれも，自身が望む肯定的な自己概念に合致した方向へと，現実が歪めて認知される傾向が確認されている。

（2）自己否定的な情報の処理

　また，自己否定的な出来事に直面したときには，自己概念の肯定性を守るため，その出来事の性質自体を変化させる認知処理がなされる。これまでの

研究では,自己愛的な者ほど,否定的なフィードバックを受けた際に,その課題の評定者や評定方法の価値をおとしめること(Kernis & Sun, 1994 ; Morf & Rhodewalt, 1993)が示されている。特に,評価を下す相手の社会的ステータスが低い時に,その傾向はより特徴的となることも示されている(Horton & Sedikides, 2009)。また過去の記憶についても再構築・歪曲してしまうことが指摘されており,自己愛的な者のほうが,恋愛的な文脈上での拒絶を体験した場合,以前報告したストーリーよりも,しばらくたってから,より自己高揚的なストーリーとして歪曲して想起することが示されている(Rhodewalt & Edding, 2002)。これらはいずれも,否定的な現実が自己概念に含まれることを避け,主観的に肯定的な自己概念を構築・維持しようとするプロセスを反映している。

(3) 自己に対するメタレベルでの関わり

また我々は一般に「自分は"人づきあいは良い"けれど,"外見は悪い"」といったような,良い特徴・悪い特徴が混在した自己概念を持っている。その自己概念の内容が,全体的・平均的にどの程度肯定的かについては,個人差が存在する。しかしながら,そうした正負の特徴を含んだ自己全体に対して,"そのような自分でもよい"と肯定的・受容的態度を持つのか,"そんな自分ではだめだ"と否定的・拒否的な態度をとるのか,というメタレベルでの態度の持ち方についても,個人差を仮定できる(上田, 1996)。

ネフ(Neff, 2003)は,仏教の理論をもとに,こうした自己に対する優しくマインドフルな態度の重要性を指摘し,自己慈愛(self-compassion)の概念を提起している(尺度項目例:"自分の性格の嫌いな所も理解し,寛容であろうとしている")。そして自己慈愛が,自己愛(NPI)とは対照的な特徴を持っていることを指摘し,両者は自尊感情とは共通して関連するものの,自己慈愛のほうが,自己受容,自律性などの健康的な指標とより良好な相関を示すことを明らかにしている。

また,川崎・小玉(2010a)は,自己に対するメタレベルでの受容的認知という視点から特性的自尊心(自尊感情)と自己愛傾向の対比を試みている。上田(1996)の自己受容の研究を参考に,自己に対する認知を「具体的評価

第3部　自己愛と自己過程

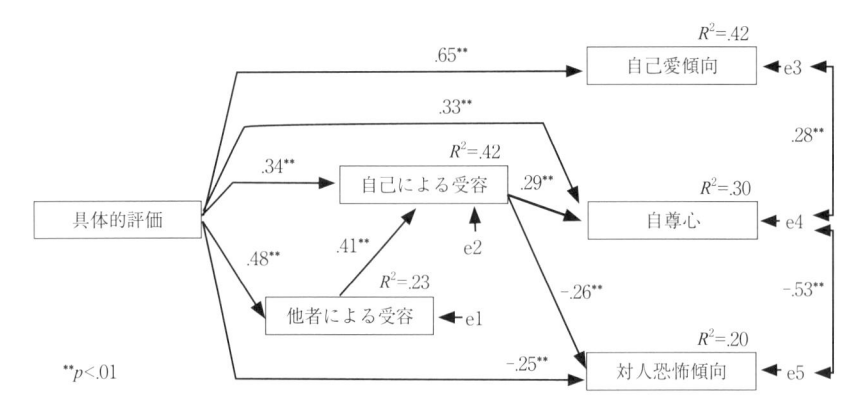

図7-2　具体的評価と受容的認知の影響過程（川崎・小玉，2010a）

（例："私は頭が良い／悪い"）」「自己による受容（"そのような自分をそれでいいと思う"）」「他者による受容（"友人たちはそのような自分をそれでいいと思っていると感じる"）」の3つのプロセスでとらえ，自尊心（自尊感情）と自己愛傾向，対人恐怖傾向（後述）との関連を見ている。その結果，図7-2に示すように，自尊心（自尊感情）には，自己に対する受容的な認知との関連が見られる一方，自己愛傾向は具体的評価とのみ関連を示し，受容的認知とは直接的には関連しないことが明らかにされている。

　こうした結果から示唆されるように，自己愛傾向の高い者は，自己概念の具体的な内容自体を肯定的に作り上げることに専心しがちであるが，一方で，自己を肯定的にとらえる方略には，他の代替的な方法があることが示唆されている。つまり，肯定・否定の両方の特徴を含んだ自己そのものに対し，一歩引いたメタレベルの視点から，慈愛的・受容的な態度で関わる，という方略もありうるのである。現実を肯定的に歪めて認知しようとする個人内制御過程が自己概念に歪みや矛盾をもたらすならば，反対に現実の自己のあり方に対して率直に開かれた温かい姿勢を持つことで，そうした歪みや矛盾が解消や統合へ向かう可能性もある。こうした自己へのメタレベルでの関わり方という観点からの，自己愛パーソナリティの理解の可能性についても，今後検討が必要かもしれない。

4. 自己愛と対人恐怖に共通の自己構築プロセス

次に本章の第3の目的に従い，誇大性と過敏性の双方の自己愛を包括するモデルについて，検討と考察を短く行う。いくつかのモデルは本書第2部で提起されているが，本章では特に自己構築のプロセスとしてのモデル化を試みる。その際，過敏性自己愛パーソナリティとの類似が指摘される対人恐怖の理論と知見を参考にして議論をしたい。日本での伝統的な臨床的研究の中で，対人恐怖は，誇大・空想的・理想的な自己概念を，否定されたり傷つけられたりすることで生じる問題であるとしばしば言われている（レビューとして，川崎・小玉，2006, 2007a）。そしてそうした密かな誇大性などの特徴から，対人恐怖は過敏性自己愛の問題として理解できるという指摘もあり，近年実証的な再検討が始められている（第5章参照）。

(1) 対人恐怖傾向と自己愛傾向の共通性

その1つの試みとして，川崎・小玉（2005, 2006, 2007a, b, 2010a）の一連の研究がある。そこでは図7-3のように，対人恐怖傾向と自己愛傾向（NPIによる）の共通点と相違点が検討されている。対人恐怖傾向と自己愛傾向自体は，それぞれ他者への過敏性・消極性と，誇大性・積極性を特徴とした対照的な特徴であり，両傾向の尺度間の相関も負の値を示す（$r = -.32 \sim -.40$; 川崎・小玉，2006, 2007b, 2010a）。しかし先述のように，理論的には双方ともに「自己愛の障害」と呼びうる自尊感情の制御プロセスを共有していることが示唆されている。

図7-3には，一連の研究から示された，両傾向それぞれに独自な特徴と，両傾向に共通した特徴とが示されている。自己概念については，まず自己像の不安定性が，部分的ではあるが自己愛傾向と対人恐怖傾向に共通して見出されている（川崎・小玉，2007a）。また，自己の有能性（"自分は能力がある・優れている"）と親和性（"自分は好かれている・受け入れられている"）を，小学校から大学まで約10年代に区切り回顧評定した検討もなされている（川崎・小玉，2006）。その結果，① 全体的な肯定性については自己愛傾向と対人恐怖

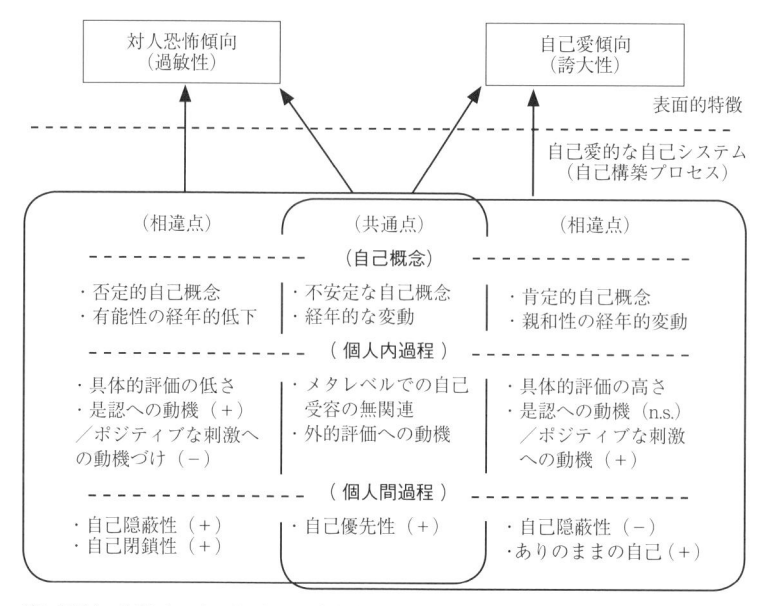

```
                  対人恐怖傾向                  自己愛傾向
                   (過敏性)                    (誇大性)
                     ↑  ↑                      ↑  ↑
                                                         表面的特徴
         - - - - - - - - - - - - - - - - - - - - - - - - - - - - -
                                                         自己愛的な自己システム
                                                         (自己構築プロセス)
    ┌─────────────────────────────────────────────┐
    │    (相違点)           (共通点)           (相違点)         │
    │   - - - - - - - - - - -(自己概念)- - - - - - - - - - -     │
    │  ・否定的自己概念    ・不安定な自己概念    ・肯定的自己概念     │
    │  ・有能性の経年的低下  ・経年的な変動       ・親和性の経年的変動 │
    │   - - - - - - - - - - (個人内過程) - - - - - - - - - -    │
    │  ・具体的評価の低さ   ・メタレベルでの自己   ・具体的評価の高さ  │
    │  ・是認への動機(+)     受容の無関連       ・是認への動機(n.s.)│
    │   /ポジティブな刺激へ ・外的評価への動機   /ポジティブな刺激   │
    │    の動機づけ(-)                         への動機(+)        │
    │   - - - - - - - - - - (個人間過程) - - - - - - - - - -    │
    │  ・自己隠蔽性(+)     ・自己優先性(+)    ・自己隠蔽性(-)     │
    │  ・自己閉鎖性(+)                        ・ありのままの自己(+)│
    └─────────────────────────────────────────────┘
```

注) 括弧内の記号 (+/-/n.s.) は,各変数との関連の正負や有意性を表す。

図 7-3 対人恐怖傾向と自己愛傾向の主な共通点と相違点

傾向で対照的であること，② 対人恐怖傾向が高い者には小学校時代の有能性の高さが成長とともに低下を見せる傾向があること，③ 自己愛傾向については親和性の変動量（全年代の評定の標準偏差）とわずかではあるが相関があること等が示された（川崎・小玉, 2006）。これらのことから，両傾向とも発達的な経緯の中で自己を肯定的にも否定的にも体験した経緯があり，それが現在の自己概念の不安定性につながっている可能性が考えられる。

またそうした自己に対して，メタレベルでどのような態度をとっているかについては，前掲の図7-2に示したとおりである（川崎・小玉, 2010a）。対人恐怖傾向は受容的認知と負の関連があること，自己愛傾向は受容的な認知と直接的には無関連であることが確認された。これは自己に対する"good enough"の感覚を表す特性的自尊感情とは対照的な結果である。このことから，自己をあるがままには必ずしも受容・肯定できないという点が，両傾向に共通した特

徴と考えられる。

また，"対人関係に何を求めるか"という親和動機のあり方についても，両傾向の共通点として，「外的評価（項目例："自分がどれくらいうまくできているのかわからないとき，人と比較しがちである"）」を求める傾向が見られた（川崎・小玉, 2007b）。そして対人行動の特徴については，「自己優先（項目例："私は相手を理解しようとするよりも，自分のことを分かってほしいという気持ちのほうが強い"）」が共通した特徴として見出されている（川崎・小玉, 2005）。

(2) 過敏性と誇大性の包括モデルに向けて

これらの知見を総じて見ると，自己愛傾向と対人恐怖傾向の背景には，不安定な「自己概念」を持ち，自己全体を"それでよい"とは必ずしも「受容」的にとらえておらず，外的評価による自己肯定に「動機づけ」られ，自己優先的な「対人行動」をとりがちになっているという一連の自己構築プロセスが想定できる。これを拡張して言いかえれば，誇大性であれ過敏性であれ，広義での「自己愛の障害」は，不安定さを持った自己概念を，ありのままでは受け入れられないために，周囲からの評価によって補強することを求め，その欲求の強さゆえに行動が自己本位になりがちな自己構築・自己制御プロセスとして理解できる。構造にひずみのある自己概念を，現実とすり合わせないまま維持しようとする防衛的・非効率的な自己構築のプロセスが，過敏な対人恐怖傾向と誇大な自己愛傾向に共通する「自己愛の障害」プロセスを反映している可能性が考えられるのである。

なお，こうした共通プロセスをもとに，過敏な対人恐怖傾向と誇大な自己愛傾向がスペクトラム状に表れてくると考えられる。誇大性の自己愛傾向は不安定な自己概念を背景にしながら，一方で有能性・優位性によって自己を肯定し，その自己を他者に顕示することを求め，積極的な対人行動をとりがちであるプロセスと言える。また一方，否定的ながらも不安定な自己概念を持ち，そのような自己を受け入れられず，他者との間で自己肯定的な関わりを受けることを求めながらも失敗のリスクを避けて自己を抑えた対人行動をとりがちであるのが，対人恐怖傾向であると言える。特に抑制的・閉鎖的な対人行動は，自己の

隠された未成熟な誇大性が現実と照合されることを妨げ，自己概念の成熟を阻害している可能性も考えられる。こうした対人恐怖の自己構築過程は，ロニングスタム（Ronningstam, 2005; 本書第13章参照）の指摘する過敏なシャイタイプの自己愛者の自己制御プロセスとも共通する部分が多い。自己愛の過敏性－誇大性のスペクトラムを包括的に理解する上で，自己構築プロセスとしての理解が一助となりうると考えられよう。

5. まとめ

本章では，まず誇大性の自己愛パーソナリティが高い者の自己概念とその構築プロセスについて議論を行ってきた。その結果，誇大性の自己愛傾向が高いほど，① 自己概念が全体的には肯定的であるが，その肯定性が有能性やエージェンシー側面に偏っていること，不安定性があること，そして潜在的には否定的な自己感覚がある可能性があることが指摘された。② また，肯定的に歪んだ認知傾向がある一方，否定的側面を含んだ自己全体への慈愛的・受容的態度が必ずしも存在しないことが示唆された。そして，③ こうした歪みや矛盾のある自己概念を，そのまま構築・維持しようとする傾向は，自己愛傾向だけではなく対人恐怖傾向にも共通した特徴であり，誇大性・過敏性を問わず，広義での「自己愛の障害」全体に通底するプロセスである可能性が示唆された。いずれも臨床的な理論とある程度対応しうる知見であるが，実証的な検討はいまだ十分とは言えない。今後，さらなる検討が必要と言えよう。

[引用文献]

Boldero, J., Rawlings, D., & Haslam, N. (2007). Convergence between GNAT-assessed implicit and explicit personality. *European Journal of Personality*, **21**, 341-358.

Bosson, J. K., Lakey, C. E., Campbell, W. K., Zeigler-Hill, V., Jordan, C. H., & Kernis, M. H. (2008). Untangling the links between narcissism and self-esteem: A theoretical and empirical review. *Social and Personality Psychology Compass*, **2**, 1415-1439.

Campbell, W. K., Bosson, J. K., Goheen, T. W., Lakey, C. E., & Kernis, M. H. (2007). Do narcissists dislike themselves "deep down inside"? *Psychological Science*, **18**, 227-229.

Campbell, W. K., Rudich, E. A., & Sedikides, C. (2002). Narcissism, self-esteem, and the positivity of self-views: Two portraits of self-love. *Personality and Social Psychology Bulletin*, **28**, 358-368.

Farwell, L., & Wohlwend-Lloyd, R. (1998). Narcissistic processes: Optimistic expectations, favorable self-evaluations, and self-enhancing attributions. *Journal of Personality*, **66**, 65-83.

Gabriel, M. T., Critelli, J. W., & Ee, J. S. (1994). Narcissistic illusions in self-evaluations of intelligence and attractiveness. *Journal of Personality*, **62**, 143-155.

Greenwald, A. G., & Farnham, S. D. (2000). Using the Implicit Association Test to measure self-esteem and self-concept. *Journal of Personality and Social Psychology*, **79**, 1022-1038.

Gregg, A. P., & Sedikides, C. (2010). Narcissistic fragility: Rethinking its links to explicit and implicit self-esteem. *Self and Identity*, **9**, 142-161.

Horton, R. S., & Sedikides, C. (2009). Narcissistic responding to ego threat: When status. of the evaluator matters. *Journal of Personality*, **77**, 1493-1525.

Hoyle, R., Kernis, M., Leary, M. R., & Baldwin, M. (1999). *Selfhood: Identity, esteem, regulation.* Boulder, CO: Westview.

市橋秀夫 (2008). 自己愛性パーソナリティ障害の精神療法　精神科, **13**, 233-237.

John, O. P., & Robins, R. (1994). Accuracy and bias in self-perception: Individual differences in self-enhancement and the role of narcissism. *Journal of Personality and Social Psychology*, **66**, 206-219.

Jordan, C. H., Spencer, S. J., Zanna, M. P., Hoshino-Browne, E., & Correll, J. (2003). Secure and defensive high self-esteem. *Journal of Personality and Social Psychology*, **85**, 969-978.

川崎直樹・小玉正博 (2005). 人との接し方から見た自己愛傾向と対人恐怖傾向　日本健康心理学会第18回大会発表論文集, 63.

川崎直樹・小玉正博 (2006). 自己概念の経年的変化から見た対人恐怖傾向と自己愛傾向　筑波大学心理学研究, **32**, 91-99.

川崎直樹・小玉正博 (2007a). 対人恐怖傾向と自己愛傾向の共通構造としての自己概念の乖離性及び不安定性の検討　パーソナリティ研究, **15**, 149-160.

川崎直樹・小玉正博 (2007b). 親和動機のあり方から見た自己愛傾向と対人恐怖傾向　パーソナリティ研究, **15**, 301-312.

川崎直樹・小玉正博 (2010a). 自己に対する受容的認知のあり方から見た自己愛と自尊心の相違性　心理学研究, **80**, 527-532.

川崎直樹・小玉正博 (2010b). 潜在的自尊心と自己愛傾向との関連――Implicit Association Test 及び Name Letter Task を用いたマスク・モデルの検討――　パーソナリティ研究, **19**, 59-61.

Kernis, M. H., & Sun, C. R. (1994). Narcissism and reactions to interpersonal feedback.

Journal of Research in Personality, **28**, 4-13.

Kernberg, O. F. (1975). *Borderline conditions and pathological narcissism*. London: Jason Aronson

Kohut, H. (1971). *The analysis of the self*. New York: International Universities Press.
（コフート，H. 近藤三男（共訳）（1994）．自己の分析 みすず書房）

Koole, S. L., Dijksterhuis, A., & van Knippenberg, A. (2001). What's in a name: Implicit self-esteem and the automatic self. *Journal of Personality and Social Psychology*, **80**, 669-685.

Linville, P. W. (1985). Self-complexity and affective extremity: Don't put all of your eggs in one basket. *Social Cognition*, **3**, 94-120.

Morf, C. C., & Rhodewalt, F. (1993). Narcissism and self-evaluation maintenance: Explorations in object relations. *Personality and Social Psychology Bulletin*, **19**, 668-676.

Morf, C. C., & Rhodewalt, F. (2001). Unraveling the paradoxes of narcissism: A dynamic self-regulatory processing model. *Psychological Inquiry*, **12**, 177-196.

Myers, E. M., & Zeigler-Hill, V. (2008). No shades of gray: Splitting and self-esteem instability. *Personality and Individual Differences*, **45**, 139-145.

Neff, K. D. (2003). Development and validation of a scale to measure self-compassion. *Self and Identity*, **2**, 223-250.

Rhodewalt, F., & Eddings, S. K. (2002). Narcissus reflects: Memory distortion in response to ego relevant feedback in high and low narcissistic men. *Journal of Research in Personality*, **36**, 97-116.

Rhodewalt, F., Madrian, J. C., & Cheney, S. (1998). Narcissism, self-knowledge organization, and emotional reactivity: The effect of daily experiences on self-esteem and affect. *Personality and Social Psychology Bulletin*, **24**, 75-87.

Rhodewalt, F., & Morf, C. C. (1995). Self and interpersonal correlates of the Narcissistic Personality Inventory: A review and new findings. *Journal of research in Personality*, **29**, 1-23.

Rhodewalt, F., & Morf, C. C. (1998). On self aggrandizement and anger: A temporal analysis of narcissism and affective reactions to success and failure. *Journal of Personality and Social Psychology*, **74**, 672-685.

Rhodewalt, F., & Sorrow, D. L. (2003). Interpersonal self-regulation: Lessons from the study of narcissism. In M. R. Leary, & J. P. Tangney(Eds.), *Handbook of Self and Identity*. New York: Guilford Press. pp. 519-535.

Ronningstam, E. F. (2005). *Identifying and Understanding the Narcissistic Personality*. New York: Oxford University Press.

小塩真司（2001）．自己愛傾向が自己像の不安定性，自尊感情のレベルおよび変動性に及ぼす影響 性格心理学研究，**10**, 35-44.

Showers, C. J., & Zeigler-Hill, V. (2007). Compartmentalization and integration: The evaluative organization of contextualized selves. *Journal of Personality*, **75**, 1181-1204.

上田琢哉 (1996). 自己受容概念の再検討 ——自己評価の低い人の上手なあきらめとして—— 心理学研究, **67**, 327-334.

Zeiglar-Hill, V. (2006). Discrepancies between implicit and explicit self-esteem: Implications for narcissism and self-esteem instability. *Journal of Personality*, **74**, 119-143.

第8章　自己愛と脆弱な自尊感情

市村美帆

　自己愛と自尊感情は,「自分自身に対する肯定的感覚」という点で類似した概念であると捉えられてきた。一方で,自己愛性パーソナリティ障害の記述をもとに測定される自己愛の高さと,心理的な適応の指標として用いられる自尊感情の高さが,同じ概念であるとは考えにくく,両概念の関連についても検討されてきた(小塩, 2001a)。

　自尊感情研究に着目すると,従来,個人特性としての自尊感情の高さが注目され,自尊感情が高い者は心理的に適応的であると捉えられてきた。実際に,自尊感情が高いほど主観的幸福感が高いこと(Diener, 1984)など,高い自尊感情が好ましい心理的特徴と関連することが明らかにされている。

　しかし,高い自尊感情は攻撃や暴力と関連があること(Kernis, Grannemann, & Barclay, 1989; Baumeister, Smart, & Boden, 1996)など,不適応的な特徴と関連することが指摘され,高い自尊感情と適応との関連に関する知見には矛盾が生じている。以上を踏まえ,近年の自尊感情研究では,高い自尊感情には適応的な側面と不適応的な側面とが存在すると想定され,両側面を区別するために,様々な研究が行われている。各研究は,共通して,自尊感情はその高さのみでは捉えることができないと指摘しており,従来の自尊感情研究で注目されてきた自尊感情の高さに加え,新たに自尊感情の性質を取り上げている(Kernis,

2003)。代表的なものとして，潜在的－顕在的自尊感情（implicit-explicit self-esteem），随伴的自尊感情（contingent self-esteem）および自己価値の随伴性（contingencies of self-worth），自尊感情の変動性（stability of self-esteem）があげられる。各性質は，意識的な自己評価と無意識的な自己評価の違い，自己評価が外的な基準などに影響を受ける程度，短期間内での自尊感情の変動の大きさなどに注目しており，いずれも，自尊感情が単に「高いか低いか」という次元ではなく，その高さが一貫しているか，安定しているか否かという点に着目している。したがって，自尊感情の各性質は，自尊感情の脆弱性を示す特徴であると整理される。

本章では，自尊感情研究において注目される自尊感情の脆弱性について，各性質の測定手法と，それらの手法を用いて得られた研究知見を紹介し，自己愛傾向の強い者の自己に対する評価の特徴について議論する。

1. 潜在的－顕在的自尊感情

潜在的－顕在的自尊感情に着目した研究では，自尊感情を，無自覚な回答から得られる潜在的自尊感情と，意識的な報告や回答から得られる顕在的自尊感情とに区別している（たとえば，Jordan, Spencer, Zanna, Hoshino-Browne, & Correll, 2003）。顕在的自尊感情は従来の自尊感情研究で扱われてきた「自尊感情の高さ」を表していると捉えられる。一方で，潜在的自尊感情は，「自己に関連した対象への反応を導く非意識的な自己に対する評価」（Greenwald & Banaji, 1995; 原島・小口，2007）と定義されており，自身で意識することができない（気づくことができない）自己に対する評価と捉えることができる。

（1）潜在的－顕在的自尊感情の測定方法

無意識的な自己評価である潜在的自尊感情は，様々な手法によって測定される。最も代表的なものとして，潜在連合テスト（Implicit Association Test; IAT）があげられる。IATの詳細については，潮村（2008）が一連の先行研究をもとに説明している。潮村（2008）によれば，IATは，「自分」や「他者」と，「良い」や「悪い」の各概念間の結びつきの強さを測定する実験課題であ

| 自分 良い | 他者 悪い |

楽しみな

図 8-1　潜在連合テスト　実験課題の例
　　　　（一致ブロック）

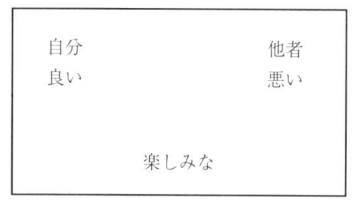

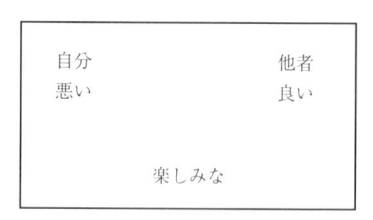

| 自分 悪い | 他者 良い |

楽しみな

図 8-2　潜在連合テスト　実験課題の例
　　　　（不一致ブロック）

る。具体的には，図 8-1 に示すように，中央に示された単語を左右どちらのカテゴリーに分類できるかという課題を実施する。たとえば，図 8-1 では，「自分」と「良い」が同じカテゴリーとなり，「他者」と「悪い」が同じカテゴリーとなり，中央に示された単語は「楽しみな」という「良い」を表す単語であることから，左のカテゴリーに分類されることになる。予め設定されている各概念を測定するための単語を，できるだけ早く分類することが求められる。

　IAT では，図 8-1 のような課題だけではなく，図 8-2 のように左右のカテゴリーの構成が異なる課題も実施される。一般に，「自分」には肯定的な感情価値をもち，「他者」には否定的な感情価値をもつことから，図 8-1 のように「自分」と「良い」というカテゴリーと，「他者」と「悪い」というカテゴリーの分類は早くかつ正確に反応できる課題とされている。一方，図 8-2 のように「自分」と「悪い」というカテゴリーと，「他者」と「良い」というカテゴリーの分類は反応が遅くなったり，誤ってしまう課題とされている。前者（図 8-1）を一致ブロック，後者（図 8-2）を不一致ブロックと呼び，潜在的自尊感情の高さを示す得点は，不一致ブロックの反応時間から一致ブロックの反応時間を引いたものによって算出される。

　なお，IAT の実施については，主として，パソコンが用いられるが，紙筆版潜在連合テストも開発されている（岡部・木島・佐藤・山下・丹治, 2004）。潜在的自尊感情の高さを示す得点についても，様々な算出方法が存在する（たとえば，Greenwald, Nosek, & Banaji, 2003）。加えて，潜在的自尊感情などの潜在的な態度の測定については，名前文字課題（Name Letter Task ; NLT; Koole, Dijksterhuis, & van Knippenberg, 2001）や Go/No-Go Association Task（GNAT;

Nosek & Banaji, 2001）なども用いられており，様々な測定手法が開発されている。

(2) 主要な研究知見

潜在的-顕在的自尊感情に着目した研究においては，高い自尊感情と適応との関連に関する知見の矛盾を説明することを目的として，研究が行われている。たとえば，潜在的-顕在的自尊感情と内集団ひいきの程度との関連を検討した研究（Jordan et al., 2003）では，顕在的自尊感情が高くかつ潜在的自尊感情が高い者よりも，顕在的自尊感情が高くかつ潜在的自尊感情が低い者の方が内集団ひいきを行うことが明らかにされている。加えて，原島・小口（2007）は，先行研究（Jordan et al., 2003）の知見を踏まえ，より現実的な集団を設定し，潜在的-顕在的自尊感情と内集団ひいきとの関連を検討している。その結果，先行研究（Jordan et al., 2003）と同様の知見が得られた。顕在的自尊感情が高くかつ潜在的自尊感情が低い者は，顕在的な自尊感情の高さと潜在的な自尊感情の高さの差を解消しようとするために，内集団ひいきのような防衛的反応を示すと考察されている（Jordan et al., 2003; 原島・小口，2007）。

以上のように，自尊感情が高い者において，顕在的・潜在的な自尊感情がともに高い者よりも，顕在的自尊感情が高くかつ潜在的自尊感情が低い者には不適応的な特徴がある。潜在的-顕在的自尊感情に注目することによって，高い自尊感情の適応的な側面と不適応的な側面とを区別することが可能である。

(3) 自己愛と潜在的-顕在的自尊感情との関連

自己愛と潜在的-顕在的自尊感情との関連については，理論的に説明されている（Bosson, Lakey, Campbell, Zeigler-Hill, Jordan, & Kernis, 2008）。先行研究における自己愛に関する記述をもとに，自己愛人格者は，根底にある自身が劣っているという感覚を，自身を誇大的に示すことによって，覆い隠しているという自己愛のマスク・モデル（mask model）が提唱されている（Bosson et al., 2008）。根底にある自身が劣っているという感覚は，潜在的に低い自尊感情によって示され，自身を誇大的に示すことは，顕在的に高い自尊感情によって示されると解釈されている。

> 第3部　自己愛と自己過程

　自己愛と潜在的‐顕在的自尊感情との関連を検討し，マスク・モデルを支持する結果が報告されている。複数の研究（Jordan et al., 2003; Zeigler-Hill, 2006）において，IATを用いて測定された潜在的自尊感情の高さと，自己愛の高さとの関連が検討されている。その結果，顕在的自尊感情が高い者において，潜在的自尊感情が高い者よりも潜在的自尊感情が低い者の方が自己愛傾向の得点が高かった。

　しかし，マスク・モデルを支持する結果だけではなく，支持しない結果も報告されており，自己愛と潜在的‐顕在的自尊感情との関連については，さらなる検討が必要であることが指摘されている（Bosson et al., 2008）。この指摘をもとに，川崎・小玉（2010）は，日本の大学生を対象とし，潜在的‐顕在的自尊感情との関連を検討している。川崎・小玉（2010）は，研究1では，潜在連合テストによって測定された潜在的自尊感情と自己愛人格目録短縮版（Narcissistic Personality Inventory-Short Version; NPI-S; 小塩，1998）で測定された自己愛との関連を検討し，研究2では，NLTによって測定された潜在的自尊感情と，評価過敏性‐誇大性自己愛尺度（中山・中谷，2006）によって測定された自己愛との関連をそれぞれ検討している。その結果，研究1・2において，ともに，先行研究（Jordan et al., 2003; Zeigler-Hill, 2006）と同様の知見は得られず，マスク・モデルを支持できなかった。マスク・モデルに適合するタイプの自己愛人格者の抽出手法や，指標の開発が必要であると指摘されている（川崎・小玉，2010）。

　以上のように，自己愛と潜在的‐顕在的自尊感情との関連から，自己愛の自身を誇大的に示すという特徴は，自身が劣っているという感覚を隠す機能をもつ可能性が示唆されている。先行研究の知見を踏まえると，自己愛傾向の高い者が，自身が劣っているという感覚を隠すために，防衛的な反応や行動をすることも考えられる。ただし，自己愛と潜在的‐顕在的自尊感情との関連については，検討の余地が残されている。

2. 随伴的自尊感情

　随伴的自尊感情と自己価値の随伴性は，類似した概念として注目されている。

随伴的自尊感情は，"自己価値の感覚が何らかの外的な基準上での査定に依存しており，その基準上での高いパフォーマンスを達成することで得られる自尊感情"（伊藤・小玉，2006）と定義されており，個人の自尊感情が随伴しているか否かという一次元を設定している（Kernis, 2003）。また，理論的に，自尊感情を，何らかの評価を必要とせず，自分らしくいられることによって得られる「真の自尊感情（true self-esteem）」と，他者から受け入れられることや，成功するなどの肯定的な評価に影響を受ける「随伴的自尊感情（contingent self-esteem）」とに区別もされている（Deci & Ryan, 1995）。

　一方，自己価値の随伴性は，"行動や認知・感情・動機づけを予測するためには，領域に規定されて変動する自尊感情（状態自尊感情）のパターンを理解する必要があり"（Crocker & Wolfe, 2001），"どのような領域に自尊感情や自分自身の価値の見積もりを随伴させるのか"という概念（内田，2008）として設定されている。自己価値の随伴性に類似した概念として，伊藤・川崎・小玉（2006）は自己価値感が随伴している物事の総称である自尊源（sources of self-esteem）を取り上げている。

　随伴的自尊感情と自己価値の随伴性はともに，自己に対する評価，すなわち自尊感情が，外的な基準や何らかの領域の出来事に依存するという特徴に注目している。ただし，随伴的自尊感情研究では，自尊感情が外的な基準に随伴しているか否かを問題としており（Kernis, 2003; 伊藤・小玉，2006），自己価値の随伴性研究では，自尊感情が随伴する領域（Crocker, Luhtanen, Cooper, & Bouvrette, 2003）が注目されていることから，アプローチが異なっていると考えられる。両研究の特徴を整理したカーニス（Kernis, 2003）や伊藤・川崎・小玉（2011）によれば，前者の随伴的自尊感情は，自己価値感の全般的な随伴性の個人差を考慮していることから個人間アプローチと捉えられ，後者の自己価値の随伴性は，個人の中において自己価値感の随伴する程度はその随伴子によって異なるという意味で，個人内アプローチと捉えられている。

（1）随伴的自尊感情の測定方法

　随伴的自尊感情と，自己価値の随伴性に着目する研究は，それぞれの測定尺度を開発している。

随伴的自尊感情については，パラダイス（Paradise, A. W.）とカーニス（Kernis, M. H.）の一連の研究によって，測定尺度が開発されている（Kernis, 2003）。日本語版については，伊藤・小玉（2006）が作成している。同尺度は，個人の自尊感情がどの程度，外的な達成や期待に随伴しているのかを測定することを目的とし，15項目の測定項目から構成されている。項目には，自分自身の価値が，外見が魅力的であることや他者から受け入れられていることに影響を受けるという内容が含まれているが，領域にはこだわらず全般的な随伴性の高さを測定することが目的とされている。

一方，自己価値の随伴性については，複数の研究がそれぞれ随伴する領域を独自に設定している。たとえば，クロッカーら（Crocker et al., 2003）の研究では，随伴する領域として7領域が設定されている。7つの領域とは，競争課題において他者よりも自分が優れているかという「競争」領域，自分の外見が魅力的であるかという「外見的魅力」領域，自分は他者から肯定的な評価を受けているかという「他者からの評価」領域，自分の学力が優れているかという「学業」領域，自分を愛してくれる家族がいるかという「家族の支え」領域，自分は社会のルールに従っているかという「倫理」領域，自分は神に愛されるに値するかという「神の愛」領域である。同尺度は，各領域に自己に対する評価がどの程度随伴しているのかを測定しており，「学業」領域への随伴性が高い者は，良い成績や悪い成績をとることなどに，自己に対する評価が影響を受けやすいと捉えられる。日本語版については，内田（2008）が作成している。ただし，日本語版においては，7つの領域のうち「神の愛」のように宗教に関する項目は，宗教観の希薄な日本社会には適合しにくいものと考えられ，削除されている。一方，自分は他者と良好な関係を築き，調和を保つことができているかどうかという「関係性調和」の領域が新たに加えられている（内田, 2008）。

さらに，伊藤ら（2006）は，自己価値の随伴性とほぼ同義とされる自尊源に関する測定尺度を開発している。自尊源尺度（伊藤他，2006）では，高次のカテゴリーとして，対人関係・個人特長・生き方という3領域が設定されており，各領域はそれぞれ複数の下位領域から構成されている（図8-3）。同尺度は，それぞれの自尊源の随伴性（その自尊源がどれだけ自尊感情に関わっている

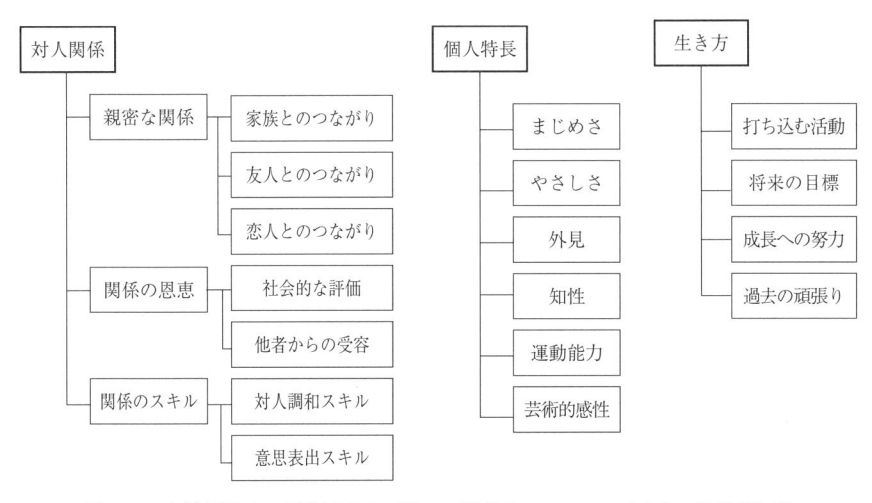

```
対人関係
├─ 親密な関係
│   ├─ 家族とのつながり
│   ├─ 友人とのつながり
│   └─ 恋人とのつながり
├─ 関係の恩恵
│   ├─ 社会的な評価
│   └─ 他者からの受容
└─ 関係のスキル
    ├─ 対人調和スキル
    └─ 意思表出スキル

個人特長
├─ まじめさ
├─ やさしさ
├─ 外見
├─ 知性
├─ 運動能力
└─ 芸術的感性

生き方
├─ 打ち込む活動
├─ 将来の目標
├─ 成長への努力
└─ 過去の頑張り
```

図8-3 自尊源尺度の下位層カテゴリー（伊藤他，2006, 2011 をもとに筆者が作成）

か）と充足感（その自尊源でどれだけ満たされているか）を測定することができる。外見の領域に自尊感情が随伴している場合，自分の外見に不満を感じている場合と満足している場合とではその意味合いが全く異なる。随伴性に加え，充足感を測定することによって，自尊感情への影響の強さだけではなく，その影響の方向性を把握することが可能となる（伊藤他，2011）。

(2) 主要な研究知見

随伴的自尊感情と，自己価値の随伴性を取り上げている研究は，他の自尊感情の性質を扱っている研究と同様に，それぞれ，自尊感情の適応的な側面と不適応的な側面とを区別することを目的として，検討が行われている。

随伴的自尊感情研究では，全般的な随伴的自尊感情の高さと，様々な特徴との関連が検討されている。カーニス（Kernis, 2003）のレビューによると，随伴的自尊感情の高さはアルコール摂取量やアルコールに関連する問題と関連することや，自尊感情が高くかつ随伴的自尊感情も高い女子大学生が，プレゼンテーションの能力についてネガティブな評価を与えられると，怒りや敵意を感じることなどが明らかにされている。

自己価値の随伴性研究では，設定されている随伴領域を，外的・内的という視点から分類し，適応や不適応との関連が検討されている。たとえば，他者からの評価や外見的魅力，競争，学業を外的な領域とし，倫理や神の愛を内的な領域と設定した場合，外的な随伴領域への随伴性が高いほど，抑うつ傾向が悪化する一方で，内的な随伴領域への随伴性については同様の結果が示されないことが明らかにされている（Sargent, Crocker, & Luhtanen, 2006）。

　以上のように，自尊感情が外的な基準に全般的に随伴していたり，他者からの評価などの周囲との関わりに関連する外的な領域に随伴していたりするほど，心理的に不適応的であることが明らかになっている。このことから，随伴的自尊感情および自己価値の随伴性に注目することによって，高い自尊感情の適応的な側面と不適応的な側面とを区別することが可能であると考えられる。

（3）自己愛と随伴的自尊感情との関連

　自己愛と随伴的自尊感情との関連については，誇大型や過敏型の自己愛の傾向が強い者の自己価値が随伴する領域が検討され，各領域に自身の価値を随伴させることによって，それぞれが自尊感情を調整していると考えられている。

　たとえば，アメリカの大学生を対象に，誇大型と過敏型の自己愛と，自己価値の随伴性との関連を検討した研究（Zeigler-Hill, Clark, & Pickard, 2008）がある。その結果，誇大型の得点は，競争領域への随伴性の得点と正の相関を示し，他者からの評価領域と負の相関を示し，過敏型の得点は神の愛領域を除く6領域の随伴性の得点と正の相関を示した。誇大型の自己愛の傾向が高い者は，競争課題において，他者よりも優れていることに，自身の価値を随伴させている。競争課題では，勝ち負けや優劣が明確であることが多いと考えられ，誇大型の自己愛の傾向が高い者は，他者よりも自分が優れているという明確な情報によって，自尊感情を調整していると考えられる。一方で，過敏型の自己愛の傾向が高い者は，他者から肯定的な評価を受けること，外見が魅力的であることや自分を愛してくれる家族がいることに，自身の価値を随伴させている。過敏型の自己愛の傾向が高い者は，他者からの評価や外見など，周囲から肯定的な評価を受けているかという，自身が操作できない情報によって，自尊感情を調整していると考えられる。

中山（2010）は，日本の大学生を対象に，誇大型と過敏型の自己愛と，自己価値の随伴性との関連を検討している。その結果，誇大型の得点は，外見・競争・家族のサポート領域への随伴性の得点と正の相関を示し，関係性調和の領域とは負の相関を示し，過敏型の得点は外見領域を除く6領域の随伴性の得点と正の相関を示した。誇大型および過敏型と各随伴領域との関連については，アメリカの大学生を対象とした調査の結果（Zeigler-Hill et al., 2008）と，日本の大学生を対象とした調査の結果はほぼ一致している。誇大型の自己愛の傾向が高い者は，競争課題で他者よりも優れていることなどのように明確な情報をもとに自分自身に価値があると感じる一方で，過敏型の自己愛の傾向が高い者は，他者からの評価や，様々な領域の外的な情報をもとに自分自身に価値があると感じることができる。自己愛の傾向が高い者は，ともに何らかの領域に自分自身の価値を随伴させており，誇大型と過敏型の自己愛の特徴によって，領域は異なると整理される。

ただし，アメリカの大学生を対象とした調査と，日本の大学生を対象とした調査の結果とでは部分的に異なっている点も見られた。中山（2010）は，これらの違いを踏まえ，アメリカの大学生と日本の大学生では，誇大型と過敏型の自己愛の傾向が高い者が重視する自己評価領域が異なることを示唆している。アメリカの文化よりも，日本の文化においては他者と良好な関係を築くことなど，他者との関係性を維持することが重視されていることから，各自己愛をもつ者が重視する領域に違いが示されたと考えられる。

3. 自尊感情の変動性

自尊感情の変動性は"短期的な自尊感情の変動のしやすさ"（Kernis et al., 1989）と定義され，"状態自尊感情の揺れ幅の大きさ"（脇本，2008）と捉えられている。日常生活の様々な出来事によって，自尊感情の得点が変化するという特徴に注目している。

（1）自尊感情の変動性の測定方法

自尊感情の変動性研究においては，同一対象者に対して，短期間に複数回自

尊感情の測定を行い，算出される個人内平均値を個人の自尊感情の平均的な高さの指標とし，個人内標準偏差を個人の自尊感情の変動性の高さの指標としている（たとえば，Kernis et al., 1989）。測定の期間や回数については，5日間に1日1～2回の測定（Kernis et al., 1989）や，6日間（小塩，2001b）もしくは7日間（阿部・今野・松井，2008）に1日1回など，比較的短期間に連続した複数回の調査が実施されている。

各測定時には，脇本（2008）が自尊感情の変動性を"状態自尊感情の揺れ幅の大きさ"と捉えているように，自尊感情の状態，すなわち状態自尊感情が測定されている。近年の状態自尊感情研究を概観した阿部・今野（2007）によれば，状態自尊感情の測定には3つの測定方法が用いられている。3つの測定方法とは，自尊感情尺度（self-esteem scale; Rosenberg, 1965）を用いる方法と，状態自尊感情尺度（state self-esteem scale; Heatherton & Polivy, 1991）を用いる方法と，特定の尺度を使用せず，研究者が適切と判断した測定項目を用いる方法である。自尊感情の変動性を測定する際の状態自尊感情尺度については，主として，自尊感情尺度が使用されている。ただし，自尊感情の変動性を測定する際には，教示文として，"いま，この瞬間にどのように感じているか"という内容を加えたり（Kernis et al., 1989; Kernis & Goldman, 2006），教示だけではなく各項目を"いま，…感じる"というように改変（阿部・今野，2007）するなどして使用されており，ある時点の自尊感情の状態を正確に測定するために，教示文や項目文が工夫されている。

加えて，短期間に複数回調査を実施する際には，様々な測定手法が用いられている。たとえば，小塩（2001b）は日誌法を用いている。小塩（2001b）は各対象者に，測定期間の日付と質問項目が印刷された小冊子を配布し，毎晩就寝前に記入するように教示し，翌週に回収している。また，各対象者に毎回の測定時刻を知らせるアラームを渡し，アラームが鳴るたびに自尊感情の測定を行う手法も存在する（Kernis et al., 1989）。加えて，市村（2011）は測定期間に各対象者の携帯電話に，質問項目が表示されるURLを送信し，携帯電話を介したネット上で測定するという手法を使用している。調査対象者数の規模やその特性によって，手法を使い分けることが可能であると考えられる。

(2) 主要な研究知見

　自尊感情の変動性に関する研究では，自尊感情は平均的な高さと変動性の2側面から捉えられている。自尊感情の高さと変動性の間には，弱い負の相関があることを報告する研究（Paradise & Kernis, 2002）もあるが，無相関であることを報告する研究（市村, 2011）もあり，低い自尊感情のみが不安定になるのではなく，高い自尊感情についても不安定になると捉え（Kernis & Goldman, 2006），自尊感情の2側面は独立したものとして設定されている。これまでに，自尊感情の2側面をもとに，自尊感情が高く安定している者と，自尊感情が高く不安定である者の心理的特徴の違いが議論されたり（たとえば，Kernis et al., 1989），それぞれ異なる自尊感情のタイプをもつ4群（図8-4）を構成し，各群の心理的特徴が検討されたりしている（市村, 2011）。

　たとえば，自尊感情の高さと変動性の2側面と，敵意や怒りとの関連を検討した研究（Kernis et al., 1989）がある。その結果，自尊感情が高く不安定である者が最も敵意や怒りを感じやすいことが明らかになった。また，自尊感情が高く安定している者よりも，自尊感情が高く不安定である者の方が，心理的幸福感（心理的ウェルビーイング；psychological well-being）が低いことも報告されている（Paradise & Kernis, 2002）。以上を踏まえると，従来の自尊感情研究において，心理的に適応的であるとされてきた自尊感情が高い者において，

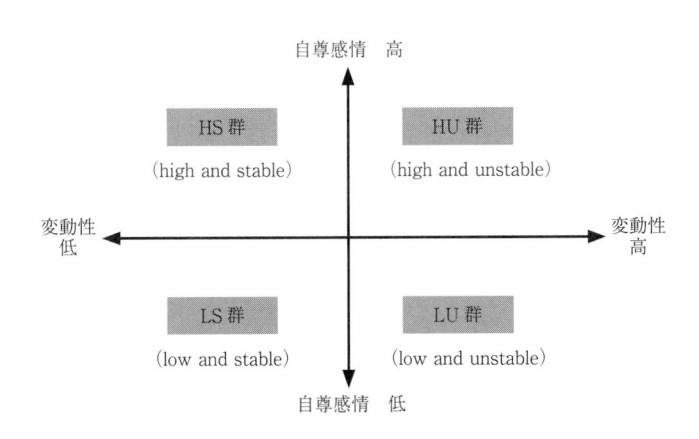

図8-4　自尊感情の高さと変動性の2側面から構成される4群（市村, 2011）

高い自尊感情が安定している者よりも，高い自尊感情が不安定である者は不適応的であると捉えることができる。

加えて，自尊感情が低い者においても，その低さが安定している者と不安定である者の間には，心理的幸福感の得点に差があることが明らかにされている。すなわち，自尊感情が低く安定している者よりも，自尊感情が低く不安定である者の方が，心理的幸福感が高かった。従来の自尊感情研究において，心理的に不適応的であるとされてきた自尊感情が低い者においても，その低さが安定しているか，もしくは不安定であるかによって，適応の高さが異なっており，低い自尊感情が安定している者よりも，低い自尊感情が不安定である者の方が，適応的であると捉えることができる。

以上のように，自尊感情の高さが同程度であっても，自尊感情が安定しているか，不安定であるかによって，心理的適応の高さが異なっており，自尊感情の高い者においては，自尊感情が高く不安定である者は心理的に不適応的であることが明らかになっている。したがって，自尊感情をその高さと変動性の2側面から捉えることによって，自尊感情と心理的適応との関連をより詳細に理解することが可能となる。

(3) 自己愛と自尊感情の変動性との関連

自己愛と自尊感情の変動性との関連については，各自己愛の特徴によって，自尊感情の変動が生じていると捉え，検討が行われている。

小塩（2001b）は，NPIと自尊感情の変動性との関連を検討している。その結果，NPIの下位側面である「注目・賞賛欲求」が自尊感情の変動性と正の相関を示した。さらに，小塩（2001b）は，自己愛に関する知見をもとに，自己愛が高い者は自己像が不安定であると整理し，加えて，自己像が不安定な者は自己を評価する基準が曖昧であるために自尊感情が変動しやすくなると考え，自己愛の高さが自己像の不安定さを媒介し，自尊感情の高さや変動性に影響を与えるというモデルを導き，検討している。その結果，「注目・賞賛欲求」が自己像の不安定性を媒介し，自尊感情の高さや変動性に影響を与えるモデルが支持された。「注目・賞賛欲求」が高い者は，常に他者からの注目や賞賛を求めており，他者からの賞賛によって自己を定義づけようとする者であると考え

られること（小塩，2001b）から，周囲の影響を受けやすく，自己像が安定せず，自己に対する評価が変動していると考えられる。

　市村（2011）は，自己愛の特徴を自己価値や自己評価の維持の機能（中山・中谷，2006）として着目し，誇大型と過敏型の自己愛の特徴を，自尊感情が安定もしくは不安定になる要因として取り上げ，自尊感情の高さおよび変動性の2側面と自己愛との関連を検討している。その結果，自尊感情が高く安定している者は誇大性自己愛が高く，自尊感情が高く不安定である者は評価過敏性自己愛が高かった。中山・中谷（2006）によれば，誇大型の自己愛の特徴は他者によらず，自己価値や自己評価を肯定的に維持する機能と関連し，過敏型の自己愛の特徴は他者によって低められるような証拠がないことを確認することで，自己価値や自己評価を肯定的に維持する機能と関連する。中山・中谷（2006）の指摘を踏まえると，高い自尊感情が安定もしくは不安定になる要因として以下のような特徴があると考えられる。自尊感情が高く安定している者は，肯定的な自己評価を保つために，他者からの好ましい評価などは必要とせず，たとえ自尊感情の高さを脅かす出来事などが発生しても，自身で自己評価を維持することが可能である。このような特徴があるために，自尊感情の高さを安定させることができると考えられる。一方で，自尊感情が高く不安定である者は，他者から好ましい評価を受けた際には自己評価を肯定的に維持することができるが，他者からの否定的な評価を受けた際には自己評価を肯定的に維持することができない。このような特徴があるために，自尊感情の高さを安定させることができないと考えられる。

　以上を踏まえると，他者からの注目や賞賛を求めることや，他者からの好ましい評価を受けることによって，自己評価を肯定的に維持する自己愛の特徴が，自尊感情を不安定にすると捉えることができる。

4. 自己愛と脆弱な自尊感情との関連

　本章では，近年の自尊感情研究において注目される自尊感情の脆弱性を示す3つの性質を取り上げた。実証研究において，顕在的自尊感情が高くかつ潜在的自尊感情が低い者，自尊感情が高くかつ随伴的自尊感情が高い者，自尊感情

が高くかつ不安定である者が心理的に不適応的であることが明らかになっている。このように，自尊感情が高い者においても，無意識的に自己に対して低い評価をしていたり，外的な基準などに自身の価値を随伴させたり，自尊感情の高さが不安定である場合には，心理的に不適応的である。自尊感情の脆弱性に注目することによって，高い自尊感情の適応的な側面と不適応的な側面とを区別することが可能となる。

自己愛と自尊感情の脆弱性を示す各自尊感情の性質との関連を検討した研究の結果，自己愛の得点が高い者は，顕在的自尊感情が高くかつ潜在的自尊感情が低いこと，随伴的自尊感情および自尊感情の変動性が高いことが示されていた。このことから，自己愛の傾向が高い者は以下のような自己評価の特徴を有すると考えられる。自己愛の傾向が高い者は，表面的には自己に対して高い評価をしているが，根底では自己に対して低い評価をしており，表面的に示している自己に対する高い評価が様々な外的な基準に影響を受けていたり，日常生活の出来事の経験によって揺れ動くという特徴がある。したがって，自己愛傾向の高い者の自尊感情は高いにもかかわらず，脆いと考えられる。

さらに，自己愛の特徴を誇大型と過敏型に区分すると，以下の視点についても議論することが可能である。各自尊感情の性質を扱った実証研究の結果を踏まえると，誇大型の自己愛よりも過敏型の自己愛の得点が，複数の領域の自己価値の随伴性の得点や，自尊感情の変動性とより関連を示していた。自尊感情の脆弱性は，自己愛の特徴のうち，他者からの評価に敏感である部分とより関連していると考えられる。

以上のように，自尊感情の脆弱性の各性質に注目することによって，自己愛傾向の強い者の自己に対する評価の特徴を整理することが可能となる。ただし，自尊感情研究の自尊感情の脆弱性に注目するアプローチには，測定手法等の改善の必要性や他の心理的特徴との未検討点がある。併せて，自己愛と自尊感情との関連についても，更なる検討が必要であると考えられる。

[引用文献]

阿部美帆・今野裕之 (2007). 状態自尊感情尺度の開発　パーソナリティ研究, **16**, 36-46.

阿部美帆・今野裕之・松井　豊 (2008). 日誌法を用いた自尊感情の変動性と心理的不適応との関連の検討　筑波大学心理学研究, **35**, 7-15.
Baumeister, R. F., Smart, L., & Boden, J. M. (1996). Relation of threatened egotism to violence and aggression: The dark side of high self-esteem. *Psychological Review*, **103**, 5-33.
Bosson, J. K., Lakey, C. E., Campbell, W. K., Zeigler-Hill, V., Jordan, C. H., & Kernis, M. H. (2008). Untangling te links between narcissism and self-esteem: A theoretical and empirical review. *Social and Personality Psychology Compass*, **2**, 1415-1439.
Crocker, J., Luhtanen, R. K., Cooper, M. L., & Bouvrette, A. (2003). Contingencies of self-worth in college students: Theory and measurement. *Journal of Personality and Social Psychology*, **85**, 894-908.
Crocker, J., & Wolfe, C. T. (2001). Contingencies of self-worth. *Psychological Review*, **108**, 593-623.
Deci, E. L. & Ryan, R. M. (1995). Human autonomy: The basis for true self-esteem. In M. H. Kernis (Ed.), *Efficacy, agency and self-esteem*. New York: Plenum Press. pp. 31-49.
Diener, E. (1984). Subjective well-being. *Psychological Bulletin*. **95**, 542-575.
Greenwald, A. G., & Banaji, M. R. (1995). Implicit social cognition: Attitudes, self-esteem, and stereotypes. *Psychological Review*, **102**, 4-27.
Greenwald, A. G., Nosek, B. A., & Banaji, M. R. (2003). Understanding and using the Implicit Association Test: An improved scoring algorithm. *Journal of Personality and Social Psychology*, **85**, 197-216.
Heatherton, T. F., & Polivy, J. (1991). Development and validation of a scale for measuring state self-esteem. *Journal of Personality and Social Psychology*, **60**, 895-910.
Jordan, C. H., Spencer, S. J., Zanna, M. P., Hoshino-Browne, E., & Correll, J. (2003). Secure and defensive high self-esteem. *Journal of Personality and Social Psychology*, **85**, 969-978.
原島雅之・小口孝司 (2007). 顕在的自尊心と潜在的自尊心が内集団ひいきに及ぼす効果　実験社会心理学研究, **47**, 69-77.
市村美帆 (2011). 自尊感情の高さと変動性の2側面と誇大型・過敏型自己愛傾向との関連東洋大学21世紀ヒューマン・インタラクション・リサーチ・センター研究年報, **8**, 71-77.
伊藤正哉・小玉正博 (2006). 大学生の主体的な自己形成を支える自己感情の検討——本来感，自尊感情ならびにその随伴性に注目して——　教育心理学研究, **54**, 222-232.
伊藤正哉・川崎直樹・小玉正博 (2006). 随伴性と充足性を考慮した自尊源尺度の作成——大学生の自尊心の支え方(1)——　日本教育心理学会第48回総会発表論文集, 495.
伊藤正哉・川崎直樹・小玉正博 (2011). 自尊感情の3様態——自尊源の随伴性と充足感からの整理——　心理学研究, **81**, 560-568.
川崎直樹・小玉正博 (2010). 潜在的自尊心と自己愛傾向との関連——Implicit Association Test 及び Name Letter Task を用いたマスク・モデルの検討——　パーソナリティ研

究．**19**, 59-61.
Kernis, M. H. (2003). Toward a conceptualization of optimal self-esteem. *Psychological Inquiry*, **14**, 1-26.
Kernis, M. H. (2005). Measuring self-esteem in context: The importance of stability of self-esteem in psychological functioning. *Journal of Personality*, **73**, 1569-1605.
Kernis, M. H., & Goldman, B. M. (2006). Assessing stability of self-esteem and contingent self-esteem. In M. H. Kernis (Ed.), *Self-esteem issues and answers: A sourcebook of current perspectives*. New York: Psychology Press, pp. 77-85.
Kernis M. H., Grannemann, B. D., & Barclay, L. C. (1989). Stability and level of self-esteem as predictors of anger arousal and hostility. *Journal of Personality and Social Psychology*, **56**, 1013-1023.
Koole, S. L., Dijksterhuis, A., & van Knippenberg, A. (2001). What's in a name: Implicit self-esteem and the automatic self. *Journal of Personality and Social Psychology*, **80**, 669-685.
中間玲子・小塩真司 (2007). 自尊感情の変動性における日常の出来事と自己の問題　福島大学研究年報，**3**, 1-10.
中山留美子 (2010). 自己愛者の自己価値随伴領域　パーソナリティ研究，**19**, 178-180.
中山留美子・中谷素之 (2006). 青年期における自己愛の構造と発達的変化の検討　教育心理学研究，**54**, 188-198.
Nosek, B. A., & Banaji, M. R. (2001). The Go/No-go association task. *Social Cognition*, **19**, 625-666.
岡部康成・木島恒一・佐藤　徳・山下雅子・丹治哲雄　(2004). 紙筆版潜在連合テストの妥当性の検討――大学生の超能力信奉傾向を題材として――　人間科学研究，**26**, 145-151.
小塩真司 (1998). 自己愛研究に関する一研究――性役割との関連――　名古屋大学教育学部紀要（心理学），**45**, 45-53.
小塩真司 (2001a). 自己愛傾向に関する基礎的研究――自尊感情，社会的望ましさとの関連――　名古屋大学教育学部紀要（教育心理学科），**44**, 155-163.
小塩真司 (2001b). 自己愛傾向が自己像の不安定性，自尊感情のレベルおよび変動性に及ぼす影響　性格心理学研究，**10**, 35-44.
Paradise, A. W., & Kernis, M. H. (2002). Self-esteem and psychological well-being: Implication of fragile self-esteem. *Journal of Social and Clinical Psychology*, **21**, 345-361.
Rosenberg, M. (1965). *Society and the adolescent self-image*. Princeton: Princeton University Press.
Sargent, J. T., Crocker, J., & Luhtanen, R. K. (2006). Contingencies of self-worth and depressive symptoms in college students. *Journal of Social Clinical psychology*, **25**, 628-646.
潮村公弘 (2008). 潜在的自己意識の測定とその有効性　榎本博明・岡田努・下斗米淳（監修）自己心理学 6　社会心理学へのアプローチ　金子書房　pp. 48-62.

内田由紀子 (2008). 日本文化における自己価値の随伴性——日本版自己価値の随伴性尺度を用いた検証—— 心理学研究, **79**, 250-256.
脇本竜太郎 (2008). 自尊心の高低と不安定性が被援助志向性・援助要請に及ぼす影響 実験社会心理学研究, **47**, 160-168.
Zeigler-Hill, V. (2006). Discrepancies between implicit and explicit self-esteem: Implication for narcissism and self-esteem instability. *Journal of Personality*, **74**, 119-143.
Zeigler-Hill, V., Clark, B., & Pickard, J. D. (2008). Narcissitic subtypes and contingent self-esteem: Do all narcissists base their self-esteem on the same domains? *Journal of Personality*, **76**, 753-774.

第9章 自己愛と自尊感情
：メタ分析と3つの理論からの解釈

岡田　涼

　自己愛と自尊感情との関連については，理論的にも実証的にも多くの研究が行われてきた。両者の関連をどのように捉えるかには様々な立場があるが，その中の1つとして自尊感情を求めるプロセスという観点から自己愛を捉える立場がある。自己愛の高い者が示す多様な特徴は，自尊感情に対する欲求から生じているというのである。自己愛の中核に自尊感情に対する欲求を想定することで，自己愛の高い者が示す行動面や認知面での特徴を整合的に理解することができる。しかし，そもそもなぜ自己愛の高い者はそれほど強く自尊感情を求めるのだろうか。近年では，「なぜ人が自尊感情を求めるのか」という問いに対して，実証的に答えようとする理論がみられる。ソシオメーター理論（sociometer theory）では進化心理学的な観点から自尊感情の役割を論じ，自己決定理論（self-determination theory）では動機論的な立場から人が自尊感情を求めるプロセスを捉えている。また，存在脅威管理理論（terror management theory）では実存主義的な観点から自尊感情の機能を考察している。本章では，これらの自尊感情に関する理論をもとに，なぜ自己愛の高い者が自尊感情を求めるのかについて考えてみたい。

1. 自己愛と自尊感情

(1) 自尊感情を求めるプロセスとしての自己愛

　自己愛の特徴とされる行動や認知は非常に多様である。例えば，パーソナリティとしての自己愛を測定する代表的な尺度である自己愛人格目録（Narcissistic Personality Inventory; NPI; Raskin & Hall, 1979; 本書第2章参照）には，権威，自己顕示，優越感，権利の主張，搾取性，自己満足，虚栄心という7つの側面が含まれている。このような複雑な特徴を示すため，自己愛をどのような概念として捉えるかは，それぞれの研究者や研究文脈によって異なる部分がある。

　自己愛を捉える視点の1つとして，自己愛の中核に自尊感情に対する欲求を想定する考え方がある。大渕（2003）は，自己愛者が示す自己中心性，自己関心，自意識，自己顕示，自益的認知などの特徴は，自尊感情を満たしたいという本質的な欲求から派生しているとしている。自己愛の高い者は，自尊感情を高めたり維持したりすることに強く動機づけられており，そのために様々な特徴を示すのである。これまでの研究で自己愛との関連が示されている特徴として，認知的な自己高揚（Robins & Beer, 2001），自己奉仕的帰属（Rhodewalt & Morf, 1995），他者卑下（Kernis & Sun, 1994），攻撃行動（Bushman, Baumeister, Thomaes, Ryu, Begeer, & West, 2009），セルフ・ハンディキャッピング（Rhodewalt, Tragakis, & Finnerty, 2006）などがある。これらの特徴は，すべて自尊感情を高めようとする方略として理解することができる。中山（2008）は，これらの関連要因を整理するかたちで，自己愛の高い者が自尊感情や自己価値を維持しようとするプロセスをモデル化している。このモデルでは，自己愛の高い者が自尊感情や自己価値に対する脅威を感じた場合，その脅威に対処するために，認知面（脅威源に対する認知的評価の変容），対人面（脅威源に対する攻撃），行動面（遂行の向上）で様々な調整方略を用いることによって自尊感情を維持するとされている。

(2) 実証研究における自己愛と自尊感情との関連

　自己愛の高い者が自尊感情を強く求めており，その試みが成功しているとすれば，自己愛と自尊感情との間には正の関連があることが予想される。実証研究においてこの予想は支持されているだろうか。セディキデスら（Sedikides, Rudich, Gregg, Kumashiro, & Rusbult, 2004）は，自己愛の高い者が心理的健康を維持するメカニズムとして自尊感情を想定している。セディキデスらによると，自己愛の高い者は自尊感情を高く保っているために，日常において不安や抑うつなどのネガティブな感情を経験することが少なく，心理的に健康な状態にあるとしている。この仮定のもとに 5 つの調査を行い，NPI によって測定される自己愛が自尊感情を介して心理的健康を高めていることを明らかにした。

　しかし，関連があるか否かという観点だけでなく，どの程度の関連があるのかという点にも注目する必要がある。岡田（2009）は，NPI による自己愛と自尊感情との関連を調べた 74 研究（$n = 38275$）を収集してメタ分析を行った。ここでは一般の大学生を対象とした研究のみが分析対象とされた。収集された研究における相関係数の分布をみてみると，その多くは .3 台の値である（図 9-1）。これらの相関係数について，標本誤差と信頼性の低さによる希薄化を修正したうえで母相関係数を推定した。その結果，自己愛と自尊感情との母相関係数は $\rho = .37$（$SD = .05$）であった。また，ローゼンバーグ（Rosenberg, 1965）による自尊感情尺度を用いた研究のみに限定した場合（$k = 53, n = 34434$），母相関係数は $\rho = .36$（$SD = .04$）であった。これらの結果から，母集団レベルにおいて自己愛と自尊感情との間には中程度の正の関連があるとい

度数	stem 少数第1位	leaf 少数第2位
2	.0	9 9
2	.1	3 7
18	.2	1 2 2 3 3 3 3 4 5 6 6 7 7 8 8 9 9 9
33	.3	0 0 0 1 2 2 2 3 3 3 3 4 4 4 5 5 5 5 5 5 6 6 7 7 7 8 8 9 9 9 9 9 9
12	.4	0 0 1 3 3 3 4 4 4 6 8 8
7	.5	0 0 0 4 6 9 9
1	.6	0

図 9-1　自己愛と自尊感情との相関係数の幹葉表示（岡田, 2009 のデータから作成）

えるだろう。

(3) 自尊感情を求めるメカニズム

自己愛の中核に自尊感情に対する欲求を想定することで，自己愛の高い者が示す様々な特徴を包括的に理解することができる。自己愛の高い者は，自己の能力や魅力を実際よりも肯定的に捉え，また自己を否定しようとする者を見下したり，攻撃したりする。これらの認知面や行動面での特徴は，自らの高い自尊感情を維持するための方略として機能している。そして，メタ分析の結果で示されたように，自己愛と自尊感情との間には中程度の正の相関があることから，自己愛の高い者が用いる方略は，高い自尊感情を維持することにある程度成功しているとみることができる。

そもそも自己愛の高い者は，なぜそこまで自尊感情を求めるのだろうか。この問いに答えるためには，自己愛の高い者に限らず，人が自尊感情を求める背景にある心理的プロセスに注目することが有益であろう。以下では，ソシオメーター理論，自己決定理論，存在脅威管理理論の立場から自己愛をどのように解釈できるかについて，実証研究の知見を交えながら考えてみたい。

2. ソシオメーター理論と自己愛

(1) ソシオメーター理論の概要

ソシオメーター理論（Leary, Tambor, Terdal, & Downs, 1995）では，集団への所属という点から自尊感情を捉えている。原始社会においては，集団に所属することが生存や生殖など進化生物学的な意味での適応にとって不可欠であった。そのため，人は他者との関係を築きたいという所属欲求をもつようになり（Baumeister & Leary, 1995），同時に他者からの関係評価（relational evaluation）を感知するための心的装置を発達させた。関係評価とは，他者が自分との関係を重要で親密なものとみなしている程度のことである（Leary, 2008）。集団から排斥されることなく所属を確実なものにするためには，他者から価値のある存在であるとみなされていなければならない。そのためには，他者の目からみた関係評価を知っておく必要がある。自尊感情は，他者からの関

表 9-1 拒絶群における自尊感情に関するメタ分析の結果
(Blackhart et al., 2009 をもとに筆者が作成)

	研究数	効果量		
		z	r	d
すべての研究	72	.30	.29	.61
受容群との比較	43	.32	.31	.65
統制群との比較	15	.03	.03	.06
非社会的ネガティブ群との比較	5	.00	.00	-.01
拒絶者との比較	6	.30	.29	.61
(受容群と統制群の比較)	8	.27	.26	.55

注)原典では，統計量 z を用いた結果のみが報告されていたが，筆者がその値をもとに変換した統計量 r および d も併記した。

係評価を感知する社会的なメーターの役割を果たしている。関係評価に応じて自尊感情が変動することで，自身の所属の状態を知ることができるのである。

多くの研究で，関係評価に応じて自尊感情が変動することが示されている。レアリーら（Leary et al., 1995）は，グループ作業のメンバーとして選択されるか否かによって受容と拒絶を操作し，拒絶条件では受容条件よりも自尊感情が低いことを明らかにしている。ブラックハートら（Blackhart, Nelson, Knowles, & Baumeister, 2009）は，受容と拒絶を扱った72の実験研究を収集し，拒絶条件が受容条件や統制条件と比べて自尊感情が低いことを報告している（d = .61）。ただし，拒絶条件と統制条件のみを比較した場合には，あまり明確な差がみられていない（表9-1）。また，グループ作業における他者からの好意的評価が自尊感情に影響することや（Srivastava & Beer, 2005），恋人や友人との相互作用の質と量が日常レベルでの自尊感情を予測すること（Denissen, Penke, Schmitt, & van Aken, 2008）が明らかにされている。

(2) ソシオメーター理論からみた自己愛

ソシオメーター理論によると，自尊感情は他者からの関係評価を示す社会的なメーターである。そのため，自尊感情を求めることは，関係評価を高めたり，維持しようとする試みとして理解できる。レアリー（Leary, 2008）は，人が自尊感情を求める背景には，他者からの評価や受容を得たいという欲求があるとしている。この観点からすると，自己愛が高い者は自尊感情そのものではな

表9-2 受容条件と拒絶条件における自己愛と攻撃行動，怒りとの関連
(Twenge & Campbell, 2003 をもとに筆者が作成)

	従属変数	受容				拒絶			
		r	95%信頼区間			r	95%信頼区間		
Study 2	怒 り	-.35	-.69	to	.11	.31	-.03	to	.58
Study 3	攻撃行動	—		—		.52	.20	to	.74
	怒 り	—		—		.32	-.04	to	.61
Study 4	攻撃行動	-.17	-.55	to	.27	.42	.12	to	.65
	怒 り	—		—		.44	.14	to	.66

く，他者からの関係評価を求めていると考えることができる。

　これまで，いくつかの研究で自己愛と攻撃性との関連が示されている(Bushman et al., 2009; 本書第11章参照)。自己愛の高い者が示す攻撃性の高さは，自尊感情に対する欲求から生じるものとして理解されてきた（中山，2008）。つまり，自尊感情を低下させかねない否定的な情報源を無効化したり，実力を行使することで自尊感情を維持しようとして攻撃性が高まるのである。しかし，ソシオメーター理論の観点から考えると，自己愛の高い者が示す攻撃性は，関係評価を維持しようとする試みとして解釈することができる。この解釈が正しければ，他者からの関係評価を高く知覚している場合には，自己愛は攻撃性を高めないことが予想される。トゥエンギとキャンベル（Twenge & Campbell, 2003）が行った実験の結果はこの予想に合致するものであった。実験ではいくつかの方法で参加者に受容と拒絶を経験させた後で，他者に対する攻撃行動や怒りを測定した。その結果，拒絶条件では，自己愛の高さが攻撃行動や怒りを高めたが，受容条件では，自己愛は攻撃行動や怒りを高めなかった（表9-2）。受容は他者からの関係評価の高さを伝えるために，攻撃性を抑制するのである。

　しかし，関係評価を維持するために攻撃性が高まるのは奇妙なことに思える。攻撃的に振る舞えば，他者からさらに拒絶されてしまうことになりかねないからである。この点については，自己愛の高い者が関係評価を求めるメカニズムの違いを考える必要がある。レアリーら（Leary, Cottrell, & Phillips, 2001）によると，他者からの受容だけでなく，集団内で支配性（dominance）を確立することも自尊感情を高めることになるとしている。つまり，他者と友好的な関

係を築くだけでなく，集団内のリーダーのような支配的な立場を確立することによっても，他者から重要な人物としてみられることになり関係評価が高まるのである。ブラウンとジーグラー-ヒル（Brown & Zeigler-Hill, 2004）は，自己愛と自尊感情との関連は，支配性の程度によって説明できることを示している。これらのことをあわせて考えると，自己愛の高い者が示す攻撃性は，他者に対する支配性を通して関係評価を高めようとする試みであると理解することができる。

ソシオメーター理論の観点では，自尊感情は他者からの関係評価を示す社会的なメーターである。自己愛の高い者は，自尊感情そのものではなく，その背後にある他者からの関係評価を求めているのである。ただし，他者と友好的な関係を築いて受容されるといったような通常の方法とは異なり，集団内でのリーダーのような支配的な立場を確立する方法を採る。攻撃的な振る舞いによって支配性を確立することで，関係評価を維持しようとしているのである。

3. 自己決定理論と自己愛

(1) 自己決定理論の概要

自己決定理論（Deci & Ryan, 1995）では，自尊感情を真の自尊感情（true self-esteem）と随伴的自尊感情（contingent self-esteem）とに区別している。真の自尊感情は，自己に対する内発的な満足感に由来する安定した自尊感情であり，ウェルビーイング（幸福感）の一側面として位置づけられるものである。一方，随伴的自尊感情は，達成や地位など特定の結果によって規定される不安定な自尊感情である。人がいずれの自尊感情をもつかは，3つの基本的欲求が満たされるか否かに影響される。3つの基本的欲求とは，自分の行動を自ら決定したいという自律性への欲求，環境と効果的に相互作用したいという有能さへの欲求，他者との間に親密な関係をもちたいという関係性への欲求である。これらの欲求が満たされた場合にはウェルビーイングとしての真の自尊感情が生じるが，逆に阻害された場合には達成や地位など外的な価値に随伴した自尊感情を求めるようになる。

随伴的自尊感情を求める際の動機づけを捉える概念として，取り入れ的調整

(introjected regulation) がある。人は重要な他者や社会がもつ価値を自己と同一化することによって，報酬や罰といった外的なプレッシャーがなくても自律的に行動を調整するようになっていく。しかし，取り入れ的調整の状態では，重要な他者や社会がもつ価値を十分に同一化していないために，内面での報酬や罰によって行動を調整しようとする。この内面的な報酬が自尊感情である。つまり，行動そのものがもつ価値や楽しさを目的として動機づけられるのではなく，行動の結果として得られる自尊感情を目的として動機づけられるのである。他者からの賞賛や社会的地位を得ようとして，課題に取り組んだり，他者と関係を築こうとしたりするのは，取り入れ的調整による動機づけである。

(2) 自己決定理論からみた自己愛

自己決定理論では，自尊感情を真の自尊感情と随伴的自尊感情とに区別している。随伴的自尊感情は行動の結果に随伴した自尊感情であり，随伴的自尊感情を求めている状態は，取り入れ的調整による動機づけである。自己決定理論の観点から考えると，自己愛の高い者は取り入れ的調整によって随伴的自尊感情を求めて動機づけられていると考えることができる。

自己愛の高い者は，達成場面においてユニークな動機づけパターンを示すことが知られている。モルフら (Morf, Weir, & Davidov, 2000) の実験では，課題の意味づけによって自発的に課題に取り組む時間がどのように変化するかを調べている。通常，課題が知能に関係していることを告げられるような自我関与的な条件下では，自発的に課題に取り組む時間は低下する (Ryan, 1982)。しかし，この実験では，男性のみではあるものの自己愛が高い者は，自我関与的な条件において，自発的に課題に取り組む時間が長く，課題を楽しいと感じていた（図9-2）。また，ワラスとバウマイスター (Wallace & Baumeister, 2002) の実験では，公的な評価がなされることが予告されたり，課題が挑戦的であると教示された場合に，自己愛の高い者は課題成績を高めることが示されている。つまり，自分の遂行によって自尊感情を高めることができる可能性がある状況では，自己愛の高い者は課題に対する動機づけや成績を高めるのである。自己決定理論の観点から考えると，このような自尊感情を目的とする動機づけは取り入れ的調整であり，その結果として得られる自尊感情は随伴的自尊

| 第3部　自己愛と自己過程

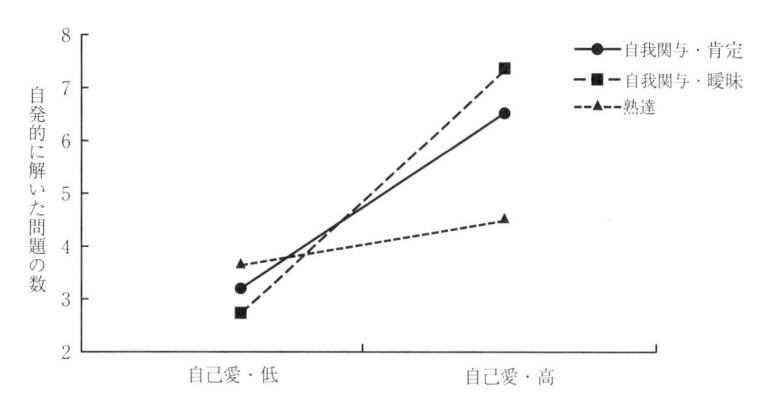

図9-2　自己愛と動機づけとの関係（Morf et al., 2000をもとに筆者が作成）

感情である。

　自己愛の高い者が随伴的自尊感情を求めているのだとすると，その背景には基本的欲求が阻害されている状態が想定される。しかし，自己愛の高い者が示す自己評価の高さを考慮すると，基本的欲求が阻害されているとは考えにくい。特に，有能さを十分に感じていないという考えは，自己愛の高い者が示す自己評価の高さを示す研究知見と相反するもののように思われる。この点を考えるためには，3つの基本的欲求のバランスという視点が必要となる。近年の研究では，3つの基本的欲求がそれぞれバランスよく充足されることがウェルビーイングにとって重要であることが示されている（Sheldon & Niemiec, 2006）。この観点から考えた場合，自己愛の高い者の基本的欲求はバランスよく充足されていない可能性がある。自己愛の高い者は，地位や達成などのエージェンティックな目標には関心を示すが，親密さや協調性などのコミュナルな目標には関心を示さないとされており（Campbell, Brunell, & Finkel, 2006），有能さへの欲求や自律性への欲求は満たされていたとしても，関係性への欲求は満たされていない可能性がある。自己愛の高い者は偏ったかたちで基本的欲求が充足されているために，随伴的自尊感情を求めているのかもしれない。

　自己決定理論の観点では，自己愛の高い者は随伴的自尊感情を求めていると理解できる。達成場面での成功や高い成績を得ることを通して自尊感情を高め

ようとしており，課題そのものよりも自尊感情を得ることに動機づけられるのである。そして，その背景には自律性，有能さ，関係性という3つの欲求がバランスよく満たされていない状態があるものと考えることができる。

4. 存在脅威管理理論と自己愛

(1) 存在脅威管理理論の概要

存在脅威管理理論 (Solomon, Greenberg, & Pyszczynski, 2004) では，死の不安に対する防衛という観点から自尊感情の機能を捉えている。進化の過程で人は高度な認知能力をもったことによって，死が不可避であるという死の運命 (mortality) に気づいてしまった。しかし，死を意識することは強い不安を喚起するため，その不安に対処する必要が生じた。この不安に対処するための資源が，文化的世界観 (cultural worldview) と自尊感情である。文化的世界観は，特定の文化に共有された価値観や信念体系が個人に内化されたものであり，自己に意味と構造を与えることで死の不安を緩衝する（世界観防衛；worldview defense）。しかし，文化的世界観が機能するためには，その文化において自身が価値のある存在でなければならない。文化において価値のある存在という感覚が自尊感情であり，自尊感情は世界観防衛が機能するための必要条件となる。

このような理論的背景から，2つの仮説が導かれる。1つ目は，自尊感情の不安緩衝仮説であり，「自尊感情が死の不安を緩衝するのであれば，高い自尊感情は死の不安を低減する」というものである。2つ目は，死の運命の顕現化仮説であり，「文化的世界観と自尊感情が死の不安を緩衝するのであれば，死の運命を顕現化することで，文化的世界観と自尊感情に対する欲求が強まる」というものである。これまでの研究から，死について考えさせたり，葬儀場の近くでインタビューを行ったりすることで，死の運命を顕現化させると，援助行動や募金などの文化的に価値づけられた行動が促されたり (Gailliot, Stillman, Schmeichel, Maner, & Plant, 2008; Jonas, Schimel, Greenberg, & Pyszczynski, 2002)，自国の文化に批判的なエッセイの著者を否定的に評価したり (McGregor, Lieberman, Greenberg, Solomon, Arndt, Simon, & Pyszczynski, 1998)，ステレオタイプを

表9-3 死の運命の顕在化仮説に関するメタ分析の結果 (Burk et al., 2010をもとに作成)

	研究数	効果量		
		r	95%信頼区間	
すべての効果量	277	.35	.32 to	.37
従属変数ごとの効果量				
人に対する態度	70	.42	.37 to	.46
その他の態度	131	.33	.30 to	.36
行動	28	.34	.27 to	.42
認知	38	.32	.26 to	.38
感情	10	.21	.10 to	.32

活性化することで文化的世界観を維持しようとすること（野寺・唐沢・沼崎・高林, 2007）が示されている。バークら（Burk, Martens, & Faucher, 2010）は，死の運命の顕現化仮説を検討した277研究を収集してメタ分析を行い，世界観防衛に対する効果量が $r = .35$ であることを明らかにしている（表9-3）。

(2) 存在脅威管理理論からみた自己愛

存在脅威管理理論では，自尊感情を特定の文化において価値があるという感覚として捉えており，自尊感情が死の不安を緩衝することを仮定している。死の運命の顕現化仮説に示されるように，自尊感情を高めたり，維持したりしようとすることは死の不安に対する世界観防衛である。この点から考えると，自己愛の高い者が自尊感情を求めるのは，死の不安に対処するためであると考えることができる。

自己愛の高い者は自尊感情を維持するために様々な方略を用いることが示されている。例えば，自己愛の高い者が示す特徴として，自己の能力を実際よりも高く見積もったり（Robins & Beer, 2001），自身を否定的に評価する他者の能力を低く評価することが知られている（Kernis & Sun, 1994）。先述の通り，自己愛の高い者が示す攻撃性の高さも自尊感情を維持しようとする方略の1つである。このように自己愛の高い者は様々な方略を用いて強く自尊感情を求めるが，存在脅威管理理論の観点からすると，自己愛の高い者が自尊感情を求めるのは世界観防衛である。つまり，自己愛の高い者は死の不安を緩衝する文化的世界観の中で価値のある存在であろうとしているのである。マクレガ

ーら（McGregor, Nail, Marigold, & Kang, 2005）の実験では，自己愛の高い者は世界観防衛を行いやすいことが示されている。この実験では，アメリカ人大学生にアメリカの文化に対して批判的な論調のエッセイを読ませたところ，自己愛が高い学生ほどそのエッセイの著者を否定的に評価した。つまり，自身が所属する文化を批判する他者を見下すことで，自身の文化的世界観を守ろうとしたのである。ただし，学生のパーソナリティに対して肯定的なフィードバックを与えることで自尊感情を高めた条件では，この効果はみられなかった（図9-3）。

　では，なぜ自己愛の高い者は世界観防衛を行うのであろうか。自尊感情の不安緩衝仮説によれば，自己愛の高い者はその自尊感情の高さゆえに死の不安を感じることが少なく，したがって世界観防衛を行う必要性も低いように思われる。この点については，自己愛の高い者が自尊感情を求める方法を考慮することが必要である。第3節でも論じたように，自己愛の高い者は達成場面での成功などの外的な価値に随伴させるかたちで自尊感情を高めようとする。ウィリアムズら（Williams, Schimel, Hayes, & Martens, 2010）の実験では，死の運命を顕現化させた場合，自尊感情を外的な価値に随伴させやすい者ほど死に対するアクセシビリティが高まりやすいことが示されている。自己愛の高い者は，自尊感情を高くもっているが，その自尊感情は外的な価値に随伴しているため

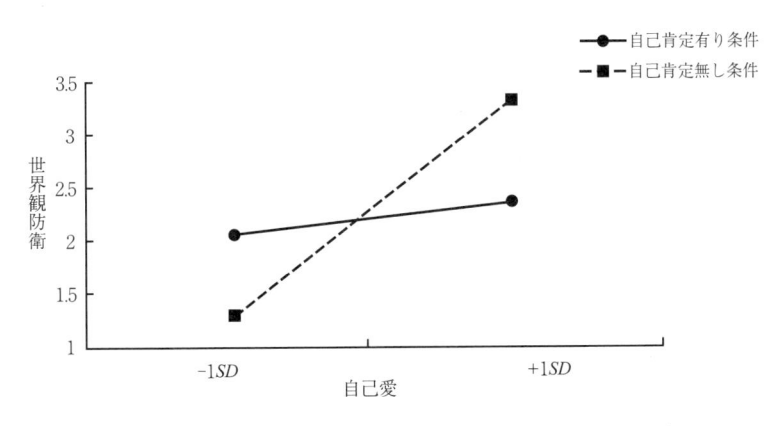

図9-3　自己愛と世界観防衛（McGregor et al., 2005 をもとに作成）

に不安定になりやすい。そのため，様々な状況で死の不安を感じやすく，世界観防衛を行うのである。

存在脅威管理理論の観点では，自己愛の高い者が自尊感情を求めることは世界観防衛として理解できる。死の不安を覆い隠すために，作り上げられた文化的世界観の中で価値ある存在であろうとしているのである。自己愛の高い者は外的な価値と随伴させるかたちで自尊感情を満たそうとするために自尊感情が不安定になりやすく，死の不安が生じやすいために世界観防衛を行う必要が生じているのである。

5. おわりに

多くの研究で示されているように，自己愛の高い者は様々な方法を用いて自尊感情を求める。他者から否定的な評価を受けた際にはその他者を攻撃し，また賞賛を得る機会があるときにはパフォーマンスを高めることで自己の能力を誇示しようとする。このように，様々なかたちで自尊感情を高めたり，もともとの高い自尊感情を維持しようとしている。自己愛と自尊感情との関連を示したメタ分析の結果から考えると，自己愛の高い者のこうした試みはおおむね成功しているものといえよう。

しかし，なぜ自己愛の高い者がそれほど自尊感情を強く求めるのかについては，これまであまり明確な説明が与えられてこなかった。近年の自尊感情に関する理論は，この点に対してそれぞれ独自な立場から一定の解釈を与えることができる。ソシオメーター理論では関係評価との関係から，自己決定理論では基本的欲求の充足との関係から，そして存在脅威管理理論では死の不安に対する防衛という観点から，人が自尊感情を求める心理的プロセスを捉えている。これらの理論をもとに自己愛に関する先行研究の知見を捉え直すことは，研究の方向性に新たな示唆を与えるものであると思われる。ただし，それぞれの理論で行われてきた研究パラダイムの中で，自己愛を積極的に取り上げた研究知見はまだ少ないのが現状である。本章で示したそれぞれの理論からの解釈が妥当であるかどうかについては，今後さらなる検討が必要である。

[引用文献]

Baumeister, R. F., & Leary, M. R. (1995). The need to belong: Desire for interpersonal attachment as a fundamental human motivation. *Psychological Bulletin*, **117**, 497-529.

Blackhart, G. C., Nelson, B. C., Knowles, M. L., & Baumeister, R. F. (2009). Rejection elicits emotional reactions but neither causes immediate distress nor lowers self-esteem: A meta-analytic review of 192 studies on social exclusion. *Personality and Social Psychology Review*, **13**, 269-309.

Brown, R. P., & Zeigler-Hill, V. (2004). Narcissism and the non-equivalence of self-esteem measures: A matter of dominance? *Journal of Research in Personality*, **38**, 585-592.

Burk, B. L., Martens, A., & Faucher, E. H. (2010). Two decades of terror management theory: A meta-analysis of mortality salience research. *Personality and Social Psychology Review*, **14**, 155-195.

Bushman, B. J., Baumeister, R. F., Thomaes, S., Ryu, E., Begeer, S., & West, S. G. (2009). Looking again, and harder, for a link between low self-esteem and aggression. *Journal of Personality*, **77**, 427-446.

Campbell, W. K., Brunell, A. B., & Finkel, E. J. (2006). Narcissism, interpersonal self-regulation, and romantic relationships: An agency model approach. In K. D. Vohs, & E. J. Finkel (Eds.), *Self and relationships: Connecting intrapersonal and interpersonal processes*. New York: Guilford Press. pp.57-83.

Deci, E. L., & Ryan, R. M. (1995). Human autonomy: The basis for true self-esteem. In M. Kernis (Ed.), *Efficacy, agency, and self-esteem*. New York: Plenum. pp.31-49.

Denissen, J. J. A., Penke, L., Schmitt, D. P., & van Aken, M. A. G. (2008). Self-esteem reactions to social interactions: Evidence for sociometer mechanisms across days, people, and nations. *Journal of Personality and Social Psychology*, **95**, 181-196.

Gailliot, M., Stillman, T. F., Schmeichel, B. J., Maner, J. K., & Plant, E. A. (2008). Mortality salience increases adherence to salient norms and values. *Personality and Social Psychology Bulletin*, **34**, 993-1003.

Jonas, E., Schimel, J., Greenberg, J., & Pyszczynski, T. (2002). The Scrooge effect: Evidence that mortality salience increases prosocial attitudes and behavior. *Personality and Social Psychology Bulletin*, **28**, 1342-1353.

Kernis, M. H., & Sun, C. R. (1994). Narcissism and reactions to interpersonal feedback. *Journal of Research in Personality*, **28**, 4-13.

Leary, M. R. (2008). Functions of the self in interpersonal relationships: What does the self actually do? In J. V. Wood, A. Tesser, & J. G. Homes (Eds.), *The self and social relationships*. New York: Psychology Press. pp.95-115.

Leary, M. R., Cottrell, C. A., & Phillips, M. (2001). Deconfounding the effects of dominance and social acceptance on self-esteem. *Journal of Personality and Social Psychology*, **81**, 898-909.

Leary, M. R., Tambor, E. S., Terdal, S. K., & Downs, D. L. (1995). Self-esteem as an interpersonal monitor: The sociometer hypothesis. *Journal of Personality and Social Psychology*, **68**, 518-530.

McGregor, H. A., Lieberman, J. D., Greenberg, J., Solomon, S., Arndt, J., Simon, L., & Pyszczynski, T. (1998). Terror management and aggression: Evidence that mortality salience motivates aggression against world-view-threatening others. *Journal of Personality and Social Psychology*, **74**, 590-605.

McGregor, H. A., Nail, P. R., Marigold, D. C., & Kang, S. J. (2005). Defensive pride and consensus: Strength in imaginary numbers. *Journal of Personality and Social Psychology*, **89**, 978-996.

Morf, C. C., Weir, C., & Davidov, M. (2000). Narcissism and intrinsic motivation: The role of goal congruence. *Journal of Experimental Social Psychology*, **36**, 424-438.

中山留美子（2008）．自己愛的自己調整プロセス――一般青年における自己愛の理解と今後の研究に向けて―― 教育心理学研究, **56**, 127-141.

野寺　綾・唐沢かおり・沼崎　誠・髙林久美子（2007）．恐怖管理理論に基づく性役割ステレオタイプ活性の促進要因の検討　社会心理学研究, **23**, 195-201.

大渕憲一（2003）．満たされない自己愛――現代人の心理と対人葛藤――　筑摩書房

岡田　涼（2009）．青年期における自己愛傾向と心理的健康――メタ分析による知見の統合―― 発達心理学研究, **20**, 428-436.

Raskin, R., & Hall, C. S. (1979). A narcissistic personality inventory. *Psychological Reports*, **45**, 590.

Rhodewalt, F., & Morf, C. C. (1995). Self and interpersonal correlates of the Narcissistic Personality Inventory: A review and new findings. *Journal of Research in Personality*, **29**, 1-23.

Rhodewalt, F., Tragakis, M. W., & Finnerty, J. (2006). Narcissism and self-handicapping: Liking self-aggrandizement to behavior. *Journal of Research in Personality*, **40**, 573-597.

Robins, R. W., & Beer, J. S. (2001). Positive illusions about the self: Short-term benefits and long-term costs. *Journal of Personality and Social Psychology*, **80**, 340-352.

Rosenberg, M. (1965). *Society and adolescent self-image*. Princeton: Princeton University Press.

Ryan, R. M. (1982). Control and information in the intrapersonal sphere: An extension of cognitive evaluation theory. *Journal of Personality and Social Psychology*, **43**, 450-461.

Sedikides, C., Rudich, E. A., Gregg, A. P., Kumashiro, M., & Rusbult, C. (2004). Are normal narcissists psychologically healthy? Self-esteem matters. *Journal of Personality and Social Psychology*, **87**, 400-416.

Sheldon, K. M., & Niemiec, C. P. (2006). It's not just amount that counts: Balanced need satisfaction also affects well-being. *Journal of Personality and Social Psychology*, **91**, 331-341.

Solomon, S., Greenberg, J., & Pyszczynski, T. (2004). The cultural animal: Twenty years of terror management theory and research. In J. Greenberg, S. L. Koole & T. Pyszczynski (Eds.), *Handbook of experimental existential psychology*. New York: Guilford Press. pp. 13-34.

Srivastava, S., & Beer, J. S. (2005). How self-evaluations relate to being liked by others: Integrating sociometer and attachment perspectives. *Journal of Personality and Social Psychology*, **89**, 966-977.

Twenge, J. M., & Campbell, W. K. (2003). "Isn't it fun to get the respect that we're going to deserve?" Narcissism, social rejection, and aggression. *Personality and Social Psychology Bulletin*, **29**, 261-272.

Wallace, H. M., & Baumeister, R. F. (2002). The performance of narcissistic rises and falls with perceived opportunity for glory. *Journal of Personality and Social Psychology*, **82**, 819-834.

Williams, T., Schimel, J., Hayes, J., & Martens, A. (2010). The moderating role of extrinsic contingency focus on reactions to threat. *European Journal of Social Psychology*, **40**, 300-320.

第4部

自己愛と対人関係

第10章 自己愛と恋愛関係

寺島　瞳

　恋愛関係におけるパートナーは自己愛者にとって最も身近な他者であり，様々な意味で影響力が大きい。"他者は自分のために存在する"という幻想を持つ自己愛者（Sedikides, Campbell, Reeder, Elliot, & Gregg, 2002）にとって，恋愛のパートナーこそ自分のために存在しうる人物であろう。これまでの様々な研究において自己愛者の恋愛関係には，一貫した特徴があることが明らかになっている。

　本章では，自己愛者における恋愛関係の特徴について，個人レベルから環境レベルへ広げて以下の側面から論じる。まず，個人のレベルとして，自己愛者の恋愛関係への認知様式について述べる。次に，個人から他者のレベルへと広げて，自己愛者のパートナーの特徴および自己愛者のパートナーへの関わり方について述べる。その後，自己愛者の恋愛を環境レベルでの自己制御過程として包括的に示したモデルであるキャンベル（Campbell, W. K.）とフォスター（Foster, J. D.）の拡張エージェンシーモデル（extended agency model; Campbell & Foster, 2007）を紹介して，個人・他者レベルにおける知見を拡張エージェンシーモデルへとあてはめる。最後に，これまでの知見に即してモデルに修正を加えて，今後の課題について言及する。

　なお，自己愛に関しては性差があるものと考えられるが，自己愛者は男性で

も女性でも恋愛関係においては基本的には同じように行動するとされている（Campbell, Brunell, & Finkel, 2006）。自己愛と恋愛関係について検討した研究においては一部性差がみられるものもあるが，性差が見られなかった研究も多い。そこで，本章では性差が見られた研究以外では基本的には男女ともに同様の結果であると想定する。

1. 恋愛関係への認知様式

（1）ポジティブな評価への歪み

自己愛者が自己を現実よりもポジティブな方向に歪めて認知することは恋愛関係以外の研究でも明らかになっているが（John & Robins, 1994），恋愛関係においてもこの特徴があらわれている。特に，臨床的な指摘によれば自己愛者はパートナーを理想化する傾向があるとされている（Kernberg, 1970）。しかし，この傾向について検証した研究によれば，自己愛者は自分については平均よりも良い資質があると高く評価するにもかかわらず，パートナーに関しては平均よりも良い資質があるとは評価してはいなかった。さらに，自分とパートナーを比べた際には，パートナーよりも自分の方が良い資質が高いと評価した。従来の臨床的指摘と異なり，パートナーを高く評価しなかったことについては，パートナーを価値下げしてまでも自身へのポジティブな見方を維持したいという動機が働いたものと考えられる（Campbell, Rudich, & Sedikides, 2002）。

一方で，パートナーからの自分への愛情度は高く認知していることが明らかになっている。小塩（2000）は，自己愛傾向が高いほど相手が自分に熱中していると考えていることを明らかにした。

以上より，自己愛者が自己をポジティブに歪めて認知する特徴は，あくまで自己評価を維持することが目的である。自己評価を維持することに悪影響を及ぼす可能性があれば，パートナーについてはむしろ価値下げする傾向があると考えられる。

（2）ネガティブな評価の否認

自己愛者は自己をポジティブに歪めて認知する一方で，恋愛関係におけるパ

ートナーからのネガティブな評価については否認する傾向にある。フォスターとキャンベルは，女性を対象に自己愛者のパートナーからの自身への評価を歪める傾向について検討した（Foster & Campbell, 2005）。パートナーが自分との関係を維持したいと思っている10の理由（ポジティブタスク）と，パートナーが自分との関係を維持したくないと思っている10の理由（ネガティブタスク）のいずれかをランダムにたずねた後で，どの程度そのタスクを完成させるのが困難だったかについて回答を求めた。その結果，自己愛者はパートナーからのネガティブな評価は想起しづらいが，ポジティブな評価は簡単に想起できた。さらに，ポジティブな評価を想起した場合，その後で回答した"他の異性からデートの誘いがあったら受けるか"など，パートナーを大切にしない可能性を高く報告したが，ネガティブな評価を想起した場合は，これらの可能性を低く報告した。これは非自己愛者とは逆の結果であった。

自己愛者はパートナーからのネガティブな評価を否認する傾向があること，またネガティブな評価を認知した際にはその評価を挽回しようとする傾向が強いことなどが明らかである。一方で，パートナーからのポジティブな評価を認知している場合には浮気などをする可能性が高い。パートナーの評価によって自身の行動が大きく左右されることがうかがえる。

（3）パートナーからの拒絶への過剰反応

自己愛者はパートナーからの拒絶には過剰反応する傾向もある。ベッサー（Besser, A.）とプリエ（Priel, B.）は，自己愛の中でも他者への過敏さなどが特徴的な潜在型の自己愛（covert narcissism）で，恋愛関係での拒絶に対してよりネガティブな感情が起きることについて，愛着不安との関連で明らかにした（Besser & Priel, 2009）。恋愛関係での拒絶としてパートナーの浮気現場を目撃したことを想像させ，その後のネガティブな感情，怒り，不快な身体反応について回答を求めた。その結果，潜在型の自己愛は，パートナーの浮気を想像した後に感じるネガティブ感情，怒り，不快な身体反応すべてに正の影響を与えていた。なお，愛着不安をモデルに加えると自己愛からの影響が有意ではなくなるため，潜在型の自己愛が抱える愛着不安が，これらの過剰反応に影響を与えていると結論づけられている。

また，小塩（2000）も，自己愛傾向が高いと，異性に対して積極的な態度を示す一方で，異性からの評価を気にする傾向があることを明らかにした。自己愛の下位尺度ごとでは，「注目・賞賛欲求」が特に異性からのネガティブな評価を気にする傾向と関連があった。

よって，一度ネガティブな評価を認知してしまうと，以上のような過剰な反応に至るために，ネガティブな評価自体を否認するものと考えられる。

2. パートナーの特徴

（1）どのような相手に魅力を感じるか

キャンベル（Campbell, 1999）は，自己愛が高い個人がどのような相手に魅力を感じるかについて，自己志向性モデル（self orientation model）を提唱した。自己志向性モデルとは，自己愛者は自身を賞賛してくれる異性，もしくは理想的で完璧な異性（自己志向的な異性）に魅力を感じる一方で，思いやりがある異性，もしくは依存的な異性（他者志向的な異性）には魅力を感じない傾向を表したモデルである。キャンベル（Campbell, 1999）は以下の研究によりこのモデルを明らかにした。大学生を対象に質問紙上でシナリオを提示して，それぞれの人物の印象を評定してもらった。シナリオは，パーティーにて友人に4名の異性を紹介された夜に，同じ友人からその異性の特徴（賞賛，完璧，世話好き，依存的）について詳しく聞いたという内容である。各人物は「あなたのことを素晴らしいと誉めていた（賞賛）」「外見もよく医学部在籍の素晴らしいサッカープレイヤーである（完璧）」「本当に世話好きで，繊細で，思いやりがある（世話好き）」「いろんな問題について誰かと話し合いたいようだ（依存的）」と説明された。各人物に関する評定の結果，自己愛者は非自己愛者と比べて，完璧である人物を高く評価する一方で，世話好きな人物は低く評価していた。そして，完璧な人物がさらに賞賛してくれる場合に最も魅力を感じていた。また，その人物とデートすると自尊感情があがること，その人物が自分と似ていることなどが，自己愛者が相手に魅力を感じる要因として重要であることも明らかとなった。キャンベルら（Campbell et al., 2006）は，この傾向について，自己愛者は"トロフィーのようなパートナー"を好むと指摘している。

(2) 自己愛者にひかれるということ

　自己愛者は，その特徴から相手が途切れることなく，常に誰かしらが彼らと恋愛関係に陥るとされている (Campbell et al., 2006)。キャンベルら (Campbell et al., 2006) によれば，自己愛者には相手をひきつけるポジティブな資質があり，最初は自信があるように見え，刺激的かつ魅力的である。また，社交的で外向的な側面もある。しかし，最初は自己愛者にひかれるパートナーも，交際して時間がたつにつれて，自己愛者に対する評価がネガティブなものに変わる (Campbell et al., 2006)。バス (Buss, D. M.) とシャックルフォード (Shackelford, T. K.) は，自己愛者と結婚したパートナーもまた浮気をする可能性が高いことを示している (Buss & Shackelford, 1997)。自己愛者に対するパートナーの評価が変わった結果，他の異性にひかれるようになると推察される。また，キャンベル (Campbell, 1999) は，自己愛者は自分と似たような人物にひかれることを報告している。よって，自己愛者のパートナーもまた自己愛的である可能性も考えられるが，そのように結論づけるにはより詳細な検討が必要であろう。

3. パートナーとの関わり方の特徴

(1) パートナーへのコミットメント

　自己愛者はパートナーとの関係を継続させたいという動機づけ（コミットメント）が低いという研究結果が数多くある。キャンベルとフォスター (Campbell & Foster, 2002) は，自己愛と異性へのコミットメントとの関係をラズバルト (Rusbult, C. E.) の投資モデル (investment model) の枠組みから検討した (Rusbult, 1980)。その結果，自己愛者がパートナー以外にひかれること，またひかれるだけではなく実際に浮気をすることにより，パートナーとの関係へのコミットメントが低くなることが明らかになった。

　しかし，状況次第では，パートナーとの関係への自己愛者のコミットメントは必ずしも低くないという研究もある (Finkel, Campbell, Buffardi, Kumashiro, & Rusbult, 2009)。フィンケル (Finkel, E. J.) らは，親密さを求める考えや動機づけが活性化された場合には，非自己愛者よりも自己愛者の方

がパートナーへのコミットメントが増すことを明らかにし，親密さ活性化仮説（communal activation hypothesis）と呼んだ（Finkel et al., 2009）。具体的には，78組の夫婦を対象に4カ月の期間をあけた2時点で調査を行い，Time1では"パートナーが養育，寛容など親密さを表す特徴をどの程度自分から引き出そうとするか（親密さの活性化）"についてたずね，4カ月後のTime2でパートナーへのコミットメントについて回答を求めた。その結果，親密さ活性化と自己愛の交互作用が見られ，自己愛者において，パートナーが親密さを自分から引き出そうとすること（親密さ活性化）が多いほど，Time2でのコミットメントも高かった。しかし，非自己愛者では親密さ活性化高低による違いは見られなかった。

よって，自己愛者がパートナーにコミットするかどうかは，状況によるものと推察されるが，自己愛者はコミットメントが低いという結論の方が共通した見解である。

(2) 恋愛類型との関連

自己愛とリー（Lee, J. A.）による恋愛類型（Lee, 1977）との関連を明らかにした研究がいくつかある。例えば，自己愛傾向はルダス（恋愛をゲームとしてとらえて楽しむ）と最も強い相関があり，その他にエロス（一目ぼれをして恋愛を至上のものと考える）やプラグマ（恋愛を地位の上昇などの恋愛以外の目的を達成するための手段として考える）とも正の相関が見られている（Campbell, Foster, & Finkel, 2002 ; Jonason & Kavanagh, 2010）。

上述の関連は自己報告によるものであるが，キャンベルら（Campbell et al., 2002）は，パートナー側からの評価についても検討している。被調査者による過去の自己愛的な交際相手と非自己愛的な交際相手に関する記述をカテゴリー化した。そして，自己愛的な交際相手と非自己愛的な交際相手の特徴の違いを検討した結果，自己愛者は非自己愛者に比べて，ゲームをプレイするように恋愛をし，不誠実で，浮気をし，また相手を支配しようとして，操作的であったと評価されていた。

日本においては，小塩（2000）が自己愛傾向と恋愛類型との関連について検討している。その結果，自己愛傾向とエロスおよびプラグマと関連があったが，

ルダスとは関連が見られなかった。キャンベルら（Campbell et al., 2002）の研究でも，エロスと自己愛との関連は見られたが，エロスよりもさらにルダスの方が関連は強かった。しかし，小塩（2000）による結果では，ルダスと自己愛との正の関連は見られなかったことは注目に値する。松井（1993）は，アメリカでの研究結果は日本の青年にはそのままではあてはまらないと指摘しており，上述の違いが文化差として表れたものと考えられる。日本では独占欲が強いマニア型の恋愛が最も主要な恋愛態度とされており（松井，1993），日本の青年にとっては恋愛をゲームとしてとらえる傾向が主要なスタイルではないことが，この結果の違いに反映したと推察される。

(3) 攻撃的・搾取的な関わり

自己愛の特徴の1つとして，搾取・権利意識があるが（Raskin & Hall, 1979），この傾向は自己愛者の恋愛関係にも表れている。特に，パートナーに対して攻撃的に関わることが多い。パートナーに対する攻撃的な関わり方の一種にパートナーをつなぎとめようとする方略（Buss, 1988）があるが，この方略と自己愛，マキャベリアニズム，サイコパシーからなる「3つの暗黒側面（dark triad）」（Paulhus & Williams, 2002）傾向との関連が検討されている（Jonason, Li, & Buss, 2010）。その結果，自己愛傾向が高いと，相手をつなぎとめようとする方略の中でも「ライバルを脅す」「パートナーの時間を独占する」「浮気を責める」など，攻撃的な方法でパートナーをつなぎとめようとしていた。しかし，結局はつなぎとめることに成功せず，パートナーを失う結果に至っていた。

寺島（2011）は，このパートナーをつなぎとめようとしているにもかかわらず失う傾向について，見捨てられ不安から説明した（図10-1）。自己愛傾向の不適応的な構成要素である注目・賞賛欲求が高く，かつ特性的な見捨てられ不安も高いと，「パートナーを監視する」「嫉妬させる」などパートナーにコストを与えるような攻撃的な方法でつなぎとめようとしていた。その結果，実際にパートナーが離れていく不安がさらに高まり，結果的にパートナーを失う結果に至っていた。一方で，注目・賞賛欲求が高くても，見捨てられ不安を介さない場合は，「愛を表現する」「高価なプレゼントをする」などパートナーにとっ

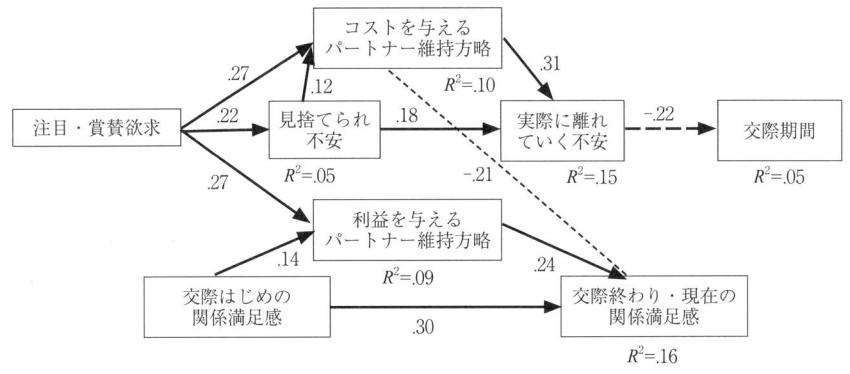

図 10-1 注目・賞賛欲求が見捨てられ不安を介してパートナー維持方略および交際期間に及ぼす影響（Terashima, 2011 より）

$\chi^2(15)=13.77$, GIF = .99, AGIF = .97, RMSEA = .00

注）5％水準で有意なパスのみ残した。誤差・共分散は省略した。

てより良い方法でパートナーをつなぎとめようとしていた。そして，パートナーを失わずに済み，関係への満足感も得られていた。

(4) 浮 気

自己愛傾向が高いと浮気が多いことは数多く報告されている。キャンベルら（Campbell et al., 2002）によれば，調査対象者が想起した過去に交際した自己愛者に関してはそのうち 24％に浮気があったが，一方で非自己愛者において浮気があったのは 4％であった。自己愛者にとって浮気などによる奔放な異性関係は力や支配などの表現の一種であるとされている（Foster, Shrira, & Campbell, 2006）。また，バスとシャックルフォード（Buss & Shackelford, 1997）によれば，特に女性において自己愛傾向が高いと浮気をする可能性が高かった。

ジョナサンら（Jonason et al., 2010）は，誰かのパートナーを奪ったり誰かにパートナーを奪われる傾向（mate poaching）と自己愛，サイコパシー，マキャベリアニズムの「3 つの暗黒側面（dark triad）」との関連を検討した。その結果，自己愛傾向が高いほど，誰かのパートナーを奪ったり誰かにパートナ

ーを奪われる経験が多かった。その他，自己愛傾向が高いほど，同時に複数の人に恋をする，交際した人数が多い，短期的な異性関係を好むことなども明らかにされている（Jonason, Li, Webster, & Schmitt, 2009; 小塩, 2000）。

"なぜ自己愛者は非自己愛者に比べて，現在のパートナーとは異なる人にひかれてしまうのか"について，キャンベルとフォスター（Campbell & Foster, 2002）は以下の4つの仮説を立てて議論している。① 自己愛者は常により魅力的か地位の高いパートナーを探している「さらに良い相手を求める」仮説。② 自己愛者は新しいパートナーを得ること自体の興奮やスリルを楽しんでいる「自己愛者は楽しみたいだけ」仮説。③ 自己愛者は多くの異性が自分に興味があると過大評価している「誇張された魅力」仮説。④ 自己愛者は見捨てられる不安やそれに伴う恐怖，抑うつ状態から防衛している「見捨てられ不安」仮説。どの仮説も自己愛者が浮気をする原因として考えうる。例えば，認知の歪みの面からは「誇張された魅力」仮説や「見捨てられ不安」仮説などが支持される。また，恋愛類型との関連からは「自己愛者は楽しみたいだけ」仮説，自己志向性モデルからは「さらに良い相手を求める」仮説が支持される。

(5) 性行為の強要

性行為の強要と自己愛との関連に関しては，自己愛的リアクタンス理論（narcissistic reactance theory）がある。バウマイスター（Baumeister, R. F.）らは，レイプと性行為の強要における自己愛的リアクタンス理論を提唱した（Baumeister, Catanese, & Wallace, 2002）。この理論では，男性が性行為を拒否された時に，自由を回復しようとするリアクタンスが引き起こされて，その女性との性行為がますます魅力的になり，失われた自由を取り戻すために性行為の強要という手段に出ることを説明している。しかし，すべての男性がリアクタンスを感じたからといって性行為を強要するわけではなく，自己愛傾向が高いとリアクタンスを感じやすくなり，性行為の強要に至るとされている。

深田・神谷・疋田・樋口（2007）は，自己愛的リアクタンス理論について日本人を対象に実証的に検討した。具体的には，ある男性が，恋人の女性に性行為を拒否されるというシナリオを読んでもらい，その場面で感じるリアクタンスを測定した。シナリオは2種類あり，男性の成功やのぼせあがりなど自己愛

的な状況が描写された自己愛的状況条件と，男性の成功ものぼせあがりも描写されていない通常条件の2種類であった。その結果，男性が女性から性行為を拒否された時，その男性が自己愛的状況にある場合には，リアクタンスが喚起されやすいことが示された。また，通常条件では自己愛者の方が非自己愛者よりもリアクタンスが喚起されやすかった。よって，日本人男性を対象にした場合でも自己愛的リアクタンス理論が支持されたといえる。

さらに，自己愛のどのような特徴が性行為の強要に至りやすいかに関して検討した研究がある。ライアン（Ryan, K.）らは，潜在型の自己愛，自己愛のうちの搾取性／特権意識，性的関係に特化した自己愛のパターンである性的自己愛（Hurlbert & Apt, 1991）の3種の自己愛の特徴が，パートナーへの身体的暴力や性行為の強要とどのような関連があるかについて検討した（Ryan, Weikel, & Sprechini, 2008）。カップルを対象に調査を行った結果，性差が見られた。男性では，潜在型の自己愛が高いとパートナーへの身体的暴力を行う傾向が，女性では搾取性／特権性および性的自己愛が高いとパートナーへの性行為の強要を行う傾向にあった。

自己愛的リアクタンス理論より，おそらく全く知らない第三者に対する性行為の強要よりも，お互いに愛情のある関係性における性行為の強要に自己愛の問題が関連するものと推察される。また，自己愛傾向のうち，男性では潜在型の自己愛は身体的暴力に，女性では搾取性／特権意識などが性行為の強要につながっていた。

4. 拡張エージェンシーモデル

キャンベルら（Campbell et al., 2006）は自己制御過程モデル（self-regulatory processing model ; Morf & Rhodewalt, 2001）を参考にしてエージェンシーモデル（agency model）を提唱した。そしてこのモデルを自己愛における恋愛関係の理解に用いた。なお，後にキャンベルとフォスター（Campbell & Foster, 2007）によりモデルが拡張されたため，本章では拡張されたモデルについて紹介して，これまで紹介した知見をあてはめる。

拡張エージェンシーモデルでは，対人間スキル，対人間ストラテジー，個人

第4部　自己愛と対人関係

内ストラテジーの3つの側面により自己愛者は自己制御を行うとされる。これらを経て，自己愛的な自尊心（自尊感情）の向上を可能にする。なお，拡張エージェンシーモデルには個人内ストラテジーが新たに組み込まれた。自己愛的な自尊心とは支配に関連した自尊心であり，嗜癖的な興奮をもたらす。よって，自己愛的な自尊心の向上は最終目標とはならず，向上した自己愛的自尊心によりさらに自己愛傾向が増すために，それぞれの自己制御過程を強化するシステムになっている。なお，このモデルでは自己愛者にとっては，親密さ（忠誠，愛など）よりもエージェンティック（力，支配など）な特徴が重要とされる。

自己愛者の恋愛関係もこのモデルから理解できる（Campbell et al., 2006）。自己愛者は自己愛的な自尊心を向上させるために，恋愛関係においても個人内ストラテジー，対人間ストラテジー，対人間スキルなどを利用する。これまで紹介した知見を拡張エージェンシーモデルの枠組みにあてはめた図を示す（図10-2）。なお，本章では拡張エージェンシーモデルにはなかった関係の破綻という要素を加えた。各ストラテジーのマイナス要素によってもたらされる関係

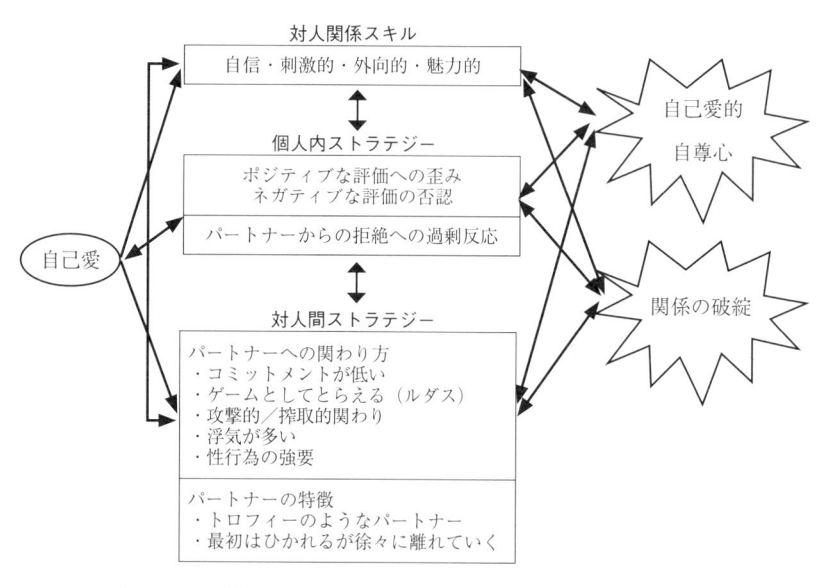

図 10-2　拡張エージェンシーモデル（Campbell & Foster, 2007）に実証的な研究知見をあてはめたモデル

の破綻もまた，全体的なシステムを維持する重要な要素であり，自己愛者の恋愛を特徴づけると考えられるためである。パートナーからの拒絶を過度に恐れたり，そのために攻撃的な手法によってパートナーをつなぎとめたりしようとすることは，関係の破綻をもたらす。関係の破綻は見捨てられ不安をさらに喚起する。しかし，トロフィーのようなパートナーや，浮気による他の異性との関係，性行為の強要などから，エージェンティックな自己愛的自尊心も同時に満たされているために，恋愛関係に依存的になる。そのためまたすぐに新しいパートナーを探して永続的にこのシステムを維持するものと考えられる。

5. おわりに

　自己愛と恋愛関係に関する研究知見を紹介して，拡張エージェンシーモデルにあてはめて理解した。これまで，自己愛者の恋愛関係の特徴として，ポジティブな認知への歪み，コミットメントの低さ，浮気の多さや搾取性など誇大的な側面が主に強調されてきたように思われる。しかし，拒絶への過剰反応やネガティブな評価の挽回などの恋愛関係における過敏な側面についてもいくつか知見が見られた。さらに，状況によっては相手との関係へのコミットメントを示すこと，見捨てられ不安がなければポジティブな関わりを見せることなど，良い側面についての知見もいくつかある。関係の破綻まで含めた拡張エージェンシーモデルから考えると，自己愛的自尊心を高めたところで満たされず，対人関係は破綻して見捨てられる結果に至るため，結局は永続的で悲しい悪循環に陥っていることが推察される。どのように自己愛者がこの悪循環から抜けることができるかどうか検討することが，今後の研究課題の1つであろう。そのためには，自己愛が恋愛関係において良い特徴を示す際に，どのような要因が関わっているかについて，明らかにしていくことも求められる。

　また，前述の恋愛類型に関して日本とアメリカの結果が異なっていることなどから，自己愛と恋愛関係の問題は文化差の影響が大きいことが予想される。キャンベルら（Campbell & Foster, 2007）も文化差を考慮する必要性について指摘しており，特にアジア地域において自己愛がどう働くかについてはまだよく理解されていないと述べている。集合主義的な日本と個人主義的なア

メリカとでは，自己高揚を感じる場面が異なるという示唆もある（Sedikides, Gaertner, & Toguchi, 2003）。よって，日本では自己愛者はエージェンティックな特徴を自己制御過程においてそれほど重要ととらえておらず，より集合主義的な観点から自己制御を行っている可能性も十分に考えられる。今後，自己愛と恋愛関係における文化差を考慮した研究が日本でも多く行われることが求められる。

[引用文献]

Baumeister, R. F., Catanese, K. R., & Wallace, H. M., (2002). Conquest by force: A narcissistic reactance theory of rape and sexual coercion. *Review of General Psychology*, **6**, 92-135.

Besser, A., & Priel, B. (2009). Emotional responses to a romantic partner's imaginary rejection: The roles of attachment anxiety, covert narcissism, and self-evaluation. *Journal of Personality*, **77**, 287-325.

Buss, D. M. (1988). From vigilance to violence: Tactics of mate retention in American undergraduates. *Ethology & Sociobiology*, **9**, 291-317.

Buss, D. M., & Shackelford, T. K. (1997). Susceptibility to infidelity in the first year of marriage. *Journal of Research in Personality*, **31**, 193-221.

Campbell, W. K. (1999). Narcissism and romantic attraction. *Journal of Personality and Social Psychology*, **77**, 1254-1270.

Campbell, W. K., Brunell, A. B., & Finkel, E. J. (2006). Narcissism, interpersonal self-regulation, and romantic relationships: An agency model approach. In K. D. Vohs, & E. J. Finkel(Eds.), *Self and relationships: Connecting intrapersonal and interpersonal processes*. New York: Guilford Press. pp. 57-83.

Campbell, W. K., & Foster, J. D. (2002). Narcissism and commitment in romantic relationships: An investment model analysis. *Personality social psychology bulletin*, **28**, 484-495.

Campbell, W. K., & Foster, J. D. (2007). The narcissistic self: Background, an extended agency model, and ongoing controversies. In C. Sedikides, & S. J. Spencer(Eds.), *Frontiers in social psychology: The self*. Philadelphia, PA: Psychology Press. pp. 115-138.

Campbell, W. K., Foster, C. A., & Finkel, E. J. (2002). Does self-love lead to love for others?: A story of narcissistic game playing. *Journal of Personality and Social Psychology*, **83**, 340-354.

Campbell, W. K., Rudich, E. A., & Sedikides, C. (2002). Narcissism, self-esteem, and the positivity of self-views: Two portraits of self-love. *Personality and Social Psychology Bulletin*, **28**, 358-368.

Finkel, E. J., Campbell, W. K., Buffardi, L. E., Kumashiro, M., & Rusbult, C. E. (2009). The metamorphosis of Narcissus: Communal activation promotes relationship commitment among narcissists. *Personality and Social Psychology Bulletin*, **35**, 1271-1284.

Foster, J. D., & Campbell, W. K. (2005). Narcissism and resistance to doubts about romantic partners. *Journal of Research in Personality*, **39**, 550-557.

Foster, J. D, Shrira, I., & Campbell, W. K. (2006). Theoretical models of narcissism, sexuality, and relationship commitment. *Journal of Social and Personal Relationships*, **23**, 367-386.

深田博巳・神谷真由美・疋田容子・樋口匡貴 (2007). ナルシシスティックリアクタンス理論の検討 (2) 広島大学心理学研究, **7**, 71-86.

Hurlbert, D. F., & Apt, C. (1991). Sexual narcissism and the abusive male. *Journal of Sex & Marital Therapy*, **17**, 279-292.

John, O. P., & Robins, R. (1994). Accuracy and bias in self-perception: individual differences in self-enhancement and the role of narcissism. *Journal of Personality and Social Psychology*, **66**, 206-219.

Jonason, P. K., & Kavanagh, P. (2010). The dark side of love: Love styles and the Dark Triad. *Personality and Individual Differences*, **49**, 606-610.

Jonason, P. K., Li, N. P., & Buss, D. M. (2010). The costs and benefits of the dark triad: Implications for mate poaching and mate retention tactics. *Personality and Individual Differences*, **48**, 373-378.

Jonason, P. K., Li, N. P., Webster, G. D., & Schmitt, D. P. (2009). The dark triad: Facilitating a short-term mating strategy in men. *European Journal of Personality*, **23**, 5-18.

Kernberg, O. F. (1970). Factors in the psychoanalytic treatment of narcissistic personalities. *Journal of the American Psychoanalytic Association*, **18**, 51-85.

Lee, J. A. (1977). A typology of styles of loving. *Personality and Social Psychology Bulletin*, **3**, 173-182.

松井 豊 (1993). 恋ごころの科学 サイエンス社

Morf, C. C., & Rhodewalt, F. (2001). Unraveling the paradoxes of narcissism: A dynamic self-regulatory processing model. *Psychological Inquiry*, **12**, 177-196.

小塩真司 (2000). 青年の自己愛傾向と異性関係――異性に対する態度, 恋愛関係, 恋愛経験に着目して―― 名古屋大学大学院教育発達科学研究科紀要 (心理発達科学), **47**, 103-116.

Paulhus, D. L., & Williams, K. M. (2002). The Dark Triad of personality: Narcissism Machiavellianism and psychopathy. *Journal of Research in Personality*, **36,** 556-563.

Raskin, R., & Hall, C. S. (1979). A narcissistic personality inventory. *Psychological Reports*, **45**, 590.

Rusbult, C. E. (1980). Commitment and satisfaction in romantic associations: A test of investment model. *Journal of Experimental Social Psychology*, **16**, 172-186.

Ryan, K., Weikel, K., & Sprechini, G. (2008). Gender differences in narcissism and courtship violence in dating couples. *Sex Roles*, **58**, 802-813.

Sedikides, C., Campbell, W. K., Reeder, G. D., Elliot, A. J., & Gregg, A. P. (2002). Do others bring out the worst in narcissists? The "others exist for me" illusion. In Y. Kashima, M. Foddy, & M. J. Platow(Eds.), *Self and identity: Personal, social, and symbolic*. NJ: Lawrence Erlbaum Associates. pp. 103-124.

Sedikides, C., Gaertner, L., & Toguchi, Y. (2003). Pancultural self-enhancement. *Journal of Personality and Social Psychology*, **84**, 60-79.

Terashima, H. (2011). *How narcissists maintain their romantic partnership or lose it ?* Poster session presented at the conference of International Society for the Study of Individual Differences, London.

第11章 自己愛と攻撃・対人葛藤

阿部 晋吾

1. ナルシストは凶暴か

　「ナルシスト」という言葉を聞いて，いったいどんな人物を想像するだろうか。小説や漫画では，ナルシストといえば優雅に振る舞い，美しいものを追い求めて，ときには自分の外見にうっとりとし，あるいは内面の世界に浸りこむような人物として描かれることが多い。そのため，およそ「暴力」とは程遠い，か弱い，なよなよとした人物というイメージがあるかもしれない。しかし実際には，ナルシスト，すなわち自己愛的な者は非常に攻撃的であることが多くの研究で明らかとなっている。なぜ彼らは攻撃的なのであろうか。そこには，どのような心理的メカニズムが働いているのであろうか。

　本章では，まず自己愛傾向と攻撃性との関係について論じる。その中で，代表的な理論として知られる「自己本位性脅威モデル」について紹介し，それに関連する国内外での研究を示す。次に，自己愛と対人葛藤との関係についても述べる。自己愛的な者は対人関係ネットワークの中でトラブルメーカーになりやすいことはよく知られている。攻撃性の高さは，こうした対人葛藤を引き起こす大きな原因のひとつである。ただし，単純な攻撃性の高さだけでは説明できない，もうひとつの重要な側面がある。それは行為の正当性評価に関する問題であり，このことを交えながら，自己愛的な者による対人葛藤の悪循環メカ

ニズムについて検討する。また補足的に、自己愛的な者の返報性に対する意識が、対人葛藤に及ぼす影響についても紹介する。そして最後に、こうした問題を抱える自己愛的な者が、どのようにすれば適応的な人間関係を築くことができるのか、対人葛藤の解決に向けた方策について、「自己愛を支える」「他者との共通点を意識する」「他者の立場を理解する」という3つの観点から考えていきたい。

2. 攻撃行動の分類

そもそも、攻撃行動とはどのような行動を指すのだろうか。バロン（Baron, R. A.）とリチャードソン（Richardson, D. R.）は、攻撃行動を「危害を避けようとしている他者に対して、危害を加えようとする行動」と定義している（Baron & Richardson, 1994）。この定義には2つの重要な側面がある。まずひとつは、実際に傷つけたかどうかの結果ではなく、行為そのものによって、攻撃を定義している点である。たとえば、「相手になぐりかかったが、かわされた」という場合のように、実際に傷つけることなく未遂に終わったものも、攻撃行動に含まれる。もう1点は、加害「意図」である。たとえば歯医者の治療は、物理的には損傷を与える行動であるが、それは患者の苦痛を取り除くことを目的としている。このように、傷つけることを意図していない行動は攻撃とはみなされない。外見的な行動だけでなく、その意図が問題となるのである。

また、ひと口に攻撃行動と言っても、さまざまな種類がある。文句を言う、悪口を言うといった「言語的攻撃」と、殴る、たたく、けるといった「身体的攻撃」という軸から分類することも可能であるし、「直接的攻撃（攻撃対象に直接向けられた行動による攻撃）」か「間接的攻撃（落とし穴を掘る、悪いうわさを流すなど、周囲の環境や他者に対して向けられた行動による攻撃）」かによって分類することもできる（Buss, 1961）。その中で、自己愛傾向との関連で最も重要なのが、攻撃行動の意図内容に沿って分類される「道具的攻撃」と「敵意的攻撃」という観点である。道具的攻撃とは、何らかの目的を達成するために、手段として攻撃をすることである。この道具的攻撃はさらに、その機能から、「強制（自分の思いどおりにするため、言うことを聞かせるために

攻撃する場合）」「防衛（身を守るために仕方なく攻撃するような場合。正当防衛がこれにあたる）」「印象操作（「強い」「怖い」自分を見せつけるために，怒りは感じていなくても，あえて他者を攻撃するような場合）」「制裁（集団の秩序を保つために，逸脱者に対して見せしめとして罰を与えるような場合）」などに分類されることもある（大渕，1993）。それに対して敵意的攻撃とは，怒りを伴う感情的な攻撃のことである。たとえば「腹が立ったから仕返しする」「どうしても許せないから文句を言う」というのがこれにあたる。

　攻撃性に関連する性格特性として従来から指摘されているもののひとつとして，敵意的帰属スタイルが挙げられる（Krahe, 2001）。敵意的帰属スタイルとは，他者の悪意を読み取りやすい傾向のことである。他者の行為によって何らかの被害を受けた場合に，敵意的帰属スタイルの高い者は，相手の過失ではなく悪意によるものと考えやすいために，その報復として，より攻撃的に反応しやすいことが指摘されている。このような性格特性と攻撃性との関連からもわかるとおり，攻撃行動，特に怒りを伴う敵意的攻撃の生起には，受けた被害の大きさとあわせて，加害者の責任性判断という認知プロセスが重要な役割を果たしている。「他者から悪意を持たれている」という状況は，心理的な被害であると同時に，当然のことながらその被害の責任は相手に帰属されやすいため，そのような認知傾向を持つ個人は，強い攻撃を表出してしまうのである。

　自己愛的な人々の攻撃も，主に敵意的攻撃の文脈から論じられることが多い。実際，ベッテンコートら（Bettencourt, Arlin, Benjamin, & Valentine, 2006）は，性格特性と攻撃行動との関連を扱った63の研究のメタ分析の結果から，自己愛的な者の攻撃は，他者から危害を受けた場合にのみ顕著にみられることを示している。すなわち，彼らは他者からの「攻撃」を敏感に察知し，それに対する反応として，攻撃行動を取りやすいと言うことができる。それは自己愛傾向もまた，敵意的帰属スタイルと同様に，被害と他者の責任性を感じやすい個人特性だからである。

3. 自己本位性脅威モデル

　ところで，従来の心理学においては，自己評価の高い者ほど，攻撃性は低い

ものと考えられてきた。たとえば，暴力犯罪に関わるような人や，日常的に攻撃的な人は自己評価が低い人だというのが，心理学における常識であった。もしこのことが正しいとすれば，自己評価の高い自己愛的な者は，攻撃性が低いはずである。ところが，この「低自己評価－攻撃仮説」を実証的に示した研究というのは実際にはほとんどなく，根拠が薄いまま信じられてきた，単なる「神話」に過ぎないことが最近になって明らかとなった。むしろ，自己愛的な者は攻撃的であったのである。

では，自己愛的な者はなぜ攻撃的なのだろうか。これはバウマイスター（Baumeister, R. F.）によって示された理論モデルによって説明できる（Baumeister, Smart, & Boden, 1996; Bushman & Baumeister, 1998）。自己愛的な者の多くは，自己評価が非常に高いにもかかわらず，その裏付けとなる根拠や実績が伴っていない。つまり，「自分は特別な人間だ」「素晴らしい人間だ」と思ってはいるものの，「なぜ特別か」「なぜ素晴らしいのか」という問いに対しては，明確な答えを持っていないのである。そのため，常に他者からの評価に対して敏感で，普通なら気にも留めないような，ちょっとした一言でも傷ついてしまい，自己評価が大きく揺さぶられる。いわば，彼らは「ガラスのハート」を持っているとも言え，傷つきやすさに対する防衛として，過剰な反応が生じやすくなる。「もっと配慮してくれたらいいのに」「そんなことをするなんて，信じられない」という気持ちから怒りを感じ，攻撃的な行動に出てしまうのである。バウマイスターはこのメカニズムを「自己本位性脅威モデル（threatened egotism model）」と名付けた（図11-1，本書第4章 図4-3も参照）。

自己評価が高い（あるいは実際の能力や状態と照らし合わせて，高すぎる）ことは決して適応的であるとは言えない，というのがバウマイスターの主張で

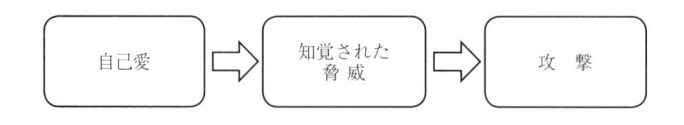

自己愛 ⇒ 知覚された脅威 ⇒ 攻撃

図11-1　自己本位性脅威モデル（Bushman & Baumeister, 1998をもとに作図）

ある。ちなみに、バウマイスターはさらに一歩踏み込んで、昨今の自己愛を過剰に高めるような育児や教育方針、たとえば「自分のことを大切に」といった教育が、場合によっては子供たちの攻撃性を高めてしまう危険性があることを指摘している（Baumeister, 2001）。

4. 自己愛と攻撃性

それでは、自己愛傾向と攻撃性との関連を実証的に検討した研究をいくつか紹介する。まず、ブッシュマン（Bushman, B. J.）とバウマイスターの実験では、別室にいる相手と2人一組になって、お互いに自分が書いた作文を評価しあう、という手続きを説明し（実際には相手はいない）、作文を書いてもらった（Bushman & Baumeister, 1998）。そして、「脅威条件」の対象者には、自分が書いた作文に対する相手からの評価として「こんなにひどい文章は見たことがない」と手書きで書かれた、非常に否定的な評価が渡された。「非脅威条件」の対象者には、肯定的な評価が渡された。その後、同じ相手と反応時間を競う課題を行い、勝ったときに相手に与えることのできる騒音の大きさと、持続時間を自由に設定させ、これを攻撃行動の指標とした。その結果、自己愛傾向が高い者は、脅威条件の場合に相手に対してより大きく、より長く騒音を与え、攻撃的に反応しやすいことが明らかとなった。一方、自己愛傾向が低い者は、脅威条件においても攻撃的な反応がみられなかった（図11-2）。

また、ストゥッケ（Stucke, T. S.）とスポーラー（Sporer, S. L.）は、自己

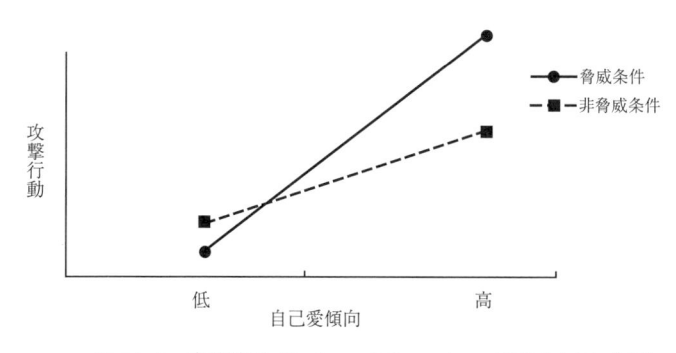

図11-2　実験結果（Bushman & Baumeister, 1998をもとに作図）

愛傾向だけでなく,「自己概念の明瞭性（self-concept clarity）」という個人特性にも着目した（Stucke & Sporer, 2002）。自己概念の明瞭性とは，自己概念（自分自身について持っている知識やイメージ）が明確に定義され，内的に整合しており，安定しているかどうかの程度のことを指す。これは自己本位性脅威モデルの論拠となっている，自己評価の不安定性を表す概念であるとも言えるだろう。彼らはこの自己概念の明瞭性と自己愛傾向を質問紙によって測定した上で，解答時間が短い知能テストを受けさせてわざと低い成績を取らせたり（研究1），絵から物語を作る課題を行わせ，実験者がそれに対して否定的な評価を与えたりすることで（研究2），自己に対する「脅威」を作りだした。そして，感情状態を測定するとともに，実験や実験者に対する評価を求めて，それを言語的攻撃の指標とした。その結果，自己愛傾向が高く，かつ自己概念の明瞭性が低い者において，最も怒りが強く，攻撃行動も生じやすくなることが明らかとなった。

　さらに，トマエス（Thomaes, S.）らは，小学校高学年の年齢にあたる児童を対象として，インターネットを通じて同じ性別，年齢の相手と反応時間を競うというゲーム課題を用いた実験を行っている（Thomaes, Bushman, Stegge, & Olthof, 2008）。ゲームの結果として，「恥あり条件」の対象者には，それまで最下位であった相手と対戦して自分が負けたという結果を示し，自分の名前が最下位に表示される画面を見せた。「恥なし条件」ではそのような結果のフィードバックを行わなかった。その後，ブッシュマンとバウマイスターの実験（Bushman & Baumeister, 1998）と同様に，次のゲームで勝ったときに相手に与えることのできる騒音の大きさを設定させ，これを攻撃行動の指標とした。その結果，自己愛傾向の高い児童が恥をかいた場合は，相手に対して，より攻撃的に反応することが明らかとなった。自己愛傾向の低い児童では，恥の有無による攻撃的反応の差がみられなかった。この結果より，自己本位性脅威モデルは成人だけでなく，児童においてもあてはまることがうかがえる。

　わが国においても，自己愛傾向と攻撃性との関連を示す結果がいくつかの研究から得られている。湯川（2003）は，質問紙調査によって自己愛傾向と攻撃性の関連を検討している。この研究では攻撃性を測定する際の代表的な尺度であるバス・ペリー（Buss-Perry）攻撃性質問紙の日本語版（安藤・曽我・山

崎・島井・嶋田・宇津木・大芦・坂井，1999）を用い，自己愛傾向との関連を検討するためにパス解析を行った。その結果，自己愛傾向は攻撃性の下位尺度である「短気」「敵意」「言語的攻撃」「身体的攻撃」の全てに関連しており，特に「言語的攻撃」「身体的攻撃」と強く関連していることが明らかとなった。また，この結果に加えて，自己愛傾向はテレビゲームやインターネットなどのメディアへの熱中度を高め，それがさらに攻撃性を強めていることも示唆された。

日比野・湯川・小玉・吉田（2005）は，中学生を対象とした質問紙調査によって，自己愛傾向が日常的な怒りやその表出行動に及ぼす影響を検討している。そしてここでは，小塩（1998）による自己愛傾向の下位尺度である3因子（優越感・有能感，注目・賞讃欲求，自己主張性）それぞれの影響についても検討されている。分析の結果，注目・賞賛欲求は怒りに対して直接的な正の影響がみられ，それに対して，優越感・有能感は「肥大化（ひどいことをされたとますます強く思えた）」という認知プロセスを介して，攻撃行動に対して正の影響がみられることが明らかとなった。

藤（2010）は，ウェブ上での攻撃性と自己愛傾向との関連を検討している。この研究ではウェブ日記利用経験者を対象に質問紙調査を行い，自己愛傾向とともに，ウェブ日記上での攻撃的言動，そしてウェブ日記利用に伴う日常生活での攻撃性への影響を尋ねた。その結果，自己愛傾向の下位尺度のうち，注目・賞賛欲求の高さは誹謗中傷的な内容の書きこみと関連しており，また優越感・有能感の高さは誹謗中傷的な内容の書きこみだけでなく，誹謗中傷的な内容の閲覧とも関連していることが明らかとなった。さらに，これらのウェブ上での攻撃的言動が，日常の攻撃性とも関連することが示されている。

5. 攻撃性と人間関係

このような「暴力的」な側面を持つ自己愛的な者は，周囲の他者からはどのようにみられているのであろうか。小塩（2002）は，質問紙調査による自己愛傾向の自己評定と，友人からの印象評定のデータを組み合わせることで，高自己愛傾向者の特徴を見出す試みをしている。その結果，高自己愛傾向者は友人

から「外向的」で「強い」という印象を持たれやすいことが明らかとなった。このうちの「強さ」に関しては，それが頼もしさとして映るのであれば望ましい特徴と言えるが，自己愛的な者の攻撃性を周囲の人間が読み取っていると解釈することもできる。

　ところで，攻撃性の高さは人間関係に対して否定的にしか働かないのだろうか。必ずしもそうとは言えない。攻撃性が低い場合には，他者から軽視されたり，一方的に搾取されたりしてしまうことも考えられるからである。道具的攻撃に限らず，怒りを伴う敵意的な攻撃であっても，結果としてそれが良好な結果をもたらすこともある。実際に，日常の怒りの経験について尋ねた調査研究（阿部，2002; Averill, 1982）においては，怒りを表出したことで，それまでよりも相手との関係が親密になったり，問題が解決したりするケースが多いことが明らかとなっている。アヴェリル（Averill, J. R.）が指摘するとおり，怒りはいわば「苦い薬」のようなものであり，短期的には怒った方，怒られた方の双方にとって不快で否定的な心理的経験となるが，長期的にみれば，人間関係の構築や維持に建設的な役割を果たしていると言える（Averill, 1982）。

　ただし，怒りの表出が人間関係に対して肯定的に働くためには，ある条件が必要となる。阿部・高木（2005）は怒りの表出による他者への影響を「怒り表出の対人的効果」と呼び，その規定因を検討した。その結果，怒り表出の正当性評価が，対人的効果を左右する中心的な要因であることが明らかとなった（図11-3）。正当性評価とは，「あの人が怒るのは正しい」「当然だ」あるいは反対に「こんなことで怒るなんておかしい」「怒るべきではない」といった規範的な判断のことである。

　怒りという感情は個人的なものではなく，怒りをどのような状況で，どのように表出すべきであるかについては，社会の中である程度共有された規範が存

怒り表出 ⇒ 正当性評価 ⇒ 対人的効果

図11-3　怒り表出の対人的効果（阿部・高木，2005をもとに筆者が作成）

在する。怒りが「正当だ」と判断されたときには，その怒りに対して謝罪や行動の改善がなされ，良好な対人的効果が生じやすくなる。反対に，怒りの表出が不当なものとみなされてしまうと，受け手はその不当な怒りに対して新たな怒りが生じ，もとの送り手に対して怒りを表出する。しかし最初に怒った方としては，「そもそも悪いのは相手なのに，それを棚に上げて怒ってくるなんて」とさらに腹を立てて怒りをぶつける。その結果，またその怒りの受け手が不当だと感じて，というように，終わりのない悪循環が生じてしまい，否定的な対人的効果が生じてしまう。このような葛藤のエスカレーションは，自分の正当性と相手の不当性を双方が訴え続けることから長期化しやすい傾向にあり，個人間葛藤から国家間葛藤にいたるまで，幅広くみられる現象である（De Dreu, 2010）。

6. 自己愛と対人葛藤

　葛藤のエスカレーションという現象からもわかるとおり，怒りの正当性というのは，怒りの送り手と受け手との間で必ずしも一致しない。むしろ，両者の正当性評価はずれることの方が多い。バウマイスターらの研究によれば，怒りの送り手は，ほぼ100％が自分の怒りを正当だと考えるのに対して，受け手が相手の怒りを正当だととらえるのは50％程度という結果が得られている（Baumeister, Stillwell, & Wotman., 1990）。怒り表出の対人的効果にとって重要なのは，自分自身が正当と感じるかどうかではなく，受け手に正当と思ってもらえるかどうかである。受け手が正当ととらえることによって初めて，怒りの肯定的な対人的効果を期待することができる。反対に，自分の考える正当性を過信して怒りをぶつけてしまうと，否定的な対人的効果が生じやすくなってしまうと言えるだろう。

　自己愛的な者の怒り表出は，受け手からは不当だと思われる可能性が高い。なぜなら，正当性評価は，「被害の認知」と「相手の責任性の認知」の2つによって規定されることが明らかとなっており（阿部・高木, 2005），傷つきやすく，自分に対してなされる配慮への期待値が高い自己愛者は，この2つのいずれも過度に高く評価しやすく，「自分こそが被害者だ」「悲劇の主人公だ」と

いう意識を持ちやすいからである。実際に，マッカロウ（McCullough, M. E.）らは，対象者に2週間日記を書いてもらうという日誌法を用いた研究で，自己愛傾向が高い個人ほど，自分が被害者となった出来事をより多く報告することを明らかにしており，彼らが被害者であると感じやすく，またそのことをアピールしやすい可能性を示唆している（McCullough, Emmons, Kilpatrick, & Mooney, 2003）。また，ストゥッケは，高自己愛傾向者は知能テストの結果に対して，成功したときは自分の能力に原因を帰属する一方で，失敗したときは課題の難しさに原因を帰属するという，いわゆる自己奉仕的（self-serving）な認知傾向を持っていることを明らかにしている（Stucke, 2003）。そしてこの認知傾向が，自己愛傾向と怒りの媒介要因であることも示している。すなわち，こうした自己防衛的な帰属が，他者に対する批判的な態度となって表れ，怒りへとつながっていくのであろう。

　上記のような自己愛的な人々の特徴は，相手との間に正当性評価のズレを生み，対人葛藤のエスカレーションを引き起こすことになる。ルロールとアンドレ（Lelord & André, 1996 高野訳 2001）は，自己愛的な夫とその妻のやりとりの事例として，次のようなエピソードを紹介している。

> 　夫は<u>自慢ばかりしているの</u>。こんなやり方で契約を取ってきたとか，テニス大会で優勝したとか。そうやって，「すごいわね」って人から感心してもらいたいのね。でも，私は夫の自慢が始まるたびにイライラして，<u>絶対に感心してなんかやらないの</u>。そうすると，夫は今度は不機嫌になって，<u>自分勝手な行動を始めるの</u>。それで，私のほうは頭にきてしまって，「エゴイスト」とか，「自分のことしか考えないんだから」なんていってしまうのよ。　　　　　（Lelord & André, 1996 高野訳 2001, p.136　下線は筆者）

　このエピソードによく表れているように，自己愛的な者とのやりとりでは，一方の「不当」な行為に対する「正当」な怒りの表出が，相手にとっては「不当」に感じられ，それに対する「正当」な反撃が加えられるという，悪循環が生じやすくなってしまう。

　自己愛傾向と怒りの正当性を直接扱った研究として，阿部・高木（2006）を

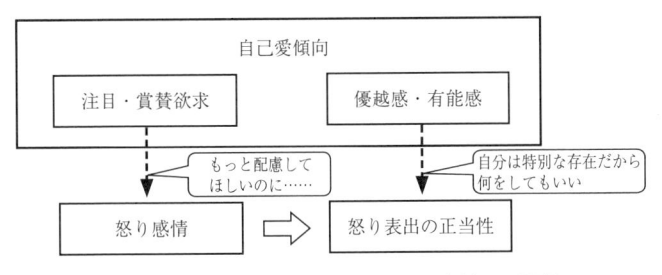

図11-4　自己愛傾向と怒り表出の正当性との関係

紹介する。この研究では，自己愛傾向が怒り表出の正当性評価に及ぼす影響を，場面想定法を用いた質問紙実験によって検討した。その結果，自己愛傾向の下位尺度のうち，優越感・有能感が高い者ほど，自分の攻撃的な怒り表出を正当と評価しやすいことが明らかとなった。攻撃的な表出反応は，一般に許容されにくい行為であるが，優越感・有能感の高い者は「自分は特別な存在だから何をしてもよい」という尊大さによって，正当性を高く評価しがちだと考えられる。一方，注目・賞賛欲求が高い者ほど，（自己本位性脅威モデルで想定されているとおり）被害状況に対して敏感に反応し，怒りを感じやすかった。そして，怒りを感じやすいほど，自分が攻撃的に怒りを表出することを正当だと考えやすいことが明らかとなった（図11-4）。ただその一方で，興味深い事実も確認された。注目・賞賛欲求が高い者は，直接的な影響としては，攻撃的な表出反応を不当と評価しやすいということも確認されたのである。つまり，自己愛傾向の中でも，注目・賞賛欲求の高い者は，怒りを感じやすいと同時に，それを表面化させることは不当だと感じるため，ある程度は自己の内面に怒りを抑制する可能性が考えられる。こうした知見から，高自己愛傾向者をさらに下位分類していくことで，怒りの表出やその正当性評価においても，さまざまなパターンがみられる可能性が考えられる。

7. 自己愛と返報性

次に，自己愛的な者の返報性に対する意識からも，対人葛藤への影響につい

て考えてみたい。返報性とは，何か恩恵を受けたら，その人に対してお返しをする，いわゆるギブ・アンド・テイクの関係であり，日常生活の中でもきわめてありふれた心理プロセスである。グールドナー（Gouldner, A. W.）は互恵性を社会規範の中で最も重要なもののひとつとして挙げている（Gouldener, 1960）。また，好意の返報性（他者から好意を持たれると，自分もその相手に対して好意を持ちやすくなること），自己開示の返報性（他者から自己開示されると，自分もその相手に対して自己開示しやすくなること）などの存在も明らかになっているとおり，物質的な交換以外においても幅広くみられる現象である。

　この返報性と関連する概念に，負債感がある。グリーンバーグ（Greenberg, M. S.）によると，負債感とは，「援助者に返報するように義務づけられた心理的な状態」のことである（Greenberg, 1980）。たとえば，ある人物から一方的に援助を受け続けている者が，「いつも助けてもらってばかり，いつも何かしてもらってばかりで申し訳ない」と感じることを指す。それに対して，自分が返報を求める気持ちを，返報性への「期待感」として定義することができる。期待感は負債感と正反対の概念であり，負債感が何かをしてもらったときにお返しをしなければいけない，という意識であるのに対して，期待感は自分が何かしてあげたときに，お返しをしてほしい，という意識のことである。

　田中（2010）は，自己愛傾向と負債感，期待感との関係を検討するために質問紙調査を行った。その結果，自己愛的な者は自分が何かをしてあげたときには相手に対してより強く返報を期待するのに対して，自分が何かをしてもらったときには負債感を感じにくいことが明らかとなった。つまり自己愛的な者は，自分が何かをしたときには，してあげた相手からはお返しをもらうのは当然と考えるのに対して，自分が何かをしてもらったときには，お返しをしようという意識が生じにくい，ということになる。互恵性が最も基本的かつ重要な社会的規範であるのならば，返報性にもとづく負債感を持たない，そしてそれにもかかわらず期待感だけは持つ，という自己愛的な者の特徴は，対人葛藤を起こしやすくする理由のひとつになると言えよう。こうした返報性に対する意識の観点からも，自己愛傾向と対人葛藤との関連について，今後さらに検証していく必要があるだろう。

8. 高自己愛傾向者がよりよい人付き合いをするために

ここまで紹介してきたように，対人関係上の問題を抱えやすい自己愛的な者が望ましい人間関係を築くためには，どのような方策が考えられるのであろうか。ここでは，「自己愛を支える」「他者との共通点を意識する」「他者の立場を理解する」という3点について考えてみたい。

(1) 自己愛を支える

まず，自己愛を支えるという観点についてであるが，これはトマエスら（Thomaes, Bushman, de Castro, Cohen, & Denissen, 2009）によって行われた研究で示されている。彼らは12～15歳の青少年を対象にした学校での現場実験を行い，一方の条件では自分自身の最も重要だと思う側面について書いてもらう課題を与え，もう一方の条件では，自分自身の最も重要でないと思う側面について書いてもらう課題を与えた。その結果，重要だと思う側面について書いた条件では，高自己愛傾向者が自己への脅威を受けた場合でも，その後の1週間にわたって，クラスメートの評定による日常の攻撃行動が低い水準であることが明らかとなった。この結果より，トマエスらは自己愛を「高める（boost）」のではなく「支える（buttress）」，すなわち「自分が何者であるか」を意識し，自己に対する脅威への抵抗力をつけることが，自己愛的攻撃を減少させる上で重要であることを指摘している。つまり，自己愛そのものを問題とするのではなく，その不安定さを抑えることに焦点を当てた方策であると言えるだろう。これは自己概念の明瞭性に着目したストゥッケとスポーラー（Stucke & Sporer, 2002）の研究結果（本章第4節参照）とも整合しており，一定の有効性があると考えられる。

(2) 他者との共通点を意識する

高自己愛傾向者は，自分と共通点がある他者に対してはどのように振る舞うのであろうか。コンラス（Konrath, S.）らの実験（Konrath, Bushman, & Campbell, 2006）は，ブッシュマンとバウマイスター（Bushman & Baumeister,

1998）の実験と同様の手続きで，自分の作文に対して否定的な評価をした相手に対して，騒音を与えるという状況を設定した。ただし，ここでは新たな条件操作を追加した。一方の条件では，対象者は相手と誕生日が同じであったり（研究1），指紋の形が類似している（研究2）ことを伝えられたりするのに対して，別の条件では，そのような共通点は示されなかった。その結果，共通点のない相手に対しては，これまでの研究と同じく，自己愛的な者は攻撃的な反応を示したにもかかわらず，相手と共通した部分があることを伝えられた場合には，攻撃的な反応を示さないことが明らかとなった。

　共通した側面を持つ他者に対して，自己愛的な者が攻撃的でなくなるのはなぜであろうか。それは，自己愛的な者は自分に対して好意的な感情を持っており，その自分と類似している他者に対しても好意的な感情を持ちやすく，攻撃的な反応が抑えられるためと解釈されている。しかし，自己の一部，あるいは自己の拡張として類似した他者をとらえているのだとすれば，返報性に対する意識で確認されたような，自己愛的な者に特有の，自己中心的，搾取的な関係志向はむしろ強まる危険性も考えられる。他者との共通点を意識することが，攻撃性以外の側面においても望ましい影響を及ぼすのかについては，今後慎重に検討する必要があるだろう。

(3) 他者の立場を理解する

　最後に，他者の立場を理解する，ということについて考えてみたい。本章の第6節で確認したとおり，自己愛的な者は自分の怒りの正当性を過度に高く評価しがちである。もし彼らが，正当性を絶対的なものではなく，相手との関係の中で築かれる相対的なものであると認識し，怒りを表出するときにもそのような配慮ができるようになれば，対人関係も大きく変わる可能性がある。すなわち，相手の立場を理解し，他者の視点の獲得を促すこともひとつの方策としてあるように思われる。その際には，特定の他者との共通点を意識するよりもむしろ，自分とはまったく異なる人も含めた，他者全般に対する尊重の意識が重要となるのではないだろうか。このことを直接的に扱った研究はこれまでにないが，いくつか参考とすべきものはある。たとえば，常岡・高野（2009）は，ある人物の写真を見せ，その人が過ごす1日を想像してもらうだけで，そ

の人物以外の他者に対する攻撃性が低減することを示している。ただし，この研究では自己愛傾向との関連は検討されていない。また，フィンケル（Finkel, E. J.）らの実験では，教師が生徒に勉強を教えているところなどの写真を見せ，協調的（communal）な思考を活性化させることで，高自己愛傾向者は他者との良好な関係を築くことに対して，より積極的になることが示されている（Finkel, Campbell, Buffardi, Kumashiro, & Rusbult, 2009）。そして実験室実験だけでなく，夫婦やカップルを対象にした縦断的な調査も実施した上でメタ分析を行ったところ，この効果は，低自己愛傾向者よりも高自己愛傾向者においてより顕著にみられることが明らかとなった。彼らはこの結果を，高自己愛傾向者は協調的思考がもともと低い水準にあるため，何らかの刺激によってこれが活性化されると，より劇的な変化が生じるからではないかと解釈している。これらの研究は，高自己愛傾向者が他者の立場を理解する方策を考える上での，重要な示唆を与えるものと言える。

9. まとめ

以上述べてきたことをまとめると，そもそも，自己愛的な者は怒りを伴う敵意的攻撃行動を示しやすい。また，その怒りの表出の正当性評価も受け手との間でずれが生じやすいため，対人葛藤が深刻化しやすい。さらに，返報性に対する偏った意識も対人関係上の問題を引き起こしやすくしている可能性が考えられる。こうした自己愛的な者の対人関係上の問題への対処として，「自己愛を支える」「他者との共通点を意識する」「他者の立場を理解する」という3つのアプローチを紹介した。これまでの研究は「なぜ自己愛的な者は攻撃的なのか，あるいは人間関係で問題を抱えるのか」という，原因探索的な研究が多かったが，今後は「自己愛的な者が良好な人間関係を築くにはどうすればよいか」という，問題解決的な研究も多く進められるべきであろう。本章第8節で紹介した研究はいずれも最近数年間で公表されたものばかりであり，まさに自己愛研究の最前線である。今後の研究の進展によっては，より具体的な提言や介入を行える可能性を秘めている。

[引用文献]

阿部晋吾 (2002). 怒りの表出経験と被表出経験——調査概況—— 人間科学（関西大学大学院社会学研究科）, **57**, 61-74.

阿部晋吾・高木 修 (2005). 怒り表出の対人的効果を規定する要因——怒り表出の正当性評価の影響を中心として—— 社会心理学研究, **21**, 12-20.

阿部晋吾・高木 修 (2006). 自己愛傾向が怒り表出の正当性評価に及ぼす影響 心理学研究, **77**, 170-176.

安藤明人・曽我祥子・山崎勝之・島井哲志・嶋田洋徳・宇津木成介・大芦 治・坂井明子 (1999). 日本版 Buss-Perry 攻撃性質問紙 (BAQ) の作成と妥当性, 信頼性の検討 心理学研究, **70**, 384-392.

Averill, J. R. (1982). *Anger and aggression: An essay on emotion*. New York: Springer-Verlag.

Baron, R. A., & Richardson, D. R. (1994). *Human aggression* 2nd ed. New York: Plenum Press.

Baumeister, R. F. (2001). Violent pride. *Scientific American*, **284**, 96-101.

Baumeister, R. F., Smart, L., & Boden, J. M. (1996). Relation of threatened egotism to violence and aggression: The dark side of high self-esteem. *Psychological Review*, **103**, 5-33.

Baumeister, R. F., Stillwell, A., & Wotman, R. (1990). Victim and perpetrator accounts of interpersonal conflict; Autobiographical narratives about anger. *Journal of Personality and Social Psychology*, **59**, 994-1005.

Bettencourt, B. A., Arlin, A. T., Benjamin, J., & Valentine, J. (2006). Personality and aggressive behavior under provoking and neutral conditions: A meta-analytic review. *Psychological Bulletin*, **132**, 751-777.

Bushman, B. J., & Baumeister, R. F. (1998). Threatened egotism, narcissism, self-esteem, and direct and displaced aggression: Does self-love or self-hate lead to violence? *Journal of Personality and Social Psychology*, **75**, 219-229.

Buss, A. H. (1961). *The psychology of aggression*. New York: Wiley.

De Dreu, C. K. W. (2010). Social conflict: The emergence and consequences of struggle and negotiation. In S. T. Fiske, D. T. Gilbert, & G. Lindzey(Eds.), *Handbook of social psychology* 5th ed. New York: Wiley, pp. 983-1023.

Finkel, E. J., Campbell, W. K., Buffardi, L. E., Kumashiro, M., & Rusbult, C. E. (2009). The metamorphosis of Narcissus: Communal activation promotes relationship commitment among narcissists. *Personality and Social Psychology Bulletin*, **35**, 1271-1284.

藤 桂 (2010). インターネット利用が社会性および攻撃性に及ぼす影響——インターネット行動尺度による分析を通して—— 2009年度筑波大学大学院人間総合科学研究科博士論文

Gouldner, A. W. (1960). The norm of reciprocity: A preliminary statement. *American Sociological Review*, **25**, 161-178.

Greenberg, M. S. (1980). A theory of indebtedness. In K. J. Gergen, M. S. Greenberg, & R. H. Willis(Eds.), *Social exchange: Advances in theory and research*, New York: Plenum Press, pp. 3-26.

日比野桂・湯川進太郎・小玉正博・吉田富二雄（2005）．中学生における怒り表出行動とその抑制要因——自己愛と規範の観点から—— 心理学研究, **76**, 417-425.

Konrath, S., Bushman, B. J., & Campbell, W. K. (2006). Attenuating the link between threatened egotism and aggression. *Psychological Science*, **17**, 995-1001.

Krahe, B. (2001). *The Social Psychology of Aggression*. Hove: Psychology Press.

Lelord, F., & André, C. (1996). *Comment gérer les personnalités difficiles*. Paris: Editions Odile Jacob.
　（ルロール，F.・アンドレ，C. 高野 優（訳）（2001）．難しい性格の人との上手なつきあい方 紀伊國屋書店）

McCullough, M. E., Emmons, R. A., Kilpatrick, S. D., & Mooney, C. N. (2003). Narcissists as "victims": The role of narcissism in the perception of transgressions. *Personality and Social Psychology Bulletin*, **29**, 885-893.

大渕憲一（1993）．人を傷つける心——攻撃性の社会心理学—— サイエンス社

小塩真司（1998）．自己愛傾向に関する一研究——性役割観との関連—— 名古屋大学教育学部紀要（心理学）, **45**, 45-53.

小塩真司（2002）．自己愛傾向によって青年を分類する試み——対人関係と適応，友人によるイメージ評定からみた特徴—— 教育心理学研究, **50**, 261-270.

Stucke, T. S. (2003). Who's to blame? Narcissism and self-serving attributions following feedback. *European Journal of Personality*, **17**, 465-478.

Stucke, T. S., & Sporer, S. L. (2002). When a grandiose self-image is threatened: Narcissism and self-concept clarity as predictors of negative emotions and aggression following ego-threat. *Journal of Personality*, **70**, 509-532.

田中結子（2010）．個人特性が期待感と負債感に及ぼす影響 2009年度梅花女子大学現代人間学部卒業論文（未公刊）

Thomaes, S., Bushman, B. J., de Castro, B. O., Cohen, J. L., & Denissen, J. J. A. (2009). Reducing narcissistic aggression by buttressing self-esteem: an experimental field study. *Psychological Science*, **20**, 1536-1542.

Thomaes, S., Bushman, B. J., Stegge, H., & Olthof, T. (2008). Trumping shame by blasts of noise: Narcissism, self-esteem, shame, and aggression in young adolescents. *Child Development*, **79**, 1792-1801

常岡充子・高野陽太郎（2009）．他視点取得と攻撃行動 日本社会心理学会第50回大会・日本グループダイナミックス学会第56回大会合同大会発表論文集, 810-811.

湯川進太郎（2003）．青年期における自己愛と攻撃性——現実への不適応と虚構への没入をふまえて—— 犯罪心理学研究, **41**, 27-36.

第12章 自己愛と現代青年の友人関係

岡田　努

1. 現代青年の友人関係の特質

(1) 友人関係の変容

　青年期の友人関係は，友情への渇望や，きびしい選択の葛藤に迫られながら，一方で自我同一性の確認を求める深い人格的結合を特徴とすると考えられてきた（たとえば，西平，1973）。またそうした親密な友人関係は，他者への利他的な愛情の原型となり人格的な修正をもたらすものであり（Sullivan, 1953），また精神内界においても，相手を自我の延長とみなすような同一視を伴い，これを通して安定した衝動コントロールが可能となる（Blos, 1962）などの役割を持つと考えられてきた。松井（1990）は友人関係が社会化に果たす役割として，①友人が，青年にとって自分もそうありたいと思う手本としての発達的モデルとなり，自分の人生観や価値観を広げるという「モデル機能」，② 友人の存在によって不安を解消し精神的健康を維持する「安定化機能」，③ 家族外の他者ともうまく相互作用できるための対人的な技術を学習する機会としての「社会的スキルの学習機能」の3点を挙げている。このように青年期の親密な友人関係は，個人の適応や発達に大きな意味を持つと考えられてきた。

　一方，現代の青年は，情緒的に深い関わりを避け，互いに傷つけ合わないよう気を遣う傾向があるという指摘が1980年代半ばころからなされるようにな

ってきた。佐山（1985）は東京都生活文化局における中学・高校生に対する調査報告として，「ウケるようなことをよくする」「一人の友と特別親しくするよりはグループ全体で仲良くする」「相手に甘えすぎないようにする」などへの反応が高いことから，円滑で楽しい友人関係を求めながらも，関係が深まることは拒絶するといった傾向を指摘している。上野・上瀬・松井・福富（1994）は，首都圏の高校生に対する友人関係の調査研究を行った。回答者の交友関係（友人との心理的距離，友人に対する消極的同調性）の大小から表面的交友，個別的交友，密着的交友，独立的交友の各群に分類し，それぞれの公的自己意識，劣等感，問題行動への念慮，家族適応などの心理的特性および，本人が望む生き方などについて検討が行われた。その結果，表面的交友群（心理的距離大，同調性大）においては，公的自己意識が高く，そのうち男子は劣等感や問題行動念慮などの葛藤が高く，女子は家庭適応的で自分の楽しみを追求する傾向が見られた。また，心理的距離が小さく同調性が高い「密着的交友群」においては，やはり公的自己意識が高く，その他家庭的で身近な狭い世界に埋没した私生活主義の傾向が見られた。このように同調性が高い群において，ともに自己意識が高く，他者の視線を気にする評価懸念があると考えられた。

　児美川（2006）は，現代の若者の友だちづきあいの暗黙のルールとして，相手に対する配慮を示すこと，負担をかけないこと，不快な思いをさせないこと，内面やプライベートの領域には踏み込まないことの4点を挙げている。そして，成人世代の感覚とは異なり，現代の青年にとっての友人関係とは，遠慮や気兼ねなく個人的なことも何でも話せる関係ではなく，むしろ友だちだからこそ，細心の気遣いが必要なのだとしている。

　土井（2008）は，現代の青年は，互いの対立の顕在化を極端に恐れ，いかなる場合でも，相手を傷つけないよう細かい配慮を行う「優しい関係」にエネルギーを費やしているとしている。その背景には，不安定な自己や自己肯定感の脆弱さがあり，これを支えるためには，身近な人間からの承認を受け続けなければならないとし，相手の反応を少しでも読み違えれば，そうした関係が破綻し，自己の存在基盤を揺るがしてしまうのだとしている。

　岡田（2007a）は，現代青年の友人関係に関する言説を，「関係の希薄さ（対人関係からの退却）」「見かけのノリのよさ（群れ）」「やさしさ（傷つけられ

る・傷つけることへの恐れ)」に分類した。これらの特徴は，相互に関連しあっている一方で，すべての特徴を現代青年が一様に持っているわけではなく，それらの強弱によって，いくつかの対人関係のパターンに分かれる。

またこうした友人関係の変容とともに，自己に対する態度の変容も指摘されている。鍋田 (2007) は，心理臨床場面において，自分の内面的な問題を言語化できない青年が増加しているとしている。滝川 (2004) は，青年の内面性の変化の背景に，社会全体が硬質な規範性を失い，青年自身にとって，悩みが明確な輪郭をとりにくくなったことを挙げている。また速水 (2006) は，自分の過去の実績や経験に基づかないまま，根拠のない自信を持ち他人を見下す青年が近年増えているとし，これを「仮想的有能感」と呼んでいる。速水は，こうした青年が生み出される背景には，希薄化した人間関係があるとしている。すなわち，人間関係の中で孤立することによって，他者に脅威を感じ，それに対する防衛として，他者を軽視し背伸びをするようになると言う。

(2) 希薄化論への反論

菅原 (1989) は，東京都内の中学，高校生への調査結果から，「友人一般」との間では，「一人の友と特別親しくするよりはグループ全体で仲よくする」などのお互いの間に距離を置くようなつきあい方とともに，「心をうちあけあう」といった項目への肯定率も半数を超えており，また「最も親しい同性の友人」との間では，「ほかの人には話せない悩みなどを打ち明ける」など，相手の心やプライバシーに深く踏み込む関係への肯定率が上位を占めていることを見出した。これらのことから青年が距離をとった対人関係を持つのは，排他的な感情というよりも，相手の気持ちを尊重しながら適切な距離を置くといった，大人の対人的なスキルを身につける発達的プロセスの表れであるとしている。

福重 (2006) は，2002年に行われた東京都と神戸市の16～29歳の青年に対する調査の結果から，次のような指摘を行った。すなわち，「友だちといるより，ひとりでいるほうが気持ちが落ち着く」「友だちとの関係はあっさりしていて，お互い深入りしない」など友人関係の希薄化を示す項目では，5割弱の肯定率が見られた。このことから，すべての若者の対人関係が希薄化したわけではないとしている。さらに，「真剣に話ができる」「自分の弱みをさらけ出

せる」「一緒にいると安心する」「ケンカしても仲直りできる」などの項目では，いずれも過半数の肯定率であった。このことから，友人の心理的安定化機能および対人スキルの学習機能については担われているとも指摘している。

浅野（2006）は，現代青年は，学校や地域社会以外に，アルバイト，インターネット，携帯サイト等様々なチャンネルを持ち，それぞれの場にふさわしい態度を敏感に読みとる繊細な感受性を育んでいるとしている。すなわち，現代青年は関係が希薄化したのではなく，状況に応じて関係を選択的に使い分ける「多チャンネル化」が進行したのだとしている。

このような関係の多チャンネル化に対応して，自己のあり方もまた多元化していると考えられている。岩田（2006）は，1992年と2002年の調査を比較した結果，自己一貫性や自分らしさを求める内容の項目への肯定率が低下し，「場面によって出てくる自分は違う」「本当の自分というものは一つとは限らない」など可変性や多元性を示す項目への肯定率が上昇したとしている。浅野（2006）は，このように複数の自分らしさの軸足を持つことは，価値観が流動化した現代においては，単一の自分らしさにこだわるよりも適応的なあり方であるとしている。多元的な自己のあり方はまた，傷つきやすい自己を守るための防衛的な方略と考えることもできる（岡田，2011a）。すなわち，唯一のコアな自分を持たず複数の軸足を持つことによって，一つの自己が傷ついても，それを切り離し別の軸足に乗り換え，全体へのダメージを防ぐことができるのである。

以上のように，青年の友人関係が全般的に希薄化したとする言説に対しては，早い段階から異論も提出されていた。

2. 現代青年の友人関係と自己愛：実証的研究から

（1）現代青年の友人関係のパターンと自己愛

岡田（2007b）は，現代青年に特徴的とされる友人関係のあり方と自己愛，自尊感情の関連について，大学生に対する調査を行った。現代青年に特有の友人関係，病理的自己愛，自己愛傾向，境界性パーソナリティ傾向，自尊感情などについての質問項目が実施された。このうち病理的自己愛に関する尺度は，

レイパン（Lapan, R.）とパットン（Patton, M. J.）に基づいて評定尺度に再構成されたもの（Lapan & Patton, 1986），また自己愛傾向については，小塩（1998）が作成した自己愛人格目録短縮版（NPI-S）が用いられた。友人関係のあり方を変数としたクラスタ分析の結果，次の3群が得られた。第1クラスタ：内面的友人関係を避ける傾向である「自己閉鎖」と「傷つけられることの回避」「傷つけることの回避」の得点が小さく，傷つけ合うことを気にせずに内面的友人関係を持つ傾向が高い「個別関係群」，第2クラスタ：「自己閉鎖」が高く，「快活的関係」が低く，友人関係から回避し自分に閉じこもる傾向を有する「関係回避群」，第3クラスタ：「傷つけることの回避」「傷つけられることの回避」「快活的関係」が高く，自他共に傷つくことを回避しつつ，円滑な関係を指向する「群れ指向群」である[†1]。

「個別関係群」の青年は，相対的に自尊感情が高く自己愛や境界性パーソナリティ障害傾向が低いなど，全体的に適応的な傾向が見られた。一方，「関係回避群」の青年は，自尊感情が低く，境界性パーソナリティ障害傾向の得点が高かった。「群れ指向群」は，自尊感情は中程度であるが，病理的自己愛（他者評価過敏）やNPI-Sの「注目・賞賛欲求」得点が高かった（表12-1）。

ギャバード（Gabbard, 1994）や狩野（1994）は，自己愛性パーソナリティ障害について，他者の目を気にして内気で過敏な「過敏型」と，周囲を気にせず傲慢でサディスティックな誇大自己を主張する「誇大型」に分類した。「群れ指向群」は，自他を傷つけないように警戒することで，他者から肯定的評価を受けるような関係を維持し，それによって自尊感情の低下が抑制されるものと考えられ，過敏型自己愛に類似した特徴を持つと考えられた。

岡田（2011b）ではさらに，こうした友人との関係のあり方と自尊感情の関係についてのモデルが検討された。高校生と大学生に対して，以下の尺度が実施された。① 友人関係尺度：岡田（2007b）と同様のもの，② 被受容感・被拒絶感尺度：杉山・坂本（2006）が作成した「被受容感・被拒絶感尺度」から，高校生に実施するのに難解な項目を除いたもの，③ 自尊感情尺度：ローゼンバーグ（Rosenberg, 1965）によって作成され，山本・松井・山成（1982）が

[†1] クラスタ名は岡田（2010）において新たに命名されたもの。

表 12-1　全回答者および各クラスタでの平均・標準偏差およびクラスタ間での分散分析結果（岡田, 2010, p. 197, Table 12-2 を再構成）

		全体	1 個別関係群	2 関係回避群	3 群れ指向群	F 値（上段） 多重比較結果（下段）
	人数(男女)	261(96,165)	94(27,67)	115(49,66)	44(16,28)	
[友人関係]						
自己閉鎖	平均	55.265	47.372	62.191	54.364	$F(2,250)=85.599$**
	SD	10.467	8.021	7.521	9.686	$1<3<2$
	Z		-.754	.662	-.086	
	n	257	94	115	44	
傷つけられる	平均	32.690	27.309	34.626	38.818	$F(2,250)=79.014$**
ことの回避	SD	7.034	5.576	5.446	5.558	$1<2<3$
	Z		-.765	.275	.871	
	n	259	94	115	44	
傷つけることの	平均	41.116	37.819	40.643	49.182	$F(2,250)=63.181$**
回避	SD	6.903	6.249	5.348	4.427	$1<2<3$
	Z		-.478	-.068	1.169	
	n	259	94	115	44	
快活的関係	平均	12.498	13.043	11.304	14.136	$F(2,250)=23.423$**
	SD	2.784	2.643	2.620	2.247	$2<1<3$
	Z		.196	-.429	.588	
	n	261	94	115	44	
[自己愛人格目録短縮版（NPI-S）]						
優越感・有能感	平均	41.157	40.462	41.216	43.068	$F(2,245)=1.149$
	SD	9.529	9.996	9.137	8.745	
	n	255	93	111	44	
注目・賞賛欲求	平均	28.846	27.234	29.237	31.364	$F(2,249)=6.399$**
	SD	6.641	6.671	6.594	5.835	$1, 2<2, 3$
	n	260	94	114	44	
自己主張性	平均	32.139	33.287	31.596	31.318	$F(2,249)=2.636+$
	SD	6.006	6.388	5.645	5.750	
	n	260	94	114	44	
[病理的自己愛]						
他者評価過敏	平均	30.113	28.462	29.640	34.705	$F(2,246)=15.719$**
	SD	6.522	6.337	6.037	6.227	$1, 2<3$
	n	256	91	114	44	
[ボーダーライン・スケール(BSI)]	平均	42.214	38.247	44.381	43.409	$F(2,247)=6.017$**
	SD	13.348	12.387	13.272	13.591	$1<3, 2$
	n	257	93	113	44	
[自尊感情]	平均	38.112	40.435	36.728	37.886	$F(2,247)=5.133$**
	SD	8.646	8.401	8.119	8.927	$2, 3<3, 1$
	n	258	92	114	44	

* $p<.05$,　** $p<.01$

友人関係尺度下位尺度得点については各クラスタの平均標準得点を Z 欄に示した。
当該変数に欠損値を持つケースを除外しているため人数にはばらつきがある。

第4部　自己愛と対人関係

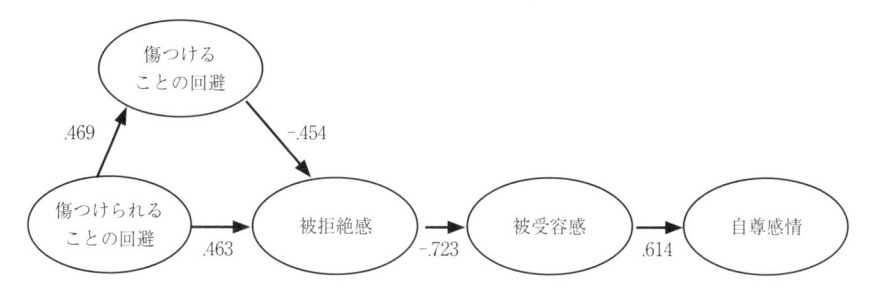

図12-1　採択されたモデルのパス係数（調査対象者全体での標準化係数）
（岡田, 2011b, Figure2 より）

日本語訳したもの。まず，友人関係尺度に基づいたクラスタ分析の結果，以下の3クラスタが得られた。すなわち，第1クラスタ：友人関係を避け相手を傷つけることを配慮しない「関係回避群」，第2クラスタ：傷つけられる恐れを持たず内面を開示するような関係を持とうとする「内面関係群」，第3クラスタ：傷つけ合うことを恐れながら友だちと群れて快活的な態度を示す「気遣い・群れ関係群」である（これらの群は，岡田（2007b）の「2関係回避群」「1個別関係群」「3群れ指向群」とそれぞれ共通した特徴を持つ青年群と考えられる）。回答者全体での共分散構造分析を行ったところ，友人から傷つけられることを回避しようとする心性が，友人を傷つけることを回避する心性を経て，被拒絶感を低減し，結果的に自尊感情を維持させること，またこれとは別に，傷つけられることを回避する心性は直接的には被拒絶感を高める効果があることが見出された（図12-1）。

次に，このモデルについて3群間での平均構造の多母集団同時分析を行った。関係回避群を基準にした外生変数の平均構造，内生変数の切片と平均値を表12-2に示す。特に，「気遣い・群れ関係群」においては，「傷つけられることの回避」の平均構造が最も高く，「傷つけることの回避」は3群間で中間的な値であった。また自尊感情については，切片は関係回避群よりも低いものの，平均構造は関係回避群よりも高かった。すなわち本群は友人と傷つけ合うことを回避することで，他者からの受容感を得ることによって，自尊感情を高揚さ

表 12-2　クラスタごとの平均構造と切片（岡田, 2011b に基づいて再構成）

クラスタ		1 関係回避群	2 内面関係群	3 気遣い・ 群れ関係群
人　数		209	133	129
傷つけられることの回避	平均	.000	-.408**	.333**
傷つけることの回避	切片	.000	.744**	.391**
	†平均	.000	.395	.676
被拒絶感	切片	.000	.162*	.000
	†平均	.000	-.194	-.031
被受容感	切片	.000	.120**	.192**
	†平均	.000	.270	.216
自尊感情	切片	.000	-.134**	-.134**
	†平均	.000	.087	.043

検定は第1クラスタ(基準)との差についてのもの。　　　　　　　　* $p<.05$,　** $p<.01$
† 外生変数の平均と非標準化パス係数に基づいて算出された値のため差の検定は行われていない。

せているものと考えられる。大石（2008）は，群れ傾向，気遣い傾向が高い者は内集団ひいきを示しやすく，逸脱者を排除する傾向が低いことを見出している。すなわち，群れて気を遣う友人関係の青年群は，所属集団のメンバーとのあつれきを極力避けることで「優しい関係」（土井, 2008）が破綻するのを防ごうとしているとも言えるだろう。このように「気遣い・群れ関係群」は，他者の視線や評価に敏感に反応することで自尊感情を維持・高揚させようとする傾向が顕著であり，岡田（2007b）の「群れ指向群」と同様，過敏型自己愛に類似した特徴を持つと考えられる。

　この調査では，論文に収録された上記データに加えて，大学生についてのみ，自己愛傾向に関する尺度（NPI-S）と，後述するふれ合い恐怖的心性に関する尺度も実施されていた。これらの各下位尺度平均得点について，各群間での一元配置分散分析を行い，有意なものについては Tukey 法による多重比較（5%水準）を行った。

　その結果，表 12-3 に見られるように，「気遣い・群れ関係群」は「注目・賞賛欲求」の得点が上位であり，岡田（2007b）に準ずる結果となった。

　従来の青年の友人関係に近い関係様式と考えられる「内面関係群」において

表 12-3　NPI-S 得点およびふれ合い恐怖得点のクラスタごとの平均と標準偏差

		1 関係回避群	2 内面関係群	3 気遣い・群れ関係群	群間の分散分析と多重比較結果
自己愛 優越感・有能感	平均	44.67	46.43	46.33	$F=1.06$
	SD	8.55	8.28	9.72	
	n	106	61	57	
注目・賞賛欲求	平均	22.19	25.02	24.93	$F=8.25$ **
	SD	5.21	4.97	5.37	$1<3, 2$
	n	109	63	58	
自己主張性	平均	24.79	27.78	25.31	$F=7.74$ **
	SD	4.88	5.04	4.74	$1, 3<2$
	n	107	63	58	
ふれ合い恐怖的心性 対人退却	平均	27.44	19.29	25.32	$F=34.07$ **
	SD	6.08	6.28	6.50	$2<3, 1$
	n	109	62	57	
関係調整不全	平均	20.46	16.05	20.48	$F=28.37$ **
	SD	4.02	3.87	3.98	$2<1, 3$
	n	109	63	58	

** $p<.01$．多重比較は 5% 水準の Tukey 法による．

は，「注目・賞賛欲求」と「自己主張性」の得点がともに高く，また自尊感情の得点も高かった。NPI-S のもとになったオリジナルの NPI（Raskin & Hall, 1979）は，尺度全体としては自己愛のうち誇大的な側面を主に測っているとも言われている（Zeigler-Hill, Clark, & Pickard, 2008）。また，落合（2009）においても，NPI-S の「注目・賞賛欲求」下位尺度は，誇大型自己愛と過敏型自己愛の両者に共通する特性から成る尺度群（クラスタ）を構成していた。すなわち「注目・賞賛欲求」によって測られる特徴には，他者からの評価にとらわれ安定した自己評価を維持できない過敏型自己愛の側面だけでなく，自分が賞賛されて当然であると自信を持つ誇大型自己愛の特徴もあわせ持つと考えられる。そして「内面関係群」は，他者から傷つけられることを懸念したり，それによって自信が揺らいだりすることのない，自信を備えた群であると言えるだろう。これは，揺るぎない肯定的自己観を持ち失敗を恐れない（清水・岡村，2010），エネルギッシュで適応的（清水・川邊・海塚，2007），他者への関心が高い（清水・川邊・海塚，2008）などと表現される誇大型自己愛の人間像とも符合する。

しかし，小塩（1998）において，「広く深い」友人関係を持つ青年の「自己

主張性」得点は高かったが,「注目・賞賛欲求」が高いのはむしろ「広く浅い」関係を持つ群であった。また,岡田（2007b）の結果（表12-1）を見ると,「内面関係群」と同様の特徴を持つ「個別関係群」の「注目・賞賛欲求」得点は3群中最低であった。また岡田（2007a）で指摘されるように,個別的友人関係の青年群は,積極性の程度や社会的スキルが低いという結果も得られている。さらに下村・堀（2004）や山浦（2006）など,就職活動における対人関係に関する研究からは,身近な友人関係のみに頼ることが,必ずしも適切な進路選択に結びつかないことが示されている。このように,友人関係の適応性や自己愛との関係については,さらなる検討の余地が残されている。

(2) ふれ合い恐怖との関連において

山田・安東・宮川・奥田（1987）や山田（1989）は,対人恐怖症の新たなパターンとして,会食や雑談などの場面で不安を感じる「ふれ合い恐怖」という症状群について述べている。従来の対人恐怖症が関係初期の「出会い」の場面に強い不安を感じるのに対して,「ふれ合い恐怖」は,表面的関係には困難を感じないものの,関係が深まる場面において症状が現れ,そうした場面を避けてしまうとされている。こうしたふれ合い恐怖の特徴は,岡田（2007a, b, 2011b）が指摘する対人関係から退却する「関係回避群」と共通する面を持つと考えられる。

岡田（2002）は一般の大学生における「ふれ合い恐怖」的傾向と友人関係との関連を検討した。ここでは一般青年のふれ合い恐怖傾向（ふれ合い恐怖的心性）についての尺度を作成し2つの下位尺度（対人退却,関係調整不全）を得た[†2]。従来型の対人恐怖傾向とふれ合い恐怖的心性の「対人退却」下位尺度からクラスタを構成し,現代青年特有の友人関係との関係を検討した。その結果,図12-2のように,ふれ合い恐怖尺度の「対人退却」得点が高い「ふれ合い恐怖群」では,友人関係の「不介入」得点が高く,「群れ」「気遣い」得点が

[†2] なお岡田（2002）では,「関係調整不全」下位尺度は,臨床群との差が見られないことから妥当性に疑いがあるとされたが,臨床的な問題には至らない一般的な青年に見られる心性という点では,再考の余地があると考えられる。

| 第4部　自己愛と対人関係

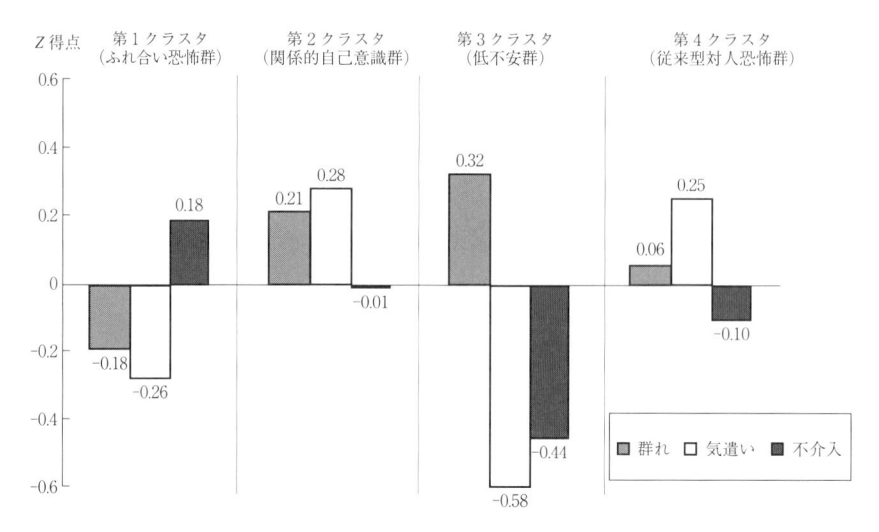

図12-2　各クラスタでの友人関係尺度標準得点の平均（岡田, 2010 に基づいて改変）

第1クラスタ（ふれ合い恐怖群）：群れ −0.18、気遣い −0.26、不介入 0.18
第2クラスタ（関係的自己意識群）：群れ 0.21、気遣い 0.28、不介入 −0.01
第3クラスタ（低不安群）：群れ 0.32、気遣い −0.58、不介入 −0.44
第4クラスタ（従来型対人恐怖群）：群れ 0.06、気遣い 0.25、不介入 −0.10

低かった。このように，ふれ合い恐怖傾向が高い青年は，友人に気を遣うことなく関係から退く特徴が見られ，また必ずしも表面的関係について円滑にこなすという特徴は見られなかった。しかし，どのような対人場面で不安ないし安心かを尋ねた質問（不安場面項目）については，ふれ合い恐怖群は公的場面や年長者・心情的に遠い他者との場面で他の群よりも不安感が低いことが示され，この点では，表面的関係への親和性をうかがうことができる。

では，ふれ合い恐怖や「関係回避群」の青年の自己愛はどのような特徴を持つのだろうか。

福井（2007）は，ふれ合い恐怖が高い者は，自分が特別優れていて他者と同列に扱われたくないという高い自負心を持ち，孤高を保つために他者との関わりを避ける傾向があることを見出している。伊藤・村瀬・金井（2011）は，「自己愛的脆弱性」尺度から「ふれ合い恐怖」尺度および「対人恐怖心性」尺度へのパスを検討した。その結果，自己愛的脆弱性尺度のうち「自己緩和不全」と「潜在的特権意識」下位尺度は「ふれ合い恐怖」尺度との間でのみ正のパスが得られた。このことからふれ合い恐怖の背後には，他者に対して特別な

194

配慮を求める潜在的特権意識があり，そうした誇大的自己愛が満たされないことから他者と距離を置く傾向があるとしている。

岡田（2011b）における「関係回避群」を見ると，「傷つけることの回避」および「被受容感」の平均構造が他の群よりも低く，自尊感情の切片は他の群より高いが，平均構造は最も低い値を示していた（表12-2）。これは図12-1に示される過程において，他者を傷つけないように配慮をしないため，他者からの受容が得られず，自尊感情が相対的に低い位置づけになってしまったものと考えられる。これは，ふれ合い恐怖心性が高い者について，潜在的に持つ誇大的な自己愛が満たされないために他者との距離を置くとした伊藤らの説明と符合すると言えよう。また表12-3を見ると，「関係回避群」は，「注目・賞賛欲求」の得点が他の群に比べ低い。すなわち，他者の視線からあらかじめ退却したところで安定するというふれ合い恐怖についての指摘（岡田 1993, 2002）とも整合する。また，川崎・小玉（2010）は，対人恐怖傾向が具体的評価と自己受容の両者から負のパスを受けていることから，社会的望ましさがなく受け入れがたい存在である自己が他者に露見することを避けるという対人恐怖者の特徴を見出している。対人恐怖の亜系であるふれ合い恐怖においても，他者に配慮しない関係パターンによって潜在的な誇大的自己愛があらわになり，それが受け入れられずに自らが傷つくのを防衛するために，対人関係が深まる場面を遠ざけていると考えることもできる。

なお表12-3では，「気遣い・群れ関係群」と「関係回避群」のふれ合い恐怖尺度の得点はいずれも「内面関係群」よりも高かった。このように，「関係回避群」だけでなく「気遣い・群れ関係群」も対人関係の問題を抱えていることが示唆される。

（3）ランチメイト症候群

近年，「一人で昼食を食べる姿を見られるのが怖い」「友だちがいないと思われるのがいやで，（トイレの個室などで）隠れて食事をとる」といった若者の存在が指摘されている。昼食を一緒に食べる相手（ランチメイト）がいない事態を恐れることから，町沢（2001）はこれを「ランチメイト症候群」と命名した。佐藤・畑山（2002）は，昼食時や空き時間に対する不安が高いランチメ

イト症候群傾向が高い者ほど社会的スキルが低いことを見出した。このように，対人関係上の問題を持つ青年が友人との会食場面に困難を感じるという点では，ランチメイト症候群とふれ合い恐怖は，行動レベルにおいて共通した特徴を持つように見える。

一方，辻（2009）は，現代の青年が困難を感じるのは，一人でいることそのものよりも，友だちがいないように見られることへの耐え難さであり，そうした他者の視線のプレッシャーを強く感じてしまうことが，若者にとって大きな問題となるとしている。そのため，食事をする相手を何としてでも見つけようとし（辻，2009），相手が見つからないことで，出社拒否・不登校などに陥ってしまうケースもある（町沢，2001）と言う。

このようにランチメイト症候群の青年は，過敏型自己愛によって他者の視線や評価に過剰に反応し翻弄されている青年と言えるだろう。一方，ふれ合い恐怖の青年は，先に述べたように，他者からの視線や評価の圏外に身を置くことで，潜在する誇大的な自己愛を守ろうとしていると考えられる。この点では，ランチメイト症候群とは異なっていると言えよう。

3. まとめ

以上のように，現代青年の友人関係の特徴からは，様々な類型ないしは特徴が見出される。これらの青年像を他者からの評価・視線への懸念の高低から整理し，表12-4のような位置づけを試みた。

① ランチメイト症候群は辻（2009）が述べるように他者からの視線のプレッシャーに圧倒され，そこに迎合できない場合は，隠れて食事をするなど，その場から逃避せざるを得ない青年と考えられる。
② 岡田（2007b, 2011b）などに見られる，気を遣いながら群れる青年（群れ指向群，気遣い・群れ関係群），あるいは土井が述べる「優しい関係」を求める青年は，他者からの評価や視線を気にしながらも，傷つけ合わないように配慮をすることで，円滑な関係を維持し，自尊感情を保っていると言えよう。この①・②の青年像は，過敏型自己愛の特徴と重なる面が大きいだろう。

表 12-4 現代青年のさまざまなタイプと他者からの評価・視線への懸念，自己愛スペクトラムの関連についての試案

他者からの評価・視線への懸念	顕形	特徴	自己愛スペクトラム
大↑	① ランチメイト症候群	他者の視線のプレッシャーに圧倒され逃避	過敏型自己愛↑
	② 気遣い・群れ	傷つけ合うことを避けて円滑な関係を維持	
	③ 多元的自己	様々な自己を分離させておくことで他者からの視線に傷つくことから防衛	
	④ 内面的・個別的関係	他者から傷つけられることを恐れず関係を持つ	
	⑤ 仮想的有能感	他者からの評価を気にせず自己愛的になれる	
	⑥ ふれ合い恐怖的心性	他者からの視線・評価の圏外に撤退	
小↓		誇大的な自己が露呈しないよう防衛	誇大型自己愛↓

便宜上，より適応的と考えられるものを中心付近に，不適応的と考えられるものを上下の端に位置するように並べてある。

③ 浅野（2006）や福重（2006）が述べる，多元的な自己を持つ青年は，複数の軸足の自己を切り替えることで，個々の場面に適応している。他者との円滑な関係を維持しながらも，他者からの評価に大きく依存するのではなく，それをうまく「かわし」ながら，複数の軸足の自己を使い分けることができる青年と考えられる。この中には②の青年のうち，傷つくことへの恐れが比較的低い青年が含まれるかもしれない。

④ 内面的関係・個別関係を持つ青年は，他者から傷つけられることを恐れず，積極的で適応的な誇大型自己愛の青年と考えられる。しかし先に述べたように，本群の適応性や自己愛の特徴に関しては，さらなる検証が必要だろう。

⑤ 仮想的有能感（速水，2006）を持つ青年は，他者からの評価を無視した形での高い自己評価に特徴がある。ここに示される青年像は，他者からの視線や評価を気にする過敏型自己愛とは異なり，自己の重要性に関する誇大な感覚，自分自身への特別視，特権意識など，誇大型の自己愛と重なる面が大きいだろう。

⑥ ふれ合い恐怖的心性を持つ青年は，他者からの評価にさらされないよう，自らの真の姿があらわになる親密な対人場面から退却してしまっている。その背後には伊藤ら（2011）が述べるように誇大型自己愛の心性が隠れていると考えられる。

このように，現代青年の特徴を他者からの評価・視線への懸念によって並べることで，過敏型 - 誇大型自己愛スペクトラムとの対応関係も見えてくる。またギャバード（Gabbard, 1994）が述べるように，過敏型，誇大型いずれの自己愛も自尊感情を維持するための防衛方略であるとすれば，他者の視線に対する態度を通して自尊感情を維持する方略の個人差という軸も想定できるだろう。ただし，それぞれの軸が平行したものなのか交わるものなのか，またこうした分類が，異なる青年に現れる類型なのか，現代青年が共通に内包する特性的なものであるかなどについては，さらなる検討が必要となるであろう。

[引用文献]

浅野智彦（2006）．若者論の失われた十年　浅野智彦（編）検証・若者の変貌――失われた 10 年の後に――　勁草書房　pp.1-36.

Blos, P. (1962). *On adolescence : a psychoanalytic interpretation.* New York: Free Press.

土井隆義（2008）．友だち地獄――「空気を読む」世代のサバイバル――　筑摩書房

福井康之（2007）．青年期の対人恐怖――自己試練の苦悩から人格成熟へ――　金剛出版

福重 清（2006）．若者の友人関係はどうなっているのか　浅野智彦（編）検証・若者の変貌――失われた 10 年の後に――　勁草書房　pp.115-150.

Gabbard, G. O. (1994). *Psychodynamic psychiatry in clinical practice: The DSM-IV edition.* Washington DC: American Psychiatric Press.

速水敏彦（2006）．他人を見下す若者たち　講談社

伊藤 亮・村瀬聡美・金井篤子（2011）．過敏性自己愛傾向が現代青年のふれ合い恐怖心性に及ぼす影響について――自己愛的脆弱性尺度を用いた検討――　パーソナリティ研究, **19**, 181-190.

岩田 考（2006）．若者のアイデンティティはどう変わったか　浅野智彦（編）検証・若者の変貌――失われた 10 年の後に――　勁草書房　pp. 151-189.

狩野力八郎（1994）．自己愛性人格障害　牛島定信（編）シリーズ精神科症例集 5「神経症・人格障害」　中山書店　pp. 274-285.

川崎直樹・小玉正博（2010）．自己に対する受容的認知のあり方から見た自己愛と自尊心の相違性　心理学研究, **80**, 527-532.

児美川孝一郎（2006）．若者とアイデンティティ　法政大学出版局

Lapan, R., & Patton, M. J.（1986）. Self-psychology and the adolescent process : Measures of pseudoautonomy and peer-group dependence. *Journal of Counseling Psychology*, **33**, 136-142.

町沢静夫（2001）．ランチメイト症候群について　学校保健のひろば 23　大修館書店　pp. 84-87.

松井　豊（1990）．友人関係の機能　斎藤耕二・菊池章夫（編著）　社会化の心理学／ハンドブック　川島書店　pp. 283-296.

鍋田恭孝（2007）．変わりゆく思春期の心理と病理――物語れない・生き方がわからない若者たち――　日本評論社

西平直喜（1973）．青年心理学　塚田毅（編）　現代心理学叢書 7　共立出版

落合萌子（2009）．2 種類の自己愛と自尊心，対人不安との関係　パーソナリティ研究, **18**, 57-60.

岡田　努（1993）．現代の大学生における"内省および友人関係のあり方"と"対人恐怖的心性"との関係　発達心理学研究, **4**, 162-170.

岡田　努（2002）．現代大学生の「ふれ合い恐怖的心性」と友人関係の関連についての考察　性格心理学研究, **10**, 69-84.

岡田　努（2007a）．現代青年の心理学――若者の心の虚像と実像――　世界思想社

岡田　努（2007b）．大学生における友人関係の類型と，適応及び自己の諸側面の発達の関連について　パーソナリティ研究, **15**, 135-148.

岡田　努（2010）．青年期の友人関係と自己――現代青年の友人認知と自己の発達――　世界思想社

岡田　努（2011a）．現代青年は自己愛的なのか？――友だちづきあいの特徴から見えてくるもの――　山崎久美子（編）　現代のエスプリ 522　自己愛の時代：現代社会の病理の解明に向けて　ぎょうせい　pp. 29-40.

岡田　努（2011b）．現代青年の友人関係と自尊感情の関連について　パーソナリティ研究, **20**, 11-20.

大石千歳（2008）．集団内逸脱者の排除現象と自己のあり方――黒い羊効果――　下斗米淳（編）　自己心理学 6　社会心理学へのアプローチ　金子書房　pp. 156-171.

小塩真司．（1998）．青年の自己愛傾向と自尊感情，友人関係のあり方との関連　教育心理学研究, **46**, 280-290.

Raskin, R., & Hall, C. S.（1979）. A narcissistic personality inventory. *Psychological Reports*, **45**, 590.

Rosenberg, M.（1965）. *Society and the adolescent self-image*. Princeton: Princeton University Press.

佐藤靜香・畑山みさ子（2002）．女子大学生の昼食時間への不安に関する調査研究――ランチメイト症候群検証の試み――　宮城学院女子大学発達科学研究, **2**, 81-87.

佐山菫子（1985）．友だちづきあい　東京都生活文化局　大都市青少年の人間関係に関する調

査——対人関係の希薄化との関連から見た分析—— 東京都青少年問題調査報告書, pp. 48-58.

清水健司・川邊浩史・海塚敏郎（2007）．青年期における対人恐怖心性と自己愛傾向の相互関係について 心理学研究, **78**, 9-16.

清水健司・川邊浩史・海塚敏郎（2008）．対人恐怖心性 - 自己愛傾向2次元モデルにおける性格特性と精神的健康の関連 パーソナリティ研究, **16**, 350-362.

清水健司・岡村寿代（2010）．対人恐怖心性 - 自己愛傾向2次元モデルにおける認知特性の検討——対人恐怖と社会恐怖の異同を通して—— 教育心理学研究, **58**, 23-33.

下村英雄・堀 洋元（2004）．大学生の就職活動における情報探索行動——情報源の影響に関する検討—— 社会心理学研究, **20**, 93-105.

菅原健介（1989）．現代青少年の人間関係は希薄か 詫摩武俊・菅原健介・菅原ますみ 羊たちの反乱——現代青少年の心のゆくえ—— 福武書店 pp. 37-52.

杉山 崇・坂本真士（2006）．抑うつと対人関係要因の研究——被受容感・被拒絶感尺度の作成と抑うつ的自己認知過程の検討—— 健康心理学研究, **19**, 1-10.

Sullivan, H. S. (1953). *The interpersonal theory of psychiatry*. New York: Norton.

滝川一廣（2004）．新しい思春期像と精神療法 金剛出版

辻 大介（2009）．友だちがいないと見られることの不安 少年育成, **54**, 大阪少年補導協会 26-31.

上野行良・上瀬由美子・松井 豊・福富 護（1994）．青年期の交友関係における同調と心理的距離 教育心理学研究, **42**, 21-28.

山田和夫（1989）．境界例の周辺——サブクリニカルな問題性格群—— 季刊精神療法, **15**, 350-360.

山田和夫・安東恵美子・宮川京子・奥田良子（1987）．問題のある未熟な学生の親子関係からの研究（第2報）——ふれ合い恐怖（会食恐怖）の本質と家族研究—— 安田生命社会事業団研究助成論文集, **23**, 206-215.

山本真理子・松井 豊・山成由紀子（1982）．認知された自己の諸側面の構造 教育心理学研究, **30**, 64-68.

山浦一保（2006）．大学生のかかわりあいのあり方は職業人生の始まりに何をもたらすのか？ 日常の対人関係で学び取ることによる効果 日本心理学会第70回大会ワークショップ「青少年のキャリア意識形成と自己意識の発達促進に関する基礎研究」

Zeigler-Hill. V., Clark, B., & Pickard, J. D. (2008). Narcissistic subtypes and contingent self-esteem: Do all narcissists base their self-esteem on the same domains? *Journal of personality*, **76**, 753-774.

第**5**部

自己愛研究のこれから

第13章 自己愛研究の近年の動向

川崎直樹

　ここまでの各章で，自己愛研究の最前線がそれぞれに語られてきた。本章では，それらの章では扱われなかったテーマや，現在まさに成長し始めている研究領域について概観し，現在の最前線の次にある課題について考えることを目的とする。

1. 現代社会の問題を反映した研究

(1) インターネットにおける対人関係

　自己愛的な対人関係の特徴については第4部で議論されていたが，近年，インターネットなどの情報技術の浸透，特に「フェイスブック」や「ミクシィ」をはじめとするソーシャル・ネットワーキング・サービス（SNS）の存在で，我々の対人関係に大きな変化が起きていると言われる。こうした流れを受け，SNSと自己愛の関連を見た研究がいくつか報告されている。

　ブッファルディとキャンベル（Buffardi & Campbell, 2008）は，SNSサイトフェイスブックの参加者128名の各自のページについて，外部評定者によってその特徴をコード化し，自己愛人格目録（Narcissistic Personality Inventory; NPI; 本書第2章参照）との関連を検討した。その結果，自己愛的な者ほど，

SNSで活発に活動しており，自己をよく見せる文章や写真をページに載せている傾向が示された。また，第三者がページを見てその人の印象を評定したところ，自己愛傾向の高い者ほど，第三者から見ても自己愛的であるという印象を持たれ，エージェンシー的印象（例：主張的・自信がある）が高く，コミュニオン的印象（例：友好的・温かい）が低いという結果が得られた。特に，フェイスブック上のコミュニオン的印象と当人の自己愛との負の相関は $r = -.60$ と高く，オフライン生活での特徴ともよく一致した社会的成果を，オンライン上でも得ていることが示された。

またメディザデ（Mehdizadeh, 2010）も，大学生100名に調査を実施し，やはり自己愛傾向（NPIによる）が高い者ほど，フェイスブックを一日に頻繁にチェックし，長くログインしている傾向があることを示した。また自己愛傾向が高いほど，プロフィール上で，自身の写真に，表情やポーズのついたものや画像加工ソフトで修正したもの等を用いたり，"自分はどのセレブに似ているか"といったアプリケーションの結果を投稿したりするなど，自己誇張（self-promotion）を種々行っている傾向が示された。こうした結果についてメディザデは，多数の人と表面的・非情緒的な交流ができ，他者に対する自己呈示を完全管理できるSNSは，自己愛的な者にとって都合のよい場所であると考察している。また一方で，そうしたSNSへの活動の多さや自己誇張の傾向は，低い自尊感情とも同時に関連していることが示されており，自己愛パーソナリティの特徴とも言われる"潜在的自尊感情の低さと顕在的自尊感情の高さ"がオンライン上の行動に反映されている可能性も示唆されている。

(2) 集団レベルの自己愛

通常の自己愛の研究の多くは，自己と他者，つまり個人と個人の関係について検討されてきた。しかし近年，集団と集団の関係，つまり自分が所属している内集団とそれ以外の外集団との関係についての研究が進められつつある。その際に用いられる概念が，「集団的自己愛（group narcissism/collective narcissism）」である。

ライアンスら（Lyons, Kenworthy, & Popan, 2010）は，自己愛尺度NPIの項目の"I"の部分を"America"に変えた，アメリカ人用の集団的自己愛の

尺度（項目例："アメリカは周囲の人々から尊敬を集めるに値する"）を構成し，アラブ系移民への態度との関連を検討している。その結果，集団的自己愛が高く，かつ集団への同一視（項目例："私はアメリカ人であることに価値を置いている"）が強いほど，アラブ系移民に対して否定的な態度を有していることが示されている。

　ゴレクデザヴァラら（Golec de Zavala, Cichocka, Eidelson, & Jayawickreme, 2009）も，NPI等の自己愛尺度の項目について"I"を"my group"に変更するなどして集団的自己愛の尺度を構成し（項目例："私の集団は，特別な扱いを受けるに値する"），外集団への攻撃性等との関連性を示している。例えば研究1では，アメリカ人大学生を対象にした調査で，集団的自己愛が，外集団からの脅威の知覚（項目例："イスラム原理主義は，アメリカへの重大な脅威である"）を介して，外集団への軍攻撃の容認（項目例："イラクに対して戦争を行うことを私は支持する"）につながることが示されている。また研究2では，イギリスの大学生を対象に人種アイデンティティに基づいた集団的自己愛の測定を行い，黒人‐白人への反感の程度（項目例："過去数年，黒人たちは社会から受けるべき恩恵を十分受けられていない"）との関連を検討している。その結果，集団的自己愛が高いほど，白人は黒人への反感傾向を，黒人は白人への反感傾向を示すことが明らかになった。その他，国家間の紛争に関する認識などについて，集団的自己愛が高いほど，外集団からの脅威や襲撃の危険の認知傾向を高め，それが攻撃性へとつながる傾向が示されている。ちょうどバウマイスター（Baumeister, R. F.）らによる自己本位性脅威モデル（本書第11章参照）によく似たプロセスが，個人レベルだけでなく，集団レベルにおいても再現されうることが見てとれる。国家・民族間の紛争や人種差別などのグローバルな問題に対する意識に，集団的自己愛という心理的な変数が強く影響していることは重大な結果であると言えよう。

2. 自己愛の発達について

(1) 自己愛の発達の背景

　自己愛の臨床的研究で最も重視されながら，実証的研究において比較的手薄

となっているのが，自己愛の「発達」に関する研究であろう。自己愛に関する精神分析学的理論のほとんどは，親との対象関係の中での発達の歪みを問題としている。しかし，そうした自己愛の発達や形成がどのような成育条件の中で起こるのかについての実証的研究は，決して多くないのが現状である。

理論的には，自己愛性パーソナリティ障害（Narcissitic Personality Disorder；以下，NPD）も含め，パーソナリティ障害の形成は，遺伝と環境などの複雑な相互作用の中で起こると言われる。しかしその中でもNPDの形成を促す要因として，親の養育態度は重要視されている。例えば，ミロンら（Millon, 1981）は，子どもの達成を過大評価したり，実際の行動に随伴しない強化を与えたりする親の存在が重要であると指摘している。またコフート（Kohut, 1977）は，子どもの誇大性に対する親の「映し返し（mirroring）」の失敗などにより，自己愛の障害が起きるとしている。カーンバーグ（Kernberg, 1975）は，"隠されているが激しい怒りを持った慢性的に冷たい親の姿"が病理的自己愛に結びつくことを指摘している。いずれも子どもに対して，親から適度な温かさや共感性が提供されなかったことが，NPDの形成を助長する要因となりうることが指摘されている。

(2) 回顧的手法による親の養育態度研究

こうした親子関係に関する仮説を検証することを目的に，親の養育態度を当人が主観的・回顧的に評価して行われた研究がいくつかなされている。そこでは，回顧法で知覚された親の「権威主義」や「寛容さ」が自己愛と関連を示すこと（Ramsey, Watson, Biderman, & Reeves, 1996），女性においては非受容的で情緒不安定な母親と受容的な父親の傾向が，男性においては支配・介入的な父親の傾向が，それぞれ自己愛（NPI）と関連していること（宮下，1991），自己愛（NPI）と親の「温かさ」が正の関連を，「監視」が負の関連を示すことに加え，自尊感情を統制した「不健康な自己愛」が「コントロール」と正の相関を示すこと（Horton, Bleau, & Dwecki, 2006），親の「冷たさ」と「過大評価」が誇大性（NPI）・過敏性（Hypersensitive Narcissism Scale; Hendin & Cheek, 1997）の自己愛と関連していること（Otway & Vignoles, 2006），親の「コントロール・侵入」がNPD傾向と正の関連を，「監視」がNPIと負の関連

を主に示すこと（Miller & Campbell, 2008）などが報告されている。全体としては，受容的・過大評価・寛容さ・温かさなどと自己愛傾向（主にNPIによる）が関連し，監視が負の関連を示すことから，親から誉められ受け入れられながらも細やかな注目・監視を受けていない傾向が誇大性自己愛の形成に関与している可能性が考えられるかもしれない。しかし，測度が多様で結果が混在していることや，回顧法という方法の信頼性から考えても，一貫した頑健な結論を導くことは難しいというのが現状であろう。

(3) 縦断的手法による発達的研究

上記の回顧法による問題が排除された研究として，子どもの実際の発達経過を追跡した報告がいくつかなされている。例えば，ブロックとブロック（Block & Block, 2005）による，3歳から23歳までの縦断研究プロジェクトのデータがある。このデータには，NPIなどの自己愛そのものの指標は用意されていないが，専門家等の評定によるパーソナリティ特徴のデータがストックされている。これをもとに，就学前（3～4歳時）に測定された自己愛的兆候（対人的敵対心，不適切な衝動コントロール，演技的傾向，高い活動性，注目欲求）を設定した研究（Carlson & Gjerde, 2009）では，その兆候が当人の青年期（14, 18, 23歳）における自己愛的特徴を平均 $r = .25 \sim .31$ で予測することが示されている。さらに，この就学前の自己愛的兆候と，3歳時の親の養育態度評定とを独立変数として用いた研究（Cramer, 2010）では，23歳時の健康な自己愛（自律性）の指標が，養育態度（権威主義でなく威厳・寛容さがある傾向）によって説明される一方，不適応的な自己愛（強情さ）の指標は，就学前の自己愛的兆候と養育態度の交互作用（兆候×権威主義が正の影響，兆候×威厳／寛容さが負の影響）によって説明されることが示された。特に，幼少期に自己愛的兆候を持つ子どもに，親が権威主義的だが威厳・寛容さを欠く対応をしている場合に，成人後の不適応的な自己愛傾向が形成されやすいという可能性が示唆されており，注目に値する結果と言えよう。

またNPDを含むパーソナリティ障害等の問題に関しては，コーエン（Cohen, P.）らによるコミュニティ子ども研究（the Children in the Community study; Cohen, Crawford, Johnson, & Kasen, 2005）によって，1975年から子ども約

800名を追跡的に調査したデータが報告されている。そこでは、面接調査によって追跡・査定できた700名程度のデータが分析され、青年期・成人初期のNPDには、州の公式記録等に残されている親からの虐待歴（Johnson, Cohen, Brown, Smalies, & Bernstein, 1999）やネグレクト歴（Johnson, Smalies, Cohen, Brown, & Bernstein, 2000）などが関与していることが報告されている。

　これら発達的な研究すべての結果に一貫性を見出すことは難しいが、自己愛の形成に、親子関係を中心とする心理的・発達的プロセスが影響しうることは確かであると言えよう。近年ではさらに、愛着理論（Banai, Mikulincer, & Shaver, 2005）や、発達早期のスキーマ（Zeigler-Hill, Green, Arnau, Sisemore, & Myers, 2011）などの理論を応用して、自己愛の力動的な発達プロセスを捉え直すアプローチも見られており、今後の発展と知見の蓄積が期待される。

3. 臨床と実証との交流

(1) 理論モデルの相乗的発展

　自己愛という研究領域は、臨床的・精神分析学的な理論が、実証研究に応用されることで発展している部分が大きい。特にカーンバーグ、コフートらの論文は、パーソナリティ・社会心理学の自己愛研究の論文に引用されることが非常に多い。しかし反対に、パーソナリティ・社会心理学の論文が、臨床的・精神分析学的研究論文に引用されることは非常に少ないのが実情であろう。

　しかしようやく近年にいたって、その交流が進められるようになった。その成果の1つとして、臨床心理学者ロニングスタム（Ronningstam, 2005）による「制御モデル」がある。このモデルは、伝統的な精神分析的理論をもとにしながらも、実証的研究の知見やモデルも参照し、理論化が行われている。そこではまず、健康的な自己愛（healthy narcissism）、非凡な自己愛（extraordinary narcissism）、病理的な自己愛（pathological narcissism）とを、スペクトラム状に設定している。そして、その病理的な自己愛については特に、シャイ（shy）- 傲慢（arrogant）- サイコパシー（psychopathic）という3つのサブタイプを仮定しており、それも「恥 - 攻撃性」のどちらが前面に出るのかという1つの連続線上に配置可能なスペクトラムとして概念化されている。

それぞれの特徴は，自己に対する肯定的感覚をどのように保とうとするのか（自尊感情制御），恥や怒りなどの否定的な情動をどのように扱っているのか（情動制御），他者とどのような対人関係を持つのか（対人関係），道徳や自己評価の基準をどのように持つのか（超自我制御）という4つの視点から整理されている。その特徴は表13-1に示した通りである。自己愛に関する精神分析学的な見解を組み込みながら，モルフとローデワルトのモデル（Morf & Rhodewalt, 2001）のように，自己制御のプロセスとして理解している点が特徴的と言える。自己愛のメカニズム論としても，サブタイプ論としても，実証的心理学にも応用できる心理学的用語で概念化されていることから，今後の研究による検証や拡張が期待される。

(2) NPIとNPDの関連についての議論

現在最も用いられている自己愛の尺度であるNPIと，その概念のもととなっている精神医学的診断単位であるNPDとが，どの程度類似しているかについて，近年ようやく議論が活発化してきている。これまでの研究では，ミロン臨床多軸目録（Millon, 1977）に基づいたNPDの得点がNPIの得点と関連を示すことが報告されている（Prifitera & Ryan, 1984; Chatham, Tibbals, & Harrington, 1993）。また，サムエルとウィディガー（Samuel & Widiger, 2008）は，4つのNPDの自己報告尺度とNPIとの相関を検討し，おおよそ$r = .55$の相関を得ていることを報告している。

ただし，こうした自己報告によるNPDの得点化と，面接によるNPDの得点化は必ずしも収束しないという知見もあり，更なる検討が求められていた。それを受けて，ミラーら（Miller, Gaughan, Pryor, Kamen, Campbell, 2009）は，外来患者と一般大学生を対象に，DSM-IVの診断基準に沿った半構造化面接を実施し，それによって得た自己愛性パーソナリティ障害得点と，NPIの得点との関連を検討している。結果として，両得点の直接の相関は$r = .54, .59$と高い値を示すこと，ビッグ・ファイブ・パーソナリティ尺度やHEXACOパーソナリティ尺度など主要なパーソナリティ指標との相関パターンもかなり相互に類似していること，専門家によってビッグ・ファイブ特性で描かれたNPDの典型プロフィール（例えば，Samuel & Widiger, 2008）と，この研究で得ら

表 13-1　健康的自己愛から病理的自己愛までの範囲 (Ronningstam, 2005)

自己愛の諸次元	健康的自己愛	非凡な自己愛	病理的自己愛 傲慢	病理的自己愛 シャイ	病理的自己愛 サイコパス
自尊感情制御	能力と限界に対する現実的な自己評価；現実決定的な承認・賞賛・非難・批判・拒絶に耐える力。誇大な空想が達成や目標へ向かうための動機づけやガイドとして機能する。	高められた自信と自己価値、不屈の感覚。特異な達成や成功に伴う優越感。リスクをとる意思決定の能力。非凡なアイデア・理想・目標を現実的な達成や創造的な業績へとまとめあげる。	誇張された自己評価と独自性の内的感覚。批判への過敏や失敗・脅威などに対する強い自尊感情の上下変動を反映した軽躁などの気分変動。	抑制が現実的な自己評価や能力の発達を妨げる。野心や誇大な目的に対する恥心や失敗に対する恥や完璧さへの補償への耐性のなさ。	非道徳的で暴力的。サイコパシック な自己体験が誇張されて高揚するために保護し高揚する機能する。
情動制御	妬み・恥・誇りなどの自己意識感情を感じる能力。劣等感や屈辱感に対する耐性。挑戦に対する興奮や成功に対する情動制御：内的な統制や怒りの能力。	課題や目標に関連する特定の感情を感じる卓越した能力。	怒り・恥・妬みの強烈な感覚。知覚された批判や屈辱への過剰反応性。自尊感情の上下変動を反映したうつ、イライラ、多幸感。	過敏性と情緒的な耐性の低さ。著しい羞恥反応と失敗に対する恐れ。情動抑制と心気症。	攻撃的で暴力的な行動を伴う怒り。妬み、恥心性。妬みと憤怒の過剰優位性。
対人関係	自分が特別な環境や投資に見合うものに生きる価値があると感じられる能力や利他的に引き受ける能力。仕事に非常に立ち上がり、リーダーの資質、カリスマ性、他者との関係の中でコミットメントを具体化する能力、関係への所属の感覚。共感や慈愛の能力。	対人関係は自尊感情の保護と高揚に活用される。傲慢・注目を求める態度。賞賛、注目を求める。特権意識があるが、敵意的に共感性とコミットメント能力を節度ある行動、共感性と調度を示す本当の他者のコミットメント能力の損傷。	対人的・職業的な抑制；自己顕示や他者からの注目に対する屈辱や批判に弱さと低さ、敵意のある親切で節度ある謙虚さや真のコミットメントや妬みの感覚。	特権的な搾取性、イライラと憤怒反応；妬みの強い感情。対人関係での復讐心とサディズム。
超自我制御	自己批判、プライド、建設的な自己批判、到達可能な理想と実際の能力とのバランスなどの超自我制御。	特異的な理想、パフォーマンスや業績への高い非凡な基準設定、非凡な責任、特定の課題や役割への関与の強さなどの超自我制御。	一次的な極端な道徳的完全主義から道義心、啓発意識、許容的な他者非難作動、いくつかの犯罪を含めた幅を持つ安協的な一貫性のない超自我機能。	高い道徳的規準、厳格な道義心：到達不能で隠された理想、嫉妬心と罪悪感を感じる能力。	サディスティックな、反社会的な悪意、などを伴う重度な行動や自我の超自我的な犯罪的理想や、嫉妬心と罪悪感の欠如。

れたNPDないしNPIとビッグ・ファイブとの相関パターンのプロフィールが,高い類似性があること（$r = .70 〜 .92$）などが示されている。いずれも,NPIで測定される自己愛パーソナリティが,NPDと一定の共通性を持つことを示唆していると言える。

ミラーとキャンベル（Miller & Campbell, 2010）によれば,境界性パーソナリティ障害（以下,BPDとする）に関する研究が,アメリカ心理学会の心理学論文のデータベースPsycINFOで1,500件以上あることに対し,自己愛性パーソナリティ障害に関する研究は113件しかないという。そのうち実証的なデータを提示しているものは,20％弱にとどまり,それ以外の約80％のNPD研究は理論的研究や事例研究であるとされる。一方でNPIを用いた研究は,第1章でも述べたように豊富に存在しており,その自己制御・感情制御のスタイルなどに関する知見はNPDの理解にも一定の貢献ができる可能性がある。NPDに関する研究が発展しにくい現状の中で,蓄積の多いNPIの知見を統合的に考察することの有益性をミラーとキャンベルらは強調している（Miller & Campbell, 2010; Miller, Widiger & Campbell, 2010）。

（3）DSM-VにおけるNPD削除の問題

そして第1章でも触れたように,自己愛という研究テーマが現在直面しているのが,アメリカ精神医学会の診断・統計マニュアルDSMの改訂の問題（American Psychiatric Association, 2011）である。DSMは現在第5版へ改訂準備中であるが,2010年2月に発表されたその草稿において,パーソナリティ障害の診断方法そのものが大きく変化している。「次元-カテゴリモデル（dimensional-categorical model）」と呼ばれる方法がとられ,2011年5月現在の草稿では,5つのパーソナリティの「タイプ」への適合度と,6つのパーソナリティの「特性領域」への評価とを組み合わせて,診断・査定を行う形式となっている。

5つのタイプは「反社会性／サイコパシータイプ」「回避性タイプ」「境界性タイプ」「強迫性タイプ」「精神病型タイプ」であり,診断にあたってはそれぞれのタイプへの適合の程度を評価する。6つの特性領域は,「否定的情緒性」「疎遠性」「反抗性」「非抑制性」「衝動性」「精神病型性」である。そして各特

性領域の下には，複数の「特性ファセット」が存在している。自己愛については，「反抗性（Antagonism）」の特性領域の下位特性ファセットとして「誇大性自己愛」が位置づけられているのみであり，従来存在した「自己愛性パーソナリティ障害」は「タイプ」にも「特性領域」にも含まれなくなっている。

自己愛性パーソナリティ障害について，こうした変更が行われた背景の1つとして，DSM-IVにおける自己愛性パーソナリティ障害の有病率の低さが問題としてあげられる。マッティアとジマーマン（Mattia & Zimmerman, 2001）による一般的疫学的調査のレビューでは，NPDの有病率は，8件の調査の内，5件で0%と報告され，他に0.5%未満のものが2件，5.7%のものが1件と全体に著しく低い値となっている。これらは，診断カテゴリとしての有用性が疑問視されるほどの低さであると言えよう。

ただし一方では，特定の集団の中では有病率が高く出ているという報告もある。臨床群（1.3〜17%），軍所属者（20%），司法精神医学患者（6%），開業医外来（8.5〜20%），医学部新入生（17%）などの集団内では，高い有病率が報告もされており（レビューとして，Ronningstam, 2009），詳細な議論が必要である。また，研究論文数などを見ても，NPDは，他の回避性，強迫性パーソナリティ障害に比しても，論文数が多く，臨床的にも関心の高いテーマであるということも指摘されている（Miller et al., 2010）。

NPDの診断の方法や基準については，複数の研究者から提言・提案がなされており，近年の実証的研究実績に合わせた診断基準の改訂（Ronningstam, 2009; Westen & Shedler, 2007）や，誇大性と過敏・脆弱性を包括した診断基準の必要性を訴える動きも見られている（Cain, Pincus, & Ansell, 2008; Russ, Bradley, Shedler, & Westen, 2008）。また，パーソナリティ障害の診断システムそのものについても，特に次元性を重視したモデルには，学派を超えて反対の声も強く（例えば，Shedler, Beck, Fonagy, Gabbard, Gunderson, Kernberg, Michels, & Westen, 2010），最終的な結論がどのようなものになるのかには注目が必要である。

4. 新しい研究アプローチ

(1) 生理・神経心理学的アプローチ

　これまで述べたように，自己愛に関する心理‐社会的プロセスについては多く検討がなされている。しかし，そうしたプロセスの基盤となるであろう，生理的プロセスについての研究はあまり多くなく，近年ようやく知見が増えつつあるところである。

　例えば，ソマーら（Sommer, Kirkland, Newman, Estrella, & Andreassi, 2009）は，自己愛的な者ほど，シナリオ上で他者からの拒絶（友人に好きではないと言われたり，恋人に関係を終わらせたいと言われるシナリオ）を想像した場合に，血圧の上昇や，心拍の回復遅延などが起きやすいことを示している（なお，この結果はNPIでは結果が明確に出ず，異なる自己愛尺度によって得られている）。また，エデルスタインら（Edelstein, Yim, & Quas, 2010）の実験では，他者からの評価（ビデオ録画，観察者の存在，専門家による後の評定等）を受けながら課題（自己アピールのスピーチや，暗算）を行うというストレスフルな状況に置かれると，主に男性において，自己愛（NPIによる）が高いほど，唾液中コルチゾール値が増加することが示されている。自己愛的な者は，自我脅威にさらされたときに，強い感情的反応と攻撃行動を呈することが指摘されている（本書第5章，第11章参照）が，そこには生理的なシステムも連動していることが示されていると言える。

　また，近年ではパーソナリティを中枢神経系の機能の個人差として理解しようとするアプローチが盛んになりつつある。こうしたアプローチは，自己愛に関してはあまり盛んではないが，共にパーソナリティの「3つの暗黒側面（dark triad）」の1つに挙げられ（Paulhus & Williams, 2002），自己愛との深い関連が言われる「サイコパシー」については多くの研究がなされている。サイコパシーは，冷酷性，希薄な感情，利己性，無責任，衝動性，表面的魅力などを特徴として定義されたパーソナリティ概念である（Cleckley, 1976）。ブレアら（Blair, Mitchel, & Blair, 2005 福井訳2009）のレビューによれば，神経心理学的研究や脳画像研究などから，サイコパシー傾向の高い者には，前頭葉の

機能不全(特に眼窩前頭前皮質)や,扁桃体の機能不全等などが示唆され,それぞれによって反応的攻撃の制御や不快情動学習などが阻害されている可能性が考察されている。種々の議論はあるものの,その冷酷なパーソナリティ像に神経学的な基盤があることは確かとなりつつあると言えよう。

自己愛に関しても,ファンら(Fan, Wonneberger, Enzi, de Greck, Ulrich, Tempelmann, Bogerts, Doering, & Northoff, 2010)が,表情写真への共感課題を課してのfMRI実験を行っている。その結果,自己愛尺度(Narcissim Inventory; Denecke & Hilgenstock, 1989)の得点の高い群のほうが,低い群よりも,共感課題において特に右島皮質前部の活性が低いことが示された。右島皮質前部は,共感のプロセスに関与するとともに,自己への焦点化にも関与する部位と言われており,彼らの自己中心的な対人行動プロセスの理解にも示唆を与える知見として考察されている。今後,より多くの研究によって,知見の蓄積が求められる領域であろう。

(2) 臨床家評定によるアプローチ

本書で紹介されるほとんどの研究は,NPIをはじめとする自記式質問紙によって自己愛を測定している。しかし,そもそも自己認知の歪みを基本特徴とする自己愛パーソナリティについて,自己報告式で測定を行うという方法には,ある意味で根本的な妥当性上の課題があるとも言える。こうした問題点について,抜本的な試みをしているのが,ウェステン(Westen, D.)とシェドラー(Shedler, J.)らのグループである。

例えば,23名の臨床家に,65名の患者の情動制御の特徴を評定させた研究(Westen, Muderrisoglu, Fowler, Shedler, & Koren, 1997)では,そのうちNPDに該当する患者7名で,"悲しみの感覚を認めることの困難傾向""恥をかいた,困惑した,屈辱を受けたと感じる傾向""自分の感情を認識・同定・命名することの苦手さ""感情が強くなった際に相手の視点に立つことの困難"などの情動制御上の問題が顕著であることが示された。また,NPDに該当する患者に対する臨床家の逆転移反応を測定した研究(Betan, Heim, Zittel, & Westen, 2005)では,NPD患者に対しては特に"セッション中に彼/彼女にイライラする""利用されたり,操作されているような感じがする""間違った

ことを言って爆発させないかと心配になる""電話の伝言をチェックするときに，彼／彼女からのメッセージがないかと不安になる"など，怒りや不当さへの不満，恐れなどを感じることが報告されている。これらの研究から，訓練された臨床家が評定を行うことで，より臨床的・力動的なパーソナリティ記述が可能になっていることが見てとれる。

　ウェステンとシェドラーは，こうした視点をもとにパーソナリティ構造全体を把握するシステムを整理し，SWAP（Shedler-Westen Assessment Procedure; Westen & Shedler, 2007）と呼ばれる測定手法を提案している。SWAPは，DSMのパーソナリティ障害の診断基準や，その他の臨床的研究文献などから広く項目収集された200項目（項目例："悪いことが起きると自分を責めたり非難したりする傾向""自分の受け入れがたい感情や衝動を自分の中にあると見なすより，人が持っていると見なす傾向"等）のパーソナリティ記述からなり，各項目の評価は臨床家によるQソート法によって行われる。近年の研究では，約1,200名および約900名の患者に関するSWAPのデータから，パーソナリティ障害の概念構造が検討され，「内在性」「外在性」「境界性」の3つの高次因子とそれぞれの下位因子からなる階層的モデルが提案されている（Westen & Shedler, 2007）。「内在性」の下位因子に「抑うつ性・不安性・依存性・統合失調症性」，「外在性」に「サイコパシー・自己愛性・妄想性」，「境界性」に「感情制御不全性・演技性-衝動性」が含まれる構造となっており，臨床家の実際の視点から立ち上げられた新しい分類法として提案されている。さらに，NPDについてはより詳細な検討もなされており（Russ et al., 2008），SWAP項目を因子分析にかけることでNPDを3つのサブタイプに分けることができるとの報告もある。各タイプとその特徴は，「誇大／悪質タイプ（自分の利益のために他者から搾取をし，防衛的というより直接的な誇大性を持つ）」「脆弱性（誇大感と不適切感という変遷する自己像を持ち，防衛的な誇大性ないし脅威下における誇大性を示す）」「高機能／自己顕示性（誇大・競争的・注目希求的で誘惑的ないし挑発的であるが，主張性・達成志向・円滑な対人関係などの心理的強さも持っている）」として提起されている。いずれも，パーソナリティ理解の理論的枠組みを，臨床家の報告データをもとに構成しているという点で，より臨床的有用性の高いモデルとなる可能性があると言

えよう。

(3) 他の自尊感情理論からのアプローチ

　自己愛パーソナリティは，連続的な「特性」概念であると同時に，一連の自己制御パターンを反映した「プロトタイプ」（Mischel & Morf, 2003）概念としても理解されている。そのため，自己愛の変容，つまり"自己愛的でなくなる"ということを考える上では，特性スコアが低下するということよりもむしろ，別の代替的な自己制御パターンのあり方を検討することが重要となる。

　特に，自己愛パーソナリティが，自尊感情制御の異常を反映しているとするならば（本書第1章，第4章，第7章，第9章参照），その自尊感情制御の問題がどのように解決されるのか，ということが大きな焦点となる。そしてこの点について，近年の自尊感情関連の研究では，自尊感情を追求することそのものを放棄するようなスタンスが提案されている。

　例えば，本書第7章で触れられた「自己慈愛（self-compassion）」は，自己に対する非評価的でマインドフルな接し方を表した概念である。外的な出来事の影響を受けて上下する一般的な自尊感情ではなく，弱さを含めた自己全体に対して優しくマインドフルな自己慈愛を持つことが，より安定した心理状態につながることが指摘されている（Neff & Vonk, 2009）。特に自らの弱さや脆さを否認し，出来る限り肯定的な自己像を作り上げることを追求する自己愛的なプロセスは，自己慈愛とは対照的なプロセスを反映していると言える。

　またクロッカー（Crocker, J.）らは，自尊感情を追求する生き方そのものが，コストの大きい非効率的なものであることを指摘し，「自己イメージゴール（self-image goal）」と「慈愛ゴール（compassionate goal）」という対概念を提唱している（Crocker & Canevello, 2008）。自己イメージゴールは，望ましい自己イメージを作り，維持し，守ることで自己が何かを得ることを目的とすることを指す。自己イメージゴールの尺度（項目例："自分の弱さを見せないようにしている""自分が知的であることを示そうとしている"）は対人関係上の諸問題とも関連しやすく，自己愛（NPI）とも部分的であるが正の相関関係にある（Moeller, Crocker, & Bushman, 2009）。一方，慈愛ゴールとは，自分のためではなく他者に対してサポートやケアを提供することを目的とするこ

とを指している（項目例："ルームメイトの弱さや間違いに慈しみの気持ちを持つようにしている" "ルームメイトに建設的なことを言うようにしている"）。一般に，他者に心理的に投資することは，自己の資源が持ち出されるように感じられ，自己にとっての損害や脅威として感じられることもあるかもしれない。しかし，ルームメイト間のサポートの授受について数週間追跡した調査（Crocker & Canevello, 2008）によれば，自己イメージゴールを持たずに慈愛ゴールを持っている者ほど，そのルームメイトは当人から"サポートを受けている"と認知し，反対に当人にサポートを提供するようになり，そして当人もその相手からサポートを受けていると認知することにつながるという返報的・循環的なプロセスが形成されることが示されている。

モルフとローデワルト（Morf & Rhodewalt, 2001）は，自己愛者が，自尊感情を非常に強く求めながら，その供給源である対人関係を自ら壊してしまうことを「自己愛パラドックス」と呼んでいる。上記の研究からは，自尊感情それ自体を追求するよりむしろ，自己に対する非評価的な態度を持つことや，他者に対してサポートを提供することに生活の焦点を当てることが，このパラドックスが解消された状態に近づく1つの方略であることが示唆されていると言えよう。

5. 研究者の視点と自己愛研究の展開

コフート（Kohut, 1971）は，フロイト以降のネガティブな自己愛概念を見直し，我々が自己愛的な欲求を持ち，それを表現し，他者からの適切な応答を受けるということが，健康な自己の発達や維持に重要であることを示唆している（本書第1章参照）。しかし，コフートの理論が提起されて30年以上たった現在でも，自己愛に対するネガティブに偏った評価は維持されている部分が大きい。「自己愛」は，もともとは臨床的な概念であり，自分を愛することに困難や苦痛を抱えた人を支援するために用いられはじめた言葉である。しかし，ロニングスタムが指摘するように，"自己愛パーソナリティほど，否定的な批判，叱責，敵意，誤解を受けている障害は他にあまりない"（Ronningstam, 2005, p. 199）というのが現状であろう。

実際に国内外では，"結局，自分のことしか考えない人たち"（Hotchkiss, 2002 江口訳 2009），"自己愛者を無力化するために"（Behary, 2008）など，自己愛の有害性を扱った書籍が多く出版されている。もちろんこれらの書籍は，自己愛的な者との関係の中で困難を抱えた人が，自己の尊厳を守り，適切な関係を築くための知恵を探ることを目的としているため，必然的に自己愛の有害性を強調していると言える。しかし一方で，客観性・中立性が重んじられるはずの科学的な心理学においても，自己愛を"暗黒（dark）"のパーソナリティ（Paulhus & Williams, 2002）と，価値づけを含んだ呼称で呼ぶことさえある。先述のNPDへの逆転移の研究（Betan et al., 2005）にもあったように，自己愛は，とかく周囲からの否定的な反応を受けやすい問題と言える。心理学の理論は，研究する側の関心にそって構築されるという「関心相関性」を持つと言われる（西條, 2005）。自己愛の研究に携わる側にも，そうした逆転移反応や，関心の偏りが生じ，自己愛を一義的にネガティブなものとして捉えようとしていないか自己点検することは，重要ではないだろうか。

　例えば，幼児が親に対して"見て！"と自分を特別扱いすることを要求し，それがかなわないときに腹を立てる，といった自己愛的な心理は自然で健常なものである。また青年・成人においても，自分の存在やその価値を認めることを，自分本位に求める自己愛的な心理は，形を変えて生涯残りつづけるとも言える。しかし，日常生活の中にある，こうした何気ない自己愛的な心の機微は，いまだに十分な実証的研究の対象となっていないように思われる。日常的な自己愛の表れに対し，それが我々の心理的健康や成長に重要なものであるという視点から関心を向け，その実態や構造を正確に把握・研究することは，自己愛の病理や偏りを理解する上でも今後重要な課題となりうるかもしれない。

　「自己愛」の研究は，その測定手法の発展・浸透とともに，隆盛を見せている。しかし一方で，「自己愛」という言葉で議論される実生活上の現象は，こうした測定手法の範囲を超えることも多い。既存の研究の方法論や理論，視点に，研究の目的を規定されるのではなく，より大きな視点，異なる視点，根本的な視点から，現在の自己愛研究のあり方そのものを問い直すような試みが，今後も繰り返されることが重要であろう。

[引用文献]

American Psychiatric Association (2011). *Diagnostic and statistical manual of mental disorder*. draft of 5th ed. Author, <http://www.dsm5.org/>. (May 8, 2011)

Banai, E., Mikulincer, M., & Shaver, P. R. (2005). "Selfobject" needs in Kohut's self psychology: Links with attachment, self-cphesion, affect regulation, and adjustment. *Psychoanalytic Psychology*, **22**, 224-260.

Betan, E., Heim, A., Zittel, C., & Westen, D. (2005). Countertransference phenomena and personality pathology in clinical practice: An empirical investigation. *American Journal of Psychiatry*, **162**, 890-898.

Behary, W. (2008). *Disarming the narcissist: Surviving and thriving with the self-absorbed*. Oakland: New Harbinger Publications.

Blair, J., Mitchel, D., & Blair, K. (2005). *The psychopath: Emotion and the brain*. Malden, MA: Wiley-Blackwell.
（ブレア, J. 他　福井裕輝（訳）(2009). サイコパス――冷淡な脳――　星和書店）

Block, J., & Block, J. H. (2005). Venturing a 30-year longitudinal study. *American Psychologist*, **61**, 315-327.

Buffardi, L. E., & Campbell, W. K. (2008). Narcissism and social networking web sites. *Personality and Social Psychology Bulletin*, **34**, 1303-1314.

Cain, N. M., Pincus, A. L., & Ansell, E. B. (2008). Narcissism at the crossroads: Phenotypic description of pathological narcissism across clinical theory, social/personality psychology, and psychiatric diagnosis. *Clinical Psychology Review*, **28**, 638-656.

Carlson, K. S., & Gjerde, P. F. (2009). Preschool personality antecedents of narcissism in adolescence and young adulthood: A 20-year longitudinal study. *Journal of Research in Personality*, **43**, 570-578.

Chatham, P. M., Tibbals, C. J., & Harrington, M. E. (1993). The MMPI and the MCMI in the evaluation of narcissism in a clinical sample. *Journal of Personality Assessment*, **60**, 239-251.

Cleckley, H. M. (1976). *The mask of sanity: An attempt to clarify some issues about the so-called psychopathic personality*. St. Louis: Mosby.

Cohen, P., Crawford, T. N., Johnson, J. G., & Kasen, S. (2005). The children in the community study of developmental course of personality disorder. *Journal of Personality Disorder*, **19**, 466-486.

Cramer, P. (2010). Young adult narcissism: A 20 year longitudinal study of the contribution of parenting styles, preschool precursors of narcissism, and denial. *Journal of Research in Personality*, **45**, 19-28.

Crocker, J., & Canevello, A. (2008). Creating and undermining social support in communal relationships: The role of compassionate and self-image goals. *Journal of Personality and Social Psychology*, **95**, 555-575.

Denecke, F. W., & Hilgenstock, B. (1989). *The Narcissism Inventory.* Bern: Hans Huber.
Edelstein, R. S., Yim, I. S., & Quas, J. A. (2010). Narcissism predicts heightened cortisol reactivity to a psychosocial stressor in men. *Journal of Research in Personality,* **44,** 565–572.
Fan, Y., Wonneberger, C., Enzi, B., de Greck, M., Ulrich, C., Tempelmann, C., Bogerts, B., Doering, S., & Northoff, G. (2010). The narcissistic self and its psychological and neural correlates: An exploratory fMRI study. *Psychological Medicine,* **13,** 1–10.
Golec de Zavala, A., Cichocka, A., Eidelson, R., & Jayawickreme, N. (2009). Collective narcissism and its social consequences. *Journal of Personality and Social Psychology,* **97,** 1074–1096.
Hendin, H. M., & Cheek, J. M. (1997). Assessing hypersensitive narcissism: A reexamination of Murray's narcism scale. *Journal of Research in Personality,* **31,** 588–599.
Horton, R. S., Bleau, G., & Drwecki, B. (2006), Parenting Narcissus: What are the links between parenting and narcissism? *Journal of Personality,* **74,** 345–376.
Hotchkiss, S. (2002). *Why is it always about you? : The seven deadly sins of narcissism.* New York: Free Press.
（ホチキス, S. 江口泰子（訳）(2009). 結局, 自分のことしか考えない人たち　草思社）
Johnson, J. G., Cohen, P., Brown, J., Smailes, E. M., & Bernstein, D. P. (1999). Childhood maltreatment increases risk for personality disorders during early adulthood. *Archives of General Psychiatry,* **56,** 600–606.
Johnson, J. G, Smailes, E. M., Cohen, P., Brown, J., & Bernstein, D. P. (2000). Associations between four types of childhood neglect and personality disorder symptoms during adolescence and early adulthood: Findings of a community-based longitudinal study. *Journal of Personality Disorders,* **14,** 171–187.
Kernberg, O. F. (1975). *Borderline conditions and pathological narcissism.* New York: Jason Aronson.
Kohut, H. (1971). *The analysis of the self.* New York: International Universities Press.
（コフート, H. 近藤三男（共訳）(1994). 自己の分析　みすず書房）
Kohut, H. (1977). *The restoration of the self.* New York: International Universities Press.
（コフート, H. 本城美恵・山内正美（共訳）(1995). 自己の修復　みすず書房）
Lyons, P. A., Kenworthy, J. B., & Popan, J. R. (2010). Ingroup identification and group-level narcissism as predictors of U.S. citizens' attitudes and behavior toward Arab immigrants. *Personality and Social Psychology Bulletin,* **36,** 1267–1280.
Mattia, J. I., & Zimmerman, M., (2001) Epdemiology. In J. W. Livesley(Ed.), *Handbook of personality disorders: theory, research, and treatment.* New York: Guilford. pp. 107–123.
Mehdizadeh, S. (2010). Self-presentation 2.0: Narcissism and self-esteem on facebook. *Cyberpsychology, Behavior, and Social Networking,* **13,** 357–364.
Miller, J. D., & Campbell, W. K. (2008). Comparing clinical and social-personality

conceptualizations of narcissism. *Journal of Personality*, **76**, 449-476.

Miller, J. D., & Campbell, W. K. (2010). The case for using research on trait narcissism as a building block for understanding narcissistic personality disorder. *Personality Disorders: Theory, Research, and Treatment*, **1**, 180-191.

Miller, J. D., Gaughan, E. T., Pryor, L. R., Kamen, C., & Campbell, W. K. (2009). Is research using the NPI relevant for understanding Narcissistic Personality Disorder? *Journal of Research in Personality*, **43**, 482-488.

Miller, J. D., Widiger, T. A., & Campbell, W. K. (2010). Narcissistic personality disorder and the DSM-5. *Journal of Abnormal Psychology*, **119**, 640-649.

Millon, T. (1977). *Millon clinical multiaxial inventory manual*. Minneapolis: National Computer Systems.

Millon, T. (1981). *Disorder of personality. DSM– III axis II*. New York: John Wiley & Sons.

宮下一博（1991）．青年におけるナルシシズム（自己愛）的傾向と親の養育態度・家庭の雰囲気との関係　教育心理学研究, **39**, 455-460.

Mischel, W., & Morf, C. C. (2003). The self as a psycho-social dynamic processing system: A meta perspective on a century of the self in psychology. In M. R. Leary, & J. P. Tangney(Eds.), *Handbook of Self and Identity*. New York: Guilford Press. pp.15-43.

Moeller, S., Crocker, J., & Bushman, B. (2009). Creating hostility and conflict: Effects of entitlement and self-image goals. *Journal of Experimental Social Psychology*, **45**, 448-452.

Morf, C. C., & Rhodewalt, F. (2001). Unraveling the paradoxes of narcissism: A dynamic self-regulatory processing model. *Psychological Inquiry*, **12**, 177-196.

Neff, K. D., & Vonk, R. (2009). Self-compassion versus global self-esteem: Two different ways of relating to oneself. *Journal of Personality*, **77**, 23-50.

Otway, L. J., & Vignoles, V. L. (2006). Narcissism and childhood recollections: A quantitative test of psychoanalytic predictions. *Personality and Social Psychology Bulletin*, **32**, 104-116.

Paulhus, D. L., & Williams, K. (2002). The Dark Triad of personality: Narcissism, Machiavellianism, and psychopathy. *Journal of Research in Personality*, **36**, 556-568.

Prifitera, A., & Ryan, J. J. (1984), Validity of the narcissistic personality inventory (NPI) in a psychiatric sample. *Journal of Clinical Psychology*, **40**, 140-142.

Ramsey, A., Watson, P. J., Biderman, M. D., & Reeves, A. L. (1996). Self-reported narcissism and perceived parental permissiveness and authoritarianism. *Journal of Genetic Psychology*, **157**, 227-238.

Ronningstam, E. F. (2005). *Identifying and Understanding the Narcissistic Personality*. New York: Oxford University Press.

Ronningstam, E. (2009). Narcissistic Personality Disorder: Facing DSM-V. *Psychiatric Annals*, **39**, 111-121.

Russ, E., Bradley, R., Shedler, J., & Westen, D. (2008). Refining the construct of narcissistic personality disorder: Diagnostic criteria and subtypes. *American Journal of Psychiatry*, **165**, 1473-1481.

西條剛央(2005). 構造構成主義とは何か——次世代人間科学の原理—— 北大路書房

Samuel, D. B., & Widiger, T. A. (2008). Convergence of narcissism measures from the perspective of general personality functioning. *Assessment*, **15**, 364-374.

Shedler, J., Beck, A., Fonagy, P., Gabbard, G. O., Gunderson, J., Kernberg, O., Michels, R., & Westen, D. (2010). Personality disorders in DSM-5. *American Journal of Psychiatry*, **167**, 1026-1028.

Sommer, K. L., Kirkland, K. L., Newman, S. R., Estrella, P., & Andreassi, J. L. (2009). Narcissism and cardiovascular reactivity to rejection imagery. *Journal of Applied Social Psychology*, **39**, 1083-1115.

Westen, D., Muderrisoglu, S., Fowler, C., Shedler, J., & Koren, D. (1997). Affect regulation and affective experience: Individual differences, group differences, and measurement using a Q-sort procedure. *Journal of Consulting and Clinical Psychology*, **65**, 429-439.

Westen, D., & Shedler, J. (2007). Personality diagnosis with the Shedler-Westen Assessment Procedure (SWAP): Integrating clinical and statistical measurement and prediction. *Journal of Abnormal Psychology*, **116**, 810-822.

Zeigler-Hill, V., Green, B. A., Arnau, R. C., Sisemore, T. B., & Myers, E. M. (2011). Trouble ahead, trouble behind: Narcissism and early maladaptive schemas. *Journal of Behavior Therapy and Experimental Psychiatry*, **42**, 96-103.

第14章 わが国における今後の自己愛研究

小塩真司

　本書ではこれまでの章において,自己愛という概念に焦点を当て,特に実証的な研究を中心として現在どのような検討が行われてきているのかを,各執筆者の視点から論じてきた。本章では,今後,わが国の自己愛研究が進む方向について,その見通しを論じてみたい。ただし,人間は一般に,未来を見通すことが非常に苦手である (Gilbert, 2006)。筆者もその点は例外ではなく,本章に執筆する内容が,わが国における自己愛の実証的研究の確実な予測となりうるような自信はない。そこで,将来を予測するような内容ではなく,将来の研究において押さえるべき視点を中心にまとめることを試みたい。

　ただし本論考はあくまでも,筆者の個人的な見解であることを先に断っておきたい。今後,本章で論じる内容とは異なる視点から自己愛研究が展開されるようであれば,それは予想外の新たな道を進んでいるという点で,むしろ歓迎すべきことであろう。

1. 自己愛概念をどう捉えるか

(1) 自己愛を捉える視点

　本書を概観すれば理解していただけるのではないかと思うが,いまだに「自

己愛」という概念そのものが，非常に曖昧なままに残されている。それが，この領域の研究の困難さに結びついている点であり，また裏を返せばこの概念の魅力にもなっている点である。

　この事実は，同じように実証的な研究を行っているにもかかわらず，研究者の立ち位置によって，自己愛概念そのものの扱いが少しずつ異なってくるという結果を生み出しているのではないだろうか。

　大きな差異を生み出すひとつの要因は，自己愛そのものを病理的なものと捉えるか，病理はあくまでも2次的な派生物であると考えるかという点にある。そこには，臨床家の視点と実証的研究に従事する研究者の視点という，異なる位置からの視点があると考えられる。

　たとえば，ある研究者が臨床的な視点に立っていれば，自己愛の問題は自分自身がクライエントと相対する時に直面する問題となる。したがって，彼（彼女）が自己愛の実証的な研究を行ったとしても，自己愛に関連する問題を何とかして解決したいという志向性が研究全体に反映してくる。

　その一方で，ある研究者が臨床家ではない一般の人々の個人差を問題とする視点に立てば，やや異なる観点から自己愛の問題を捉えることになる。おそらく彼（彼女）は，自己愛的な人物が臨床場面を訪れるようになるには，さらにいくつかのステップが必要であると考えることだろう。なぜなら，実証的研究において調査対象者から得られた得点分布を見る限り，全ての高得点者が臨床場面を訪れるようには，とても思えないからである。

　誤解を恐れずに言えば，臨床家は目の前の，さまざまな訴えをしてくるクライエントを観察する中で，相手の中に自己愛的なプロセスを見いだしている。なぜなら，自己愛的な傾向そのものがクライエントの主訴になるとは考えにくいからである。現実的には，クライエントが抑うつや対人関係上の問題を主に訴えた時に，臨床家はその背後に自己愛の問題を抱えていることを見いだすのではないだろうか。

　さて，ここで，臨床場面を訪れていない，一般の人々に視点を移してみよう。自己愛傾向は，誰もが共通してもつ一般的なパーソナリティ特性であり，個々人の差はその程度によって規定される。ある一人の男性が，非常に自己愛的な傾向が高く，質問紙を実施しても高得点を示すとする。この男性は，単に自己

愛傾向が高いことだけを理由に，臨床場面を訪れるべきなのだろうか。もちろん，答えは「否」である。もしも彼が日常生活の中で，何ら苦痛や困難さを感じることもなく過ごすことができているのであれば，自分自身がもつパーソナリティがいくら自己愛的であったとしても，カウンセリングや治療を試みる必然性は全くない。

ただし，彼のように自己愛的な者が「環境を選ぶ」のは確かであろう。本書を概観するだけでも，自己愛的な人物は，自尊心（自尊感情）の制御に問題を抱える傾向があり（第1章，第9章），認知的な歪みももちあわせており（第7章，第9章），対人関係上の問題を呈する場面が多い（第10章，第11章，第12章）ようである。したがって，自己愛的な人物が日常生活の中で陥るトラップ（罠）の数は，通常の人々よりは多いと言えるかもしれない。しかしそれでもなお，彼は必ずそのトラップに陥るわけではない。絶対に何らかの問題が生じるとは，限らないのである。

それどころか，彼の言動が許容され，賞賛さえされるような場所・地位も，世の中には存在する可能性すらある。ヒル（Hill, R. W.）とユーセイ（Yousey, G. P.）は，複数の職業集団間で自己愛の得点を比較している（Hill & Yousey, 1998）。そして，政治家の自己愛傾向得点が高く，聖職者は低い傾向にあることを示している。確かに，この研究のみで何らかの具体的な結論を下すのは早急であるが，この結果は，自己愛的な人物が適応的に過ごすことができる場所がどこかに存在していることを示唆しているように思われる。

(2) 自己愛の概念範囲

このように考えてくると，「どこまでが自己愛の概念範囲か」という疑問が生じてくる。たとえば先の議論のように，「自己愛傾向はあくまでも一般的なパーソナリティ傾向であり，適応・不適応はそこから2次的に派生するものである」と考えると，その適応や不適応という概念は，自己愛に含まれるものではなく，自己愛とは独立に考えるべきものとなる。

たとえば第2部で議論を行った，2種類の自己愛という考え方は，自己愛そのものだと言えるのだろうか。あるいはたとえば，客観的な目に見える現象としては2種類の様態が生じているのだが，内的な心理プロセスは同じである，

という仮定も成り立ちうるものなのだろうか。

　果たして，自己愛の中心概念とは何であろうか。第1章でまとめられているように，フロイト（Freud, S.），カーンバーグ（Kernberg, O. F.），コフート（Kohut, H.），そしてDSM-Ⅲを経てDSM-Ⅳ-TRに至るまで一貫しているのは，自己愛の中心的な概念が自己に対する誇大な感覚，すなわち自分自身に対する「すごい」「すばらしい」「優れている」という感覚を抱くことにあると言える。そこを中心としながらもそこからやや周辺へと派生して，自己の周辺ではたらくいくつかの機能・機構・プロセス，さらに対人関係面で見られるいくつかの現象までを含め，「自己愛」という名称によってまとめられているのである。

　このような概念上の前提に立ったとき，特に実証的な研究において自己愛概念をどのように扱いうるのだろうか。図14-1は，自己愛概念を実証的に把握する際に想定できるモデルをまとめたものである。

　(A) は，自己愛概念を1次元で捉えるモデルである。このモデルでは，自己愛全体を「低い〜高い」という程度で把握することを試みる。単純に過ぎるモデルであるかのような印象を抱かれるかもしれないが，たとえ下位次元が複数あるとしても，「自己愛傾向」というひとつのパーソナリティを想定する場合には，大まかにでも1次元のまとまりとして表現できることは重要な視点である。

　(B) は，いずれかを原点としながら自己愛内部に複数の次元を想定するモデルである。たとえば自己愛人格目録（NPI）の下位尺度は，このモデルに相当する。また，第4章で解説された，誇大性と評価過敏性を組み合わせたモデル（中山・中谷, 2006）や，第6章の自己愛傾向の2成分モデル（小塩, 2002, 2004）のように，自己愛という概念の中に複数の異なる概念を想定し，測定を試みる場合もこれに相当すると言えるだろう。

　(C) は，自己愛に関連・隣接する次元を用意することで，間接的に自己愛を把握しようとするものである。たとえば，対人恐怖心性-自己愛傾向2次元モデル（清水・川邊・海塚, 2006, 2007）の場合には，片方の次元が自己愛（の誇大性）そのものを測定しているとはいえ，自己愛以外の次元を用意することで，そこから間接的に自己愛概念をも把握しようと試みていると言える。また，

第5部　自己愛研究のこれから

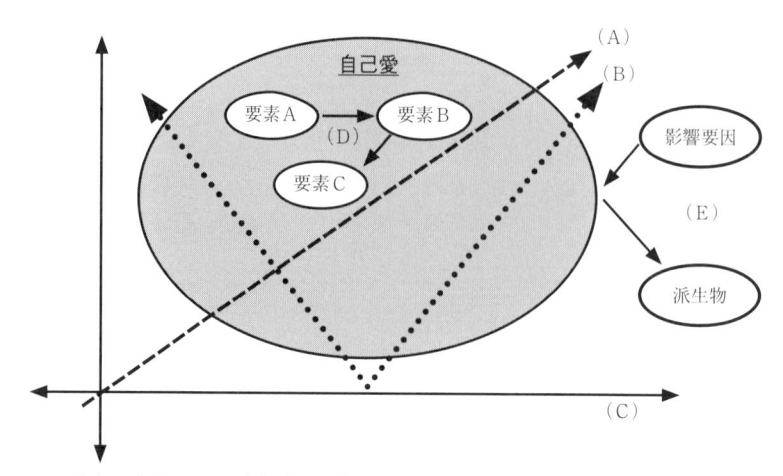

(A) 1次元モデル，(B) 自己愛内部の複数次元モデル，(C) 間接的把握モデル，(D) 自己愛内部の因果関係モデル，(E) 自己愛を中心とした因果関係モデル

図14-1　自己愛の把握方法概念図

　十分に検証されているとは言えないが，マスク・モデル（第7章および第8章参照）は，顕在的自尊感情と潜在的自尊感情を組み合わせることによって，前者が高く後者が低いという部分に自己愛を設定することを可能にするモデルであるとも言える。

　(D) は，自己愛概念内部の因果関係を想定するモデルである。先に述べたマスク・モデルのような，自己愛者の自尊感情の動きを対象としたモデルは，いわば自己愛概念内部のモデルとして捉えることも可能である。

　(E) は，自己愛概念全体を，さらにその内部に組み込むように構成された，より大きなモデルである。たとえば，自己本位性脅威モデル（第11章参照）は，自己愛から脅威の知覚，そして攻撃へというプロセスを仮定する。この場合には，自己愛概念はモデル全体の一部を構成する要素として機能することになる。

　以上のように，(A) から (E) までの5つの想定可能なモデルを整理してきた。もちろん，これらが組み合わされたモデルを構成することも可能であろう。しかし，いずれにしても今後研究を進める上で重要なことは，現在検討しよう

としているモデルが自己愛概念のどの部分に位置しているのかを明確にしておくことではないだろうか。これは，研究知見のすり合わせや研究者同士のコミュニケーションを図る上でも必要なことであると考えられる。

2. 自己愛概念と現実との接続

オザー（Ozer, D. J.）とベネ＝マルチネス（Benet-Martinez, V.）は，パーソナリティ概念が予測しうるさまざまな事象を取り上げることで，パーソナリティによる現実的な事象の予測という視点の重要性を明らかにしている（Ozer & Benet-Martinez, 2006）。果たして，自己愛というパーソナリティの構成概念は，現実生活における活動，行動，結果を何らかの形で予測しうるのだろうか。

たとえば，自己愛傾向が恋愛関係下での具体的な行動を予測できる（第10章参照）のであれば，それは現実的な行動を予測可能であることにつながる。確かに，自己愛という概念のメカニズムを探る試みは，今後も継続的に行っていく必要がある。しかし，では自己愛概念が，われわれ自身の活動とどの様な関連をもち，何を予測してくれるのかを示すことができなければ，このような概念を用いて何かを論じること自体に疑念がもたれてもいたし方ないと言えるかもしれない。

高橋雄介らは，"予測・予防・介入"という観点を踏まえた上で，パーソナリティ特性研究に必要な5つの前提条件について整理し，論じている（高橋・山形・星野, 2011）。以下では，高橋らが整理した観点を紹介しながら，今後の自己愛研究について考えてみたい。

第1に，"Accurate Assessments（A）"である。これは，より正確な測定を目指すという条件のことである。第2章で見たように，自己愛の実証的研究においては，複数の尺度が乱立する状況にある。そこには，自己愛概念自体の定義に不明瞭な部分があり，また臨床的な印象と実証研究での印象のズレが研究者によって認識されるという理由があるように思われる。しかしながら，いずれにしても，十分な信頼性と妥当性を備えた測定用具を用いることは，エビデンスに基づく知見を得るための前提条件となる。

第2に，"Big samples (B)"である。これは，人口代表性のある大きなサンプルからデータを得るだけでなく，豊富な情報を含むサンプルからデータを得ることを意味する。自己報告のみならず他者報告も組み合わせること，多様な背景をもつ人々からデータを得ること，繰り返し同様の結果が得られるか否かを検討すること，同一人物に対して複数時点でデータを得ることなど，研究における工夫の余地は大きいと思われる。自己愛の実証研究の中には，これまでにも重層的な調査の工夫がなされたものがある。たとえば小塩（1999, 2002）では，ゲス・フー・テストによるクラスメイト評定や友人による評定を用いて，自己愛的な人物の印象を明らかにしようと試みている。今後さらに多様な観点も含めて，このような視点が堅持されるべきであろう。

第3に，"Controlling for Covariates on Confounders (C)"である。これは，交絡する変数を同時に測定しておき，統制を試みることを意味する。たとえば，自己愛傾向と自尊感情との関連はそれほど高いものとは言えない（第9章）。しかし，そこにはいくつかの可能なモデルが予想される。たとえば，自己愛傾向と自尊感情の双方を高める共通要因があるというモデルや，片方を高める一方でもう片方を低めるような共通要素が存在する擬似相関モデルを仮定することもできるだろう。両者が直接的な結びつきの関係にあるのではなく，両者と交絡するような変数の存在がこのような関連を導いているのだとすれば，そしてそのような変数が明らかにされるようなことがあれば，自己愛そのものの理論にも示唆を与えるものとなるだろう。

第4に，"Developmental Trajectories (D)"である。これは特に，縦断的研究や発達的な視点をもちながら研究活動を行うことを意味する。自己愛的な特性が何らかの適応（不適応）にかかわり，さらにそのプロセスに介入を試みようとするのであれば，縦断的な調査の中で実際の変化を検討していく必要があると考えられる。

第5に，"Economic and Epidemiological Variables (E)"である。これは，心理的な変数だけでなく社会経済的・疫学的・公衆衛生学的な変数についても，積極的に検討する方針を意味する。非常に単純な疑問であるが，自己愛的なパーソナリティが高い者は，低い者に比べて短命なのであろうか，それとも長寿なのであろうか。また，身体的な健康については，何か問題が生じるようなこ

とはないのであろうか。たとえ2次的に派生するものであれ，自己愛的な傾向が具体的に何らかの精神的・身体的な不調を生起させることにかかわるようであれば，それは疫学的な変数にも結果として表れてくることが期待される。

以上のように，高橋ら（2011）が整理した5つの観点に基づきながら，今後の自己愛の実証的研究について考えてみた。自己愛というひとつのパーソナリティ傾向が，現実とどのように結びついていくのか，今後の研究の展開が期待される。

3. 最後に

本章では大きく2つの観点から，今後の自己愛の実証的研究が踏まえるべき視点の整理を試みた。

最初に示したABCDEは，自己愛概念の捉え方に関する視点であった。いま論じている自己愛概念が，どこに位置づいたものであるのかを明確にすることは，自己愛研究全体の発展のためには不可欠であると言える。

また，次に示したABCDEは，自己愛概念と現実との接続に関する視点であった。現実の行動や結果を予測するという観点から自己愛概念を捉えることで，自己愛という一見捉えどころのない概念が現実味を帯びてくるのではないだろうか。

実証的な研究において重要なことは，研究の信頼性・妥当性を高め，現実との接点を忘れないことであろう。これは自分自身が行ってきた研究に対する自省の意味も込められているのだが，これまでの（特に国内の）自己愛の実証的研究は，個人の内部を表す変数の組合せ，相互関連，因果関係に注目するあまり，現実の生活との接点を見失いがちであったように思われる。前章で紹介されたように，海外における自己愛的パーソナリティの研究は，いまだ盛んに行われている。本章で整理した視点は，国内外問わずいずれの実証的研究においても考慮されるべき内容であると思われる。

最後に，これも自分自身が行ってきた研究活動に対する自戒の意味も込めて述べておきたいことは，研究成果の国外への発信という点である。近年，海外の自己愛研究の研究動向において，いわば自己愛の脆弱性の側面やその病理性

への関心が高まっている。実はこのような自己愛研究の方向性は，わが国の研究者がこの十年以上の間，盛んに取り組んできた問題そのものである。ところが，海外の研究者はわが国でこのような研究が行われてきていることをほとんど知らない，あるいは言語上の問題から無視せざるをえない状況にある。おそらく，これまでわが国内で蓄積されてきた研究成果をまとめるだけでも，注目する海外の研究者は多いであろう。研究成果の海外への発信は，いますぐにでも取り組むことができる課題である。われわれはまず，ここから始めるべきであるかもしれない。

　本書が刊行された数年後には，上記のような課題はすでに解消され，自己愛に関心をもつ多くの研究者が国際学会で活躍し，国際的な共同研究にも積極的に参加するようになっていることを願う。

[引用文献]

Gilbert, D. (2006). *Stumbling on Happiness*. New York: Knopf.

Hill, R. W. & Yousey, G. P. (1998). Adaptive and maladaptive narcissism among university faculty, clergy, politicians, and librarians. *Current Psychology*, **17**, 163-169.

中山留美子・中谷素之 (2006). 青年期における自己愛の構造と発達的変化の検討　教育心理学研究, **54**, 188-198.

小塩真司 (1999). 高校生における自己愛傾向と友人関係のあり方との関連　性格心理学研究, **8**, 1-11.

小塩真司 (2002). 自己愛傾向によって青年を分類する試み――対人関係と適応, 友人によるイメージ評定からみた特徴――　教育心理学研究, **50**, 261-270.

小塩真司 (2004). 自己愛の青年心理学　ナカニシヤ出版

Ozer, D. J., & Benet-Martinez, V. (2006). Personality and the prediction of consequential outcomes. *Annual Review of Psychology*, **57**, 401-421.

清水健司・川邊浩史・海塚敏郎 (2006). 対人恐怖的心性 - 自己愛傾向2次元モデル尺度における短縮版作成の試み　パーソナリティ研究, **15**, 67-70.

清水健司・川邊浩史・海塚敏郎 (2007). 青年期における対人恐怖心性と自己愛傾向の相互関係について　心理学研究, **78**, 9-16.

高橋雄介・山形伸二・星野崇宏 (2011). パーソナリティ特性研究の新展開と経済学・疫学など他領域への貢献の可能性　心理学研究, **82**, 63-76.

人名索引（アルファベット順）

/ A /

阿部美帆　126
阿部晋吾　174, 175, 176
相澤直樹　16, 29, 32, 39
van Aken, M. A. G.　138
Akhtar, S. J.　9, 56
American Psychiatric Association（APA）
　　7, 8, 9, 10, 22, 38, 54, 71, 73, 74, 83, 210
安藤明人　172
André, C.　176
Andreassi, J. L.　212
Ansell, E. B.　9, 26, 211
安東恵美子　193
Apt, C.　161
Arlin, A. T.　169
Arnau, R. C.　207
Arndt, J.　143
浅野智彦　187, 197
Ashby, H. U.　24, 25
Austin, E. J.　23
Averill, J. R.　174

/ B /

Baldwin, M.　101
Banai, E.　207
Banaji, M. R.　117, 118, 119
Barclay, L. C.　116
Baron, R. A.　168
Baumeister, R. F.　11, 63, 65, 116, 135, 137, 138, 141, 160, 170, 171, 172, 175, 179, 204
Beck, A.　211
Beer, J. S.　135, 138, 144

Begeer, S.　135
Behary, W.　217
Benet-Martinez, V.　227
Benjamin, J.　169
Bernstein, D. P.　207
Besser, A.　154
Betan, E.　213, 217
Bettencourt, B. A.　169
Biderman, M. D.　205
Blackhart, G. C.　138
Blair, J.　212
Blair, K.　212
Blashfield, R. K.　25
Bleau, G.　205
Block, J.　206
Block, J. H.　206
Blos, P.　184
Boden, J. M.　65, 116, 170
Bogerts, B.　213
Boldero, J.　105
Bond, A. J.　63
Bosson, J. K.　11, 67, 104, 105, 119, 120
Bouvrette, A.　121
Bradley, R.　211
Broucek, F.　9, 38, 39, 45, 46, 47
Brown, J.　207
Brown, R. P.　140
Brunell, A. B.　11, 142, 153
Buffardi, L. E.　156, 181, 202
Burk, B. L.　144
Bursten, B.　9
Bushman, B. J.　3, 11, 63, 135, 139, 170, 171, 172, 179, 215

231

Buss, A. H.　168
Buss, D. M.　156, 158, 159

/ C /

Cain, N. M.　9, 10, 26, 211
Campbell, S. M.　11
Campbell, W. K.　3, 10, 11, 63, 67, 100, 101, 104, 105, 106, 119, 139, 142, 152, 153, 154, 155, 156, 157, 158, 159, 160, 161, 162, 163, 179, 181, 202, 206, 208, 210
Canevello, A.　215, 216
Carlson, K. S.　206
de Castro, B. O.　179
Catanese, K. R.　11, 160
Chatham, P. M.　208
Cheek, J. M.　24, 205
Cheney, S.　103
Cichocka, A.　204
Clark, B.　124, 192
Cleckley, H. M.　212
Cohen, J. L.　179
Cohen, P.　206, 207
Cooper, A. M.　9, 57
Cooper, J.　9
Cooper, M. L.　121
Correll, J.　105, 117
Cottrell, C. A.　139
Cramer, P.　206
Crawford, T. N.　206
Critelli, J. W.　106
Crocker, J.　121, 122, 124, 215, 216

/ D /

Davidov, M.　141
De Dreu, C. K. W.　175
Deary, I. J.　23, 90
Deci, E. L.　121, 140

Denecke, F. W.　213
Denissen, J. J. A.　138, 179
Diener, E.　116
Dijksterhuis, A.　105, 118
Doering, S.　213
土井隆義　185, 191
土居健郎　48
Donnellan, M. B.　3
Downs, D. L.　137
Drwecki, B.　205
Duke, E. H.　25

/ E /

Eddings, S. K.　107
Edelstein, R. S.　212
Ee, J. S.　106
Eidelson, R.　204
Elliot, A. J.　11, 152
Ellis, H.　5
Emmons, R. A.　22, 27, 32, 176
Enzi, B.　213
Erskine, N.　26
Estrella, P.　212
Exner, J. E. Jr.　23
Eysenck, H. J.　89

/ F /

Fan, Y.　213
Farnham, S. D.　105
Farwell, L.　106
Faucher, E. H.　144
Ferguson, G. R.　24
Finkel, E. J.　11, 142, 153, 156, 157, 181
Finnerty, J.　135
Fiscalini, J.　9
Fonagy, P.　211
Foster, J. D.　3, 11, 152, 154, 156,

人名索引

157, 159, 160, 161, 162, 163
Fowler, C.　213
Freud, S.　5, 6, 13, 54, 225
藤　桂　173
深田博巳　160
福田理尋　45, 47
福井康之　194
福西朱美　2
福西勇夫　2
福重　清　186, 197
福富　護　185

／ G ／

Gabbard, G. O.　9, 14, 15, 29, 38,
　39, 42, 43, 45, 55, 56, 57, 59,
　67, 73, 75, 83, 91, 92, 188, 198,
　211
Gabriel, M. T.　106
Gaertner, L.　164
Gailliot, M.　143
Gaughan, E. T.　208
Gersten, S. P.　9, 55
Gilbert, D.　222
Gjerde, P. F.　206
Goheen, T. W.　104
Goldman, B. M.　126, 127
Golec de Zavala, A.　204
Gough, H. G.　25
Gouldner, A. W.　178
Grannemann, B. D.　116
de Greck, M.　213
Green, B. A.　207
Greenberg, J.　143
Greenberg, M. S.　178
Greenwald, A. G.　105, 117, 118
Gregg, A. P.　11, 105, 136, 152
Gunderson, J.　211

／ H ／

Hall, C. S.　3, 10, 22, 38, 54, 135,
　158, 192
原田　新　16, 29, 32
原島雅之　117, 119
Harder, D. W.　23
Harrington, M. E.　208
Haslam, N.　105
畑山みさ子　195
速水敏彦　186, 197
Hayes, J.　145
橋本　宰　28
Heatherton, T. F.　126
Heim, A.　213
Hendin, H. M.　24, 205
日比野桂　173
樋口匡貴　160
疋田容子　160
Hilgenstock, B.　213
Hill, R. W.　224
Hogan, R.　11
堀　洋元　193
堀井俊章　45, 72, 78
Horton, R. S.　107, 205
Hoshino-Browne, E.　105, 117
星野崇宏　227
細井啓子　2, 28
Hotchkiss, S.　217
Hoyle, R.　101
Hunt, W.　9
Hurlbert, D. F.　161

／ I ／

稲垣実果　28, 48, 49
市橋秀夫　15, 100
市村美帆　126, 127, 129
伊藤正哉　121, 122, 123
伊藤　亮　194, 198

233

岩田 考　187

　　　　　／J／
Jayawickreme, N.　204
John, O. P.　106, 153
Johnson, J. G.　206, 207
Jonas, E.　143
Jonason, P. K.　157, 158, 159, 160
Jordan, C. H.　11, 67, 105, 117, 119, 120

　　　　　／K／
海塚敏郎　30, 43, 46, 76, 78, 93, 192, 225
Kamen, C.　208
上地雄一郎　2, 13, 16, 27, 28, 32, 38, 40, 42, 43, 45, 47, 75
上瀬由美子　185
神谷真由美　160
金井篤子　194
Kang, S. J.　145
狩野力八郎　188
Kant, I.　89
唐沢かおり　144
笠原 嘉　71
葛西真記子　28, 40
Kasen, S.　206
Kavanagh, P.　157
川邊浩史　30, 46, 76, 78, 80, 93, 120, 192, 225
川崎直樹　47, 103, 105, 107, 108, 109, 110, 111, 120, 121, 195
香山リカ　2
Kenworthy, J. B.　203
Kernberg, O. F.　6, 7, 9, 13, 29, 48, 100, 102, 105, 153, 205, 207, 211, 225
Kernis, M. H.　11, 67, 101, 104, 105, 107, 116, 119, 121, 122, 123, 125, 126, 127, 135, 144
木島恒一　118
Kilpatrick, S. D.　176
Kirkland, K. L.　212
北西憲二　75
van Knippenberg, A.　105, 118
Knowles, M. L.　138
小平英志　46, 93
小玉正博　47, 103, 105, 107, 108, 109, 110, 111, 120, 121, 122, 173, 195
Kohut, H.　6, 7, 9, 13, 26, 38, 40, 41, 45, 48, 55, 100, 205, 207, 216, 225
児美川孝一郎　185
小西瑞穂　28
今野裕之　126
Konrath, S　3, 179
Koole, S. L.　105, 118
Koren, D.　213
Krahe, B.　169
Kubarych, T. S.　23, 32
Kumashiro, M.　136, 156, 181
蔵本信比古　2

　　　　　／L／
Lakey, C. E.　11, 67, 104, 105, 119
Lapan, R.　188
Lasch, C. M.　3
Leary, M. R.　101, 137, 138, 139
Lee, J. A.　157
Lee, R. R.　25
Lelord, F.　176
Levy, K. N.　26
Li, N. P.　158, 160
Lieberman, J. D.　143
Linville, P. W.　103
Luhtanen, R. K.　121, 124

Lyons, P. A.　203

／M／

町沢静夫　195, 196
Madrian, J. C.　103
Maner, J. K.　143
Marigold, D. C.　145
Martens, A.　144, 145
Masterson, J. F.　9, 55
Matthews, G.　90
Mattia, J. I.　211
Maxwell, N.　9
松井　豊　126, 158, 184, 185, 188
McCarthy, E. C.　24
McCullough, M. E.　176
McGregor, H. A.　143, 145
Mehdizadeh, S.　203
Michels, R.　211
三船直子　4, 15
Mikulincer, M.　207
Miller, J. D.　10, 206, 208, 210, 211
Millon, T.　8, 9, 15, 25, 205, 208
Mischel, W.　215
Mitchel, D.　212
三浦絵美　30, 32
宮川京子　193
宮下一博　2, 13, 16, 27, 28, 32, 38,
　　40, 42, 43, 45, 47, 75, 205
Modell, A. H.　48
Moeller, S.　215
Mooney, C. N.　176
Morey, L. C.　25
Morf, C. C.　11, 100, 101, 102, 103,
　　104, 106, 107, 135, 141, 142, 161,
　　208, 215, 216
森田正馬　44, 74, 75, 76, 81, 83
Muderrisoglu, S.　213
村瀬聡美　194

Murray, H. A.　24
Myers, E. M.　103, 207
妙木浩之　16

／N／

鍋田恭孝　44, 45, 46, 74, 75, 186
Näcke, P.　5
永井　撤　72
Nail, P. R.　145
中西信男　27
中野明徳　2
中谷素之　30, 32, 39, 43, 59, 62, 93,
　　95, 120, 129, 225
中山留美子　16, 30, 32, 39, 43, 59,
　　61, 62, 63, 67, 93, 94, 95, 120,
　　125, 129, 135, 139, 225
成田善弘　15
Neff, K. D.　107, 215
Nelson, B. C.　138
Newman, S. R.　212
Niemiec, C. P.　142
二宮陸雄　88
西平直喜　184
西岡和郎　74, 75, 83
野寺　綾　144
Northoff, G.　213
Nosek, B. A.　118, 119
Novacek, J.　11, 25
沼崎　誠　144

／O／

大芦　治　173
O'Brien, M. L.　26
大渕憲一　2, 15, 135, 169
落合萌子　93, 192
小川捷之　45, 72, 78
小川豊昭　15
小口孝司　117, 119

大石千歳　191
大石史博　27, 32
岡部康成　118
岡田　涼　61, 62, 136
岡田　努　40, 185, 187, 188, 189, 190, 191, 193, 194, 195, 196
岡村寿代　77, 79, 80, 84, 192
岡野憲一郎　44, 45, 46, 47, 72, 73, 75, 76, 77
大川匡子　28
小此木啓吾　2, 15
奥田良子　193
Olthof, T.　172
小塩真司　4, 15, 24, 27, 32, 39, 43, 46, 47, 59, 61, 62, 63, 71, 78, 91, 92, 93, 94, 95, 103, 116, 120, 126, 128, 129, 153, 155, 157, 158, 160, 173, 188, 192, 225, 228
Otway, L. J.　205
Ozer, D. J.　227

／ P ／

Paradise, A. W.　122, 127
Patton, M. J.　26, 188
Paulhus, D. L.　11, 158, 212, 217
Penke, L.　138
Phares, E. J.　26
Phillips, M.　139
Pickard, J. D.　124, 192
Pimentel, C. A.　26
Pincus, A. L.　9, 26, 27, 30, 31, 32, 211
Plant, E. A.　143
Polivy, J.　126
Popan, J. R.　203
Priel, B.　154
Prifitera, A.　208
Pryor, L. R.　208

Pulver, S. E.　6
Pyszczynski, T.　143

／ Q ／

Quas, J. A.　212

／ R ／

Ramsey, A.　205
Rank, O.　5
Raskin, R.　3, 10, 11, 22, 23, 25, 28, 32, 38, 54, 135, 158, 192
Rawlings, D.　105
Reeder, G. D.　11, 152
Reeves, A. L.　205
Reich, A.　14
Reich, W.　23
Rhodewalt, F.　11, 100, 101, 102, 103, 104, 106, 107, 135, 161, 208, 216
Richardson, D. R.　168
Robbins, S. B.　26
Robins, R. W.　3, 11, 106, 135, 144, 153
Ronningstam, E. F.　6, 9, 10, 14, 15, 55, 57, 75, 102, 112, 207, 211, 216
Rosenberg, M.　102, 126, 136, 188
Rosenfeld, H..　9, 55
Ruaro, L.　63
Rudich, E. A.　100, 136, 153
Rusbult, C.　136
Rusbult, C. E.　156, 181
Russ, E.　211, 214
Ryan, J. J.　208
Ryan, K.　161
Ryan, R. M.　121, 140, 141
Ryu, E.　135

/ S /

西條剛央　217
斎藤　環　2
坂井明子　173
坂本真士　188
佐方哲彦　27, 32
桜井茂男　93
Samuel, D. B.　208
Sargent, J. T.　124
佐藤幸治　89
佐藤静香　195
佐藤　徳　118
佐山菫子　185
Schimel, J.　143, 145
Schmeichel, B. J.　143
Schmitt, D. P.　138, 160
Sedikides, C.　11, 100, 105, 107, 136, 152, 153, 164
Shackelford, T. K.　156, 159
Shaver, P. R.　207
Shedler, J.　211, 213, 214
Sheldon, K. M.　142
Showers, C. J.　104
Shrira, I.　159
Shulman, D. G.　23, 24
嶋田洋徳　173
島井哲志　173
清水健司　29, 30, 43, 46, 76, 77, 78, 79, 80, 84, 93, 94, 95, 192, 225
下村英雄　193
Simon, L.　143
Simon, R. I.　9
潮村公弘　117
Sisemore, T. B.　207
Smailes, E. M.　207
Smart, L.　65, 116, 170
曽我祥子　172
Solomon, S.　143

Sommer, K. L.　212
Sorrow, D. L.　101
Spencer, S. J.　105, 117
Sporer, S. L.　171, 172, 179
Sprechini, G.　161
Srivastava, S.　138
Stegge, H.　172
Stillman, T. F.　143
Stillwell, A.　175
Stolorow, R. D.　13, 57, 71
Stucke, T. S.　171, 172, 176, 179
菅原健介　186
杉山　崇　188
Sullivan, H. S.　184
Sun, C. R.　107, 135, 144

/ T /

高林久美子　144
高木　修　174, 175, 176
高橋智子　29, 32, 39, 43, 59
高橋雄介　227, 229
高野陽太郎　180
高良武久　44
滝川一廣　186
Tambor, E. S.　137
田中結子　178
谷　冬彦　29, 32, 39
丹治哲雄　118
Tempelmann, C.　213
Terdal, S. K.　137
寺島　瞳　158, 159
Terry, H.　22, 23, 28, 32
Thomaes, S.　135, 172, 179
Thomson, J. A.　9
Thrash, T. M.　11
Tibbals, C. J.　208
Toguchi, Y.　164
Tracy, J. L.　11

Tragakis, M. W.　135
Trzesniewski, K. H.　3
辻　大介　196
常岡充子　180
Twenge, J. M.　3, 63, 139

／ U ／

内田由紀子　121, 122
内沼幸雄　44
上田琢哉　107
上野行良　185
Ulrich, C.　213
牛島定信　15, 83
宇津木成介　173

／ V ／

Valentine, J.　169
Vignoles, V. L.　205
Vohs, K. D.　11
Vonk, R.　215

／ W ／

脇本竜太郎　125, 126
Wallace, H. M.　11, 141, 160
Watson, P. J.　205
Waugh, M. H.　25
Webster, G. D.　160
Weikel, K.　161
Weir, C.　141
West, S. G.　135
Westen, D.　57, 211, 213, 214
Whiteman, M. C.　90
Widiger, T. A.　10, 208, 210
Williams, K.　212, 217
Williams, K. M.　158

Williams, T.　145
Wingrove, J.　63
Wink, P.　25, 58, 61, 62
Winnicott, D. W.　45
Wohlwend-Lloyd, R.　106
Wolf, E.　9
Wolfe, C. T.　121
Wonneberger, C.　213
Wotman, R.　175
Wright, A. G. C.　26
Wundt, W. M.　89

／ Y ／

矢幡　洋　2
山田和夫　193
山形伸二　227
山本都久　27, 32
山本真理子　188
山成由紀子　188
山下雅子　118
山浦一保　193
山崎勝之　172
山崎久美子　16
Yim, I. S.　212
吉田富二雄　30, 32, 173
Yousey, G. P.　224
湯川進太郎　172, 173

／ Z ／

Zanna, M. P.　105, 117
Zeigler-Hill, V.　11, 67, 103, 104, 105,
　　119, 120, 124, 125, 140, 192, 207
Zimmerman, M.　211
Zittel, C.　213

事項索引 (50音順)

/あ行/

Accurate Assessments　227
愛着　207
甘え　28

怒り表出の正当性評価　174
怒り表出の対人的効果　174
依存関係　48
1次的ナルシシズム　6

ウェブ日記　173
ウェルビーイング (幸福感)　140
映し返し　205
右島皮質前部　213
浮気　159

エージェンシー　104
エージェンシー側面　105
エージェンシーモデル　104, 161
疫学　211
Economic and Epidemiological Variables　228
SWAP　214
fMRI　213
NVS短縮版　42, 45

OMNI　26
親の養育態度　205, 206

/か行/

外向性　89
回顧的手法　205
外集団　203
回避的　83

解離的タイプ　39
(拡張) エージェンシーモデル　11, 161
仮想的有能感　186, 197
葛藤のエスカレーション　175
活動の気質　89
過敏型自己愛　73, 75
過敏型ナルシスト　37, 42, 44, 45, 46, 47, 49
過敏性　61, 62, 64, 67, 109
過敏特性優位型　80
カリフォルニアQセット (CAQ)　25
カリフォルニア人格検査 (CPI)　25
関係の破綻　162
関係評価　137
感情の気質　89
関心相関性　217

傷つけられる　188, 189, 190, 191, 192, 197
傷つける　188, 189, 190, 191, 195
逆転移　213
共感　7, 213
強迫的　74
虚栄　23

屈折した甘え　48

血圧　212
研究者の視点　223
現代青年 (現代の青年)　184, 185, 186, 187, 193, 196, 198
権利意識　23
権力　23

239

攻撃行動　168
傲慢　207
高揚された自己評価　65
高揚的自己像　47
誇大型ナルシスト　37, 45, 46, 49
誇大 - 過敏特性両向型　81
誇大 - 過敏特性両貧型　82
誇大自己　7, 40, 48, 102
誇大性　54, 61, 64, 67
誇大性自己愛　211
誇大性テーマ　9
誇大性と評価過敏性を組み合わせたモデル　225
誇大特性優位型　81
誇大な（過度に肯定的な）自己評価　57
誇大な自己イメージ　60
コミットメント　156
コミュニオン　104
コミュニオン側面　105
コミュニティ子ども研究　206
コルチゾール　212
Controlling for Covariates on Confounders　228

/さ 行/

サイコパシー　207, 212
最小主義モデル　11
搾取・権利意識　23
搾取性　23

慈愛ゴール　215
GNAT　105
ジェネレーション・ミー　3
自我脅威　65
自我脅威場面　67
時期縦断的メタ分析　3
次元 - カテゴリモデル　210

自己愛　71
自己愛傾向　71
自己愛傾向の2成分モデル　91, 225
自己愛傾向領域　78
自己愛人格尺度（NPS）　29
自己愛人格目録（SNPI）　27
自己愛人格目録（Narcissistic Personality Inventory; NPI）　3, 22, 27, 54, 101, 135
自己愛人格目録短縮版（NPI-S）　27, 39, 78, 188
自己愛性パーソナリティ障害（NPD）　6, 7, 8, 10, 13, 14, 22, 38, 71, 100, 105, 205, 208, 211
自己愛総合　93
自己愛的甘え　48
自己愛的甘え尺度　28, 49
自己愛的脆弱性　42
自己愛的脆弱性尺度（NVS）　28, 42
自己愛的兆候　206
自己愛的リアクタンス理論　11, 160
自己愛の機能的定義　13
自己愛の共通性　57
自己愛の大発生　3
自己愛の中心的要素　57
自己愛の投影法テスト　23
自己愛の文化　3
自己愛パラドックス　216
自己意識感情モデル　11
自己イメージゴール　215
自己概念　100, 101
自己概念の明瞭性　172
自己価値の随伴性　120
自己緩和能力　40, 42
自己決定理論　134, 140
自己顕示　23
自己顕示抑制　42
自己構築　101, 109, 111

240

事項索引

自己誇張　203
自己慈愛　107, 215
自己志向性モデル　11, 155
自己充足性　48
自己心理学　38, 40
自己制御過程モデル　161
自己像の不安定性　103
自己耽溺・自己賛美　23
自己中心主義　26
自己中心的タイプ　39
自己による受容　108
自己評価に対する脅威　63
自己評価への脅威　63
自己複雑性　103
自己防衛の様式　57
自己報告　60
自己本位性脅威モデル　11, 65, 170, 226
自己満足　23
自己無価値感　102, 105, 106
思想の矛盾　74
自尊感情　107, 108, 134, 187, 188, 189, 190, 191, 192, 195, 196, 198
自尊感情管理モデル　11
自尊感情尺度　102
自尊感情制御　14, 208, 215
自尊感情調節能力　40
自尊感情の変動性　103, 125
自尊心　13, 108
自体愛　5
指導性・権力　23
死の運命　143
支配性　139
シャイ　207
シャイタイプ　112
社交恐怖　74
周囲を過剰に気にするナルシスト　38
周囲を気にしないナルシスト　38

集団的自己愛　203
主題統覚テスト　23
受容的認知　107
状態自尊感情　126
情動制御　208, 213
承認・賞賛過敏性　42
所属欲求　137
神経症傾向　89
人種差別　204
診断基準　211
真の自尊感情　140
心拍　212
親密さ活性化仮説　157
心理的健康　136
親和動機　111

垂直分割　40
随伴的自尊感情　120, 140
水平分割　41
スキーマ　207
スペクトラム　112

制御モデル　207
性行為の強要　160
脆弱性テーマ　9
精神交互作用　74
精神的健康　64
生理的プロセス　212
世界観防衛　143
接近・達成動機づけ　11
潜在的-顕在的自尊感情　117
潜在的自尊感情　105
潜在的特権意識　41
潜在連合テスト　104

ソーシャル・ネットワーキング・サービス　202
ソシオメーター理論　134, 137

241

存在脅威管理理論　134, 143

/た　行/

対象愛　13
対人関係上の相違　56
対人恐怖　43, 71, 109
対人恐怖心性-自己愛傾向2次元モデル
　　29, 76, 225
対人恐怖心性-自己愛傾向2次元モデル尺
　　度短縮版（TSNS-S）　78
対人恐怖心性尺度　78
対人恐怖心性領域　78
他者による受容　108
他者の反応や意見への敏感さ　55
"他者は自分のためにいる"幻想　11
他者評価　65

中間型　82
注目・賞賛欲求　158
注目-主張　93
超自我制御　208

DSM　210
DSM-Ⅲ　7, 10, 22, 225
DSM-V　8
DSM-Ⅳ-TR　8, 225
Developmental Trajectories　228
敵意的帰属スタイル　169

投資モデル　11
特性論　88
とらわれ　74
取り入れ的調整　140

/な　行/

内集団　203
名前文字課題　105
ナルキッソス神話　5

2次的ナルシシズム　6
日本文化　60

/は　行/

パートナーをつなぎとめようとする方略
　　158
恥　207
恥ずべき自己　44
発達　205

卑下された自己　39, 45, 46
卑下的自己像　47
Big samples　228
ビッグ・ファイブ　11
ビッグ・ファイブ・パーソナリティ
　　208
非凡な自己愛　207
評価アディクション　11
評価過敏性-誇大性自己愛尺度　30
評価統合性　103
病的誇大自己　6, 7
病理的自己愛目録（PNI）　26
病理的な自己愛　207

負債感　178
2つのタイプ　58
2つのタイプの自己愛　55, 61
ふれ合い恐怖　191, 192, 193, 194,
　　195, 196, 197, 198
プロトタイプ　215
文化的世界観　143
紛争　204
文脈的強化モデル　11

HEXACOパーソナリティ　208
返報性　178

／ま 行／

マスク・モデル　11, 105, 226

3つの暗黒側面（dark triad）　212
ミネソタ多面人格目録（MMPI）　24
ミラリング　40
ミロン臨床多軸目録（MCMI）　25

無関心型自己愛　73

メタ分析　105

森田療法　74

／や 行／

優しい関係　185, 191, 196
野心的-自己愛的性格　23

優越感　23
優越感・高慢さ　23
優越性・目標不安定性尺度　26

友人関係　184, 185, 186, 187, 188,

189, 190, 191, 192, 193, 194, 196
有病率　211

四気質説　88
四体液説　88

／ら 行／

ランチメイト症候群　195, 196, 197

力動的自己制御処理モデル　11, 101
理想化　40
理想化された自己　39, 45
理想自己　44, 45, 46
理想自己-現実自己の不一致　46, 47
臨床家の視点　223

類型論　88

劣等感や批判・挫折に対する過敏性
　57
恋愛類型　157

ロールシャッハテスト　23

執筆者一覧 (執筆順)

小塩　真司（おしお・あつし）　　　　　早稲田大学文学学術院教授
川崎　直樹（かわさき・なおき）　　　　日本女子大学人間社会学部准教授
上地雄一郎（かみじ・ゆういちろう）　　岡山大学大学院社会文化科学研究科教授
中山留美子（なかやま・るみこ）　　　　奈良教育大学学校教育講座准教授
清水　健司（しみず・けんじ）　　　　　信州大学人文学部准教授
市村　美帆（いちむら・みほ）　　　　　目白大学人間学部客員研究員
岡田　涼（おかだ・りょう）　　　　　　香川大学教育学部准教授
寺島　瞳（てらしま・ひとみ）　　　　　和洋女子大学人文学部心理学科准教授
阿部　晋吾（あべ・しんご）　　　　　　梅花女子大学心理こども学部教授
岡田　努（おかだ・つとむ）　　　　　　金沢大学人文学類教授

編者紹介

小塩 真司（おしお・あつし）
　1972 年生まれ
　2000 年　名古屋大学大学院教育学研究科博士課程後期課程　修了
　博士（教育心理学）
　中部大学人文学部准教授，早稲田大学文学学術院准教授を経て
　現　在　早稲田大学文学学術院　教授

　著　書
　『自己愛の青年心理学』　ナカニシヤ出版，2004 年
　『はじめて学ぶパーソナリティ心理学――個性をめぐる冒険――』　ミネルヴァ書房，2010 年
　『SPSS と Amos による心理・調査データ解析［第 2 版］――因子分析・共分散構造分析まで――』　東京図書，2011 年
　『性格を科学する心理学のはなし』　新曜社，2011 年
　『Progress & Application パーソナリティ心理学』　サイエンス社，2014 年
　『心理学の卒業研究ワークブック――発想から論文完成までの 10 ステージ――』　金子書房，2015 年（宅香菜子との共著）
　ほか

川崎 直樹（かわさき・なおき）
　1978 年生まれ
　2007 年　筑波大学大学院人間総合科学研究科博士課程　修了
　博士（心理学），臨床心理士
　北翔大学人間福祉学部講師，准教授を経て
　現　在　日本女子大学人間社会学部　准教授

　主要論文
　「自己に対する受容的認知のあり方から見た自己愛と自尊心の相違性」　心理学研究，2010 年（共著）
　「潜在的自尊心と自己愛傾向との関連」パーソナリティ研究，2010 年（共著）
　「対人恐怖傾向と自己愛傾向の共通構造としての自己概念の乖離性及び不安定性の検討」　パーソナリティ研究，2007 年（共著）

自己愛の心理学──概念・測定・パーソナリティ・対人関係

2011年9月22日　初版第1刷発行　　　　　　　　　　　　　　　　　　　　［検印省略］
2018年3月23日　初版第2刷発行

編著者	小　塩　真　司
	川　崎　直　樹
発行者	金　子　紀　子
発行所	株式会社　金　子　書　房

〒112-0012　東京都文京区大塚 3-3-7
　　　　　TEL　03-3941-0111(代)
　　　　　FAX　03-3941-0163
　　　　　振替　00180-9-103376
URL http://www.kanekoshobo.co.jp

印刷／藤原印刷株式会社
製本／株式会社宮製本所

©Atsushi Oshio, Naoki Kawasaki et al. 2011
Printed in Japan
ISBN978-4-7608-2635-3　C3011